MI MISMA

Una mujer, mil facetas
y un camino por recorrer

ExLibric

WENDYS FERRER NAVA

MI MISMA

Una mujer, mil facetas
y un camino por recorrer

EXLIBRIC

ANTEQUERA 2025

MI MISMA: UNA MUJER, MIL FACETAS Y UN CAMINO POR RECORRER
© Wendys Ferrer Nava
Diseño de portada: Dpto. de Diseño Gráfico Exlibric

Iª edición

© ExLibric, 2025.

Editado por: ExLibric
c/ Cueva de Viera, 2, Local 3
Centro Negocios CADI
29200 Antequera (Málaga)
Teléfono: 952 70 60 04
Fax: 952 84 55 03
Correo electrónico: exlibric@exlibric.com
Internet: www.exlibric.com

ISBN: 979-13-88079-14-6
Depósito Legal: MA 1880-2025

Impresión: PODiPrint
Impreso en Andalucía – España

Nota de la editorial: ExLibric pertenece a Innovación y Cualificación S. L.

WENDYS FERRER NAVA

MI MISMA

Una mujer, mil facetas y un camino por recorrer

Dedicatoria

A mis hijos, mis luces eternas, mi motor de vida; quienes con su amor incondicional me enseñaron a seguir, a no rendirme nunca.

A mis nietos, este libro es mi legado para ellos, para que siempre recuerden a su *iaia* y me conozcan tal como soy, no por lo que otros dijeron, sino por mis propias palabras.

A mis hermanos, que caminaron a mi lado en silencios y tempestades, sosteniéndome con su presencia firme.

A mis padres, raíces sagradas de mi ser: a papi, que desde el cielo me protege con su mirada eterna, y a mi madre, mujer de pueblo originario, guardiana del fuego ancestral que corre en mis venas.

A «mi hermoso», la ternura que me recordó que merezco más, que me dio la fuerza para romper cadenas y abrazar mi verdad.

A mis amigas, voces de aliento y admiración que me impulsaron a desnudar mi historia y compartirla sin miedo.

A las mujeres que hoy se asoman a estas páginas, guerreras que merecen su renacer, su libertad y su propia versión auténtica.

Y a mí, que aprendí a ser dueña de mi historia, a transformar el dolor en coraje y a caminar con dignidad, aun cuando el camino fue oscuro.

Este libro es el abrazo sincero de todos ustedes y el latido profundo de mi alma.

Que nunca olvidemos que el final de una historia no es el final de todo; es solo el comienzo de lo que estamos destinados a ser.

Presentación

MI MISMA. Una mujer, mil facetas y un camino por recorrer, es la historia de una mujer que, después de años de lucha y sacrificios, decidió dejar de ser espectadora de su vida y empezar a escribirla.

Esta obra no es solo un relato personal, sino una reflexión sobre cómo cada dolor, cada paso, nos lleva al final a descubrir quiénes somos realmente.

Desde la separación que fue su renacimiento, hasta los trabajos que le enseñaron que la dignidad no se pierde nunca, cada capítulo busca conectar con la parte más humana de quienes han vivido sin esperar ser comprendidos.

Es una mujer que ha transitado por caminos inesperados, cargando cicatrices y aprendizajes que hoy forman la piel de quien es.

Escribió este libro porque necesitaba contar su verdad, sin filtros ni adornos, para romper silencios y derribar esas ataduras invisibles que muchas mujeres llevan en su alma.

Wendys Ferrer Nava ha recorrido un camino lleno de amor, desamor, sufrimiento y aprendizajes, por eso desde su corazón, hoy ofrece estas páginas con la esperanza de que puedan ser un refugio para quienes también luchan por encontrarse.

Porque, a veces, el camino más largo es el que nos lleva de vuelta a nosotros mismos.

Prólogo

No fue fácil sentarme a escribir esta historia.

No por falta de recursos, sino porque muchos de ellos me dolían aún en el pecho. Algunos estaban tan profundamente guardados que tuve que sacudir el alma para encontrarlos.

Otros, en cambio, estaban a flor de piel, esperando que al fin los dejara salir. Este libro no es un acto de valentía ni un intento de heroicidad.

Es una conversación conmigo misma.

Es la manera que encontré de entender todo lo que me tocó vivir, todo lo que fui y todo lo que por fin decidí dejar de ser.

Durante mucho tiempo fui espectadora de mi propia vida, durante años me escondí detrás de lo que se esperaba de mí; una buena hija, hermana incondicional, una buena esposa, una madre incansable, una trabajadora silenciosa, una buena amante. Además, para complacer, callaba donde debía alzar la voz, amaba incluso donde no había espacio para mí.

Fui muchas cosas para los demás y pocas para mí.

Pero llegó el día que, en lugar de seguir pidiendo a Dios algo mejor, simplemente dije un «amén» rotundo.

Aunque muchos aún no lo entiendan y el mundo no se detuvo, yo sí lo hice porque entendí que el cambio debía empezar desde mí misma.

Este libro es mi voz sin censura.

Es el eco de mis silencios, el retrato de mis días grises y la luz que aprendí a encender cuando todo se apagaba.

No lo escribí para dar lecciones, sino para compartir verdades. Las mías. Las que me dolían y también las que me salvaron. Tal vez te encuentres en alguna página.

Tal vez reconozcas un suspiro tuyo escondido entre mis palabras.

Si es así, entonces ya no estamos solas.

Créeme, cuando una mujer deja de estar sola con su historia, comienza el verdadero renacimiento.

Te invito a recorrer conmigo este camino de muchas facetas, muchos comienzos y pocas excusas.

Porque al final, ser **«MI MISMA»** fue el acto más transformador de mi vida.

Quise darle este título porque fui yo quien se sostuvo después del naufragio. Porque soy muchas mujeres y todas ellas viven en mí.

He sido mil mujeres en una sola vida… y, aun así, me queda camino por recorrer.

Gracias por estar aquí.

Gracias por leerme.

Gracias por no soltar este libro… ni tu propia mano.

Wendys Ferrer Nava

1

El presagio de un adiós

Desde muy niña, creemos que la vida es un cuento de hadas; en el caso de esta mujer, nunca lo fue.

A veces nos toca crecer en un entorno donde el amor se confunde con la supervivencia y eso nos enseña demasiado pronto a callar, a adaptarnos y a soportar.

Descubrir que el cariño, muchas veces, venía acompañado de condiciones y que la felicidad era un lujo que no todos podían permitirse.

Desde el rincón de su habitación, que ella compartía con sus hermanos, por cierto; siempre soñaba desde muy chica con escapar y convertirse en la princesa de su propio castillo.

Pero nadie le explicó que en cada castillo hay un monstruo y que ese lugar no le dolería menos; solo lo cambiaría por algo peor, sin que ella pudiera imaginarlo siquiera.

Pensaba que en algún lugar existía un refugio donde no tendría que estar en alerta constante, donde no tendría que demostrar con sacrificios que merecía algo más. El deseo de un cambio crecía dentro de ella, y apenas tuvo la oportunidad, la tomó.

¿Con miedo? Sí.

Salir embarazada a sus dieciocho años la llenó de confusión, era algo maravilloso que, sin embargo, la asustó por un momento, no sabía cómo actuar ni con quién compartirlo, pero fue desde allí como demostró que se bastaba sola para lograr lo que quisiera, solo que pudo confirmarlo muchos años después.

Casarse cuando no se hace por amor, sino por la necesidad de escapar cuando creemos que nuestros padres son opresores, es el peor error de la adolescencia, no es la mejor salida ni mucho menos una salvación, ni el comienzo de algo mejor; al menos, en su caso, no lo fue.

«Si alguien le hubiese dicho que su matrimonio se parecería más a una condena que a un cuento de hadas, quizás habría elegido tener anticipadamente su título de abogada antes de querer un vestido de novia, que tampoco lo tuvo».

Pero la vida implacable le mostró que huir no es lo mismo que sanar, y pronto se dio cuenta de que estaba atrapada en una jaula distinta, pero aún más opresiva.

Las promesas de un futuro mejor se desmoronaron poco a poco, tuvo que enfrentarse a una realidad tan dura que haría tambalear a la persona más fuerte.

Quedó al descubierto una verdad muy cruel; había cambiado de escenario, pero la obra era la misma, adaptada con más dolor y agonías.

Mientras los años pasaban sin que se diera cuenta, su reflejo en el espejo se volvió una sombra de aquello en lo que alguna vez quería convertirse.

Sin embargo, su sueño de ser alguien más y tener algo mejor permanecía dormido dentro de ella.

Fue así como un día, casi como una respuesta a sus súplicas, en la oscuridad de una noche de diciembre, aquel hombre del pasado a quien eligió como refugio, el que debía protegerla y de quien luego quiso escapar, con solo una plegaria, marcó el inicio de lo que ahora en su presente es una anécdota sin más, que hoy ni dolor ni lágrimas provocan a una mujer que está completamente transformada.

Hay personajes que nunca fueron de grandes discursos ni de profundas reflexiones, pero esa madrugada, con una seriedad casi teatral, él, quien fue su esposo y su verdugo por años, alzó la vista al cielo y exclamó con tanta fe:

«Dios, ponle otro hombre en su camino del que se enamore, para que me deje en paz».

No había ni rastro de remordimiento en su voz, ni un dejo de gratitud por los años compartidos. No había nada. Solo un ruego desesperado para que ella desapareciera de su vida sin que él tuviera que mover un dedo, lo cual es un gesto fiel de un cobarde que simulaba una vida perfecta ante una sociedad discriminatoria.

Como si la mujer, que solo cumplía roles y seguía un guion mal escrito, fuera el obstáculo en su camino; y no aquella que había soportado sus desplantes, desprecios, su violencia disfrazada de «amor».

Todo ello dentro de una escenografía donde solo se seguían sus reglas.

Mientras ese ser le pedía a Dios que apareciera otro amor, ella estuvo a punto de responder que el favor ya estaba hecho…, pero prefirió dejarlo con la intriga.

Hay momentos que por muy duros o fuertes que hayan sido, se vuelven valiosos en nuestra historia, porque muestran con crudeza el desprecio que muchas mujeres hemos vivido.

Y cómo a veces, ese mismo dolor puede ser el motor para tomar la decisión que hace falta, la de «terminar con una vida llena de maltratos y humillaciones que nadie merece».

Nos volvemos vulnerables, nos sentimos minimizadas… sin embargo, del dolor también nace la determinación para librarnos de ese daño latente.

Claro, se necesita gallardía para tomar las riendas de la propia vida y no es fácil, porque siempre dependerá solo de nosotras.

Cuando una mujer se vuelve invisible incluso en la cama del hombre que dice amarla y eso contrastado con el descaro de verlo irse con otras, sin importar lo que su propia compañera sienta, quiera o incluso necesite en ese momento como mujer, ella sin ningún tipo de vergüenza hoy confiesa que fueron muchas las veces que la dejó desnuda sin querer ni tocarla. Claro, ella no lo hizo por amor; al contrario, lo hacía para librarse de una golpiza o de tanto desdén.

¿Quién dijo que a las esposas o a las novias no se les podía dar el mismo placer que se entrega con tanta pasión a las que encuentran fuera de casa?

Ah, pero su pareja siempre sería «poco» para lo que su majestad necesitaba… o, peor aún, la creía tan segura que perdió la capacidad de valorarla y respetarla.

Sin embargo, es importante que la tristeza que provoca esa indiferencia nos sirva para planificar esa gran salida triunfal.

Y sí. Muchas veces estuvo allí, desnuda.

Pero no por deseo ni por pasión, estaba desnuda como un acto desesperado, como una súplica muda para recordarle que aún existía.

Que seguía luchando por algo que, honestamente, había sido un fracaso desde antes de empezar.

Quería demostrarle que aún era una mujer con necesidad de ser deseada y, ¿por qué no?, merecedora de una buena escena de sexo ardiente.

Lo veía entrar y salir como si aquella casa fuera un hotel. Él solo llegaba a dormir... Incluso, a veces, ni la comida recibía «el patrón». Y, claro, esa comida como tantas otras cosas que ya no quería en su casa se la daban en distintos lugares.

Unos peores que otros.

Ella nunca estuvo engañada ni ciega. Solo se conformaba con que la situación se mantuviera tranquila.

Fue permisiva para evitar enfrentamientos, para ahorrarse los golpes y las ofensas que aparecían de la nada.

Siempre era ella quien descubría esos mensajes torpes, apenas camuflados, que narraban con claridad lo que él no se esforzaba en ocultar, ese hombre tan oscuro porque no hay otra forma de describirlo era patológicamente infiel y mitómano.

Y no, a ella no le dolía la traición.

Hoy ella lo entiende con absoluta claridad, lo que dolía era el ego.

Era ese desprecio transformado en indiferencia, como si él fuese mejor que ella. Como si aquellas otras mujeres valieran más que su propia compañera.

¿Esa era su manera de sentirse más hombre acaso, humillándola, restándole valor, destruyendo lo que ella con tanto sacrificio intentaba rescatar o construir una y otra vez?

Él podía acostarse con cualquiera que le sonriera en la calle, mientras ella, ahí, en su propia casa, era invisible, ignorada. Como si ya no fuese suficiente, como si hubiese dejado de ser mujer.

Hubo un tiempo en el que ya no había gritos ni reclamos.

Ella no quería rebajarse más, no iba a seguir mendigando atención de un hombre que si la miraba era por algún interés material o intelectual; porque ahí sí era ella quien llevaba los pantalones y resolvía.

Pero en ese silencio, planeaba su libertad. Porque ya no se trataba solo de ese hombre y sus amantes, las cuales podría describir con lujo de detalles, pero no… ellas no son las protagonistas de esta historia.

La protagonista es ella.

La mujer que se había dejado de lado por permanecer junto a un hombre que se dio cuenta de que la amaba después de que ella se fuera.

La que representaba un papel con un guion, pero sin ensayo, obligada a improvisar día tras día una vida que no quería ni ella ni nadie.

Tomó tiempo. Porque el miedo a empezar de cero siempre asusta y todo lo desconocido aterra al principio.

Pero cuando esa última lágrima cayó en esa cama fría, la misma en la que tantas veces lloró sola, comenzaron a llegar como un susurro del destino delicados mensajes.

No los buscó, pero tampoco los ignoraba. Fue entonces cuando entendió que no podía quedarse más allí; es que ya no quería quedarse.

Porque lo hermoso, lo verdaderamente hermoso, estaba en otro lugar. Y no era solo un hombre, también era ella.

Ella, que comprendió que no podía seguir permitiendo que la hicieran sentir menos. Que no dejaría que apagaran su luz. Porque esa luz, aunque estuvo mucho tiempo opacada, nunca se apagó del todo y ahora brillaba con más fuerza.

Lo irónico es que la plegaria de aquel hombre ya había sido respondida antes de que él la pronunciara.

Su deseo se cumplió porque ella comprendió algo vital: que nunca fue amada ni valorada, solo fue una comodidad.

Parte de la escenografía de esa familia perfecta que él vendía al mundo.

Pero cuando ella ya no estaba ni en la casa, ni desnuda en esa cama donde tantas veces fue ignorada, allí, entonces, fue cuando él quiso reaccionar.

Ella está segura de que no lo hizo por amor. No por extrañarla. Sino por miedo a quedarse solo.

A lo que dirían los demás, porque de eso se alimentaba su vanidad; de las apariencias.

Ese supuesto amor que quiso mostrarle cuando ya se había ido no era amor. Era orgullo machista herido.

Y ya no importaba, porque el verdadero amor que esta mujer necesitaba, el que realmente quería, es aquel que por fin comenzó a sentir por sí misma.

Sí… claro que había otro hombre.

Pero no en el sentido que él imaginaba, no como en esas telenovelas baratas donde la mujer herida es rescatada con flores y promesas eternas. No fue así.

Este hombre no vino a salvarla, simplemente apareció, sin saberlo siquiera llegó para mostrarle algo que nadie antes había hecho, y era que detrás de esas paredes que fingían ser un hogar, existía otro mundo.

Un mundo donde sí se veía a esa mujer.

Sí, a esa mujer que durante tanto tiempo fue tratada como invisible, como nada.

Fue así como ella, de pronto, comenzó a sentirse como lo que siempre ha sido: «un mujerón».

Una mujer que hacía temblar el suelo con cada paso.

Una que ya no caminaba con miedo, sino con tacones bien puestos, elegidos por placer y no por protocolo.

Una que ya no escondía sus curvas, ni sus deseos, los movía con un tongoneo irresistible, robándose las miradas que antes esquivaba por vergüenza o por temor a que ese hombre oscuro del pasado la agrediera por su falta de seguridad.

En ese preciso instante, cuando giró levemente la cabeza, miró hacia esa puerta, la misma que tantas veces la vio entrar en silencio y la quería cerrar tras ella para no volver jamás; con una sonrisa moldeada entre dolor, coraje y libertad… entendió que su alma, por fin, sería libre.

No se podría decir que fue amor a primera vista, porque no lo fue. Ni siquiera fue amor en el sentido clásico de la palabra.

Fue algo más crudo, más real, más incondicional. «El Hermoso» no llegó con capa ni caballo blanco, pero tenía un cuerpo envidiable y un aroma que, por primera vez en mucho tiempo, le recordaba que estaba viva y que su cuerpo podía sentir más allá del dolor y las traiciones.

Fue alguien que la miró diferente, que la tocó sin romperla, que le habló sin intentar domarla.

Que le mostró que el respeto no se exige, se da, se ofrece, sin condiciones ni explicaciones.

¿Y por qué llamarlo así con ese seudónimo tan encantador?

Porque ese nuevo rostro representaba todo lo que una mujer anhela alguna vez en la vida, especialmente cuando lo único que ha conocido es el desencanto del desamor.

Ahora bien, surge la eterna pregunta: ¿Y por qué, si estaba tan mal, tuvo hijos con aquel hombre tan oscuro? Y es aquí cuando la respuesta viene con otra pregunta: «¿Quién dijo o dónde está escrito que los hijos solo se tienen con la persona a quien se ama?».

Los hijos son el mayor regalo de la vida y como tal, una madre los amará más allá de la muerte, aunque no sepa ni cómo se llama el padre. ¿Quedó claro? Y si no fue así, tómense un rato para reflexionar sobre esto, porque ella no lo hará en este libro.

Lo cierto es que esta nueva ilusión llegó como un regalo inesperado, como un soplo de aire limpio, un día de noviembre, pero no cualquiera, fue el día que esta mujer cumple años.

El destino, en su picardía, acomodó las cartas, ya que la única silla que estaba disponible estaba justo al lado de ese pelirrojo que olía a deseo y a libertad.

Ella se sentó allí en esa única silla sin imaginar que no solo llegarían a compartir ese espacio, sino días enteros en una cama de hotel la cual se reservaba cada domingo.

Habrá muchos que se preguntarán dónde estaba el esposo de ella entonces, pues él estaba tan ocupado con la amante de turno que no se daba cuenta de que la mujer que él hizo a un lado como un mueble viejo se convirtió en el deseo desmedido de un joven que sí la atendió como ella lo merecía.

Por fuera lucía interesante, atractiva, con esa seguridad fingida que aprendió a usar como escudo, pero por dentro, estaba hecha pedazos.

Aun así, surgieron las palabras tímidas, entrecortadas, luego las miradas con doble sentido, la chispa, la magia. Esa que ocurre una sola vez en la vida si es que se tiene suerte, y ella la tuvo.

Cada uno ideó su estrategia para acercarse al otro y para huir, al mismo tiempo, de sus realidades.

Porque la que ese chico vivía tampoco era ideal, se había acostumbrado a lo que tenía, como tantos hombres, resignado a una vida sin fuego.

Y entre «buenos días» y canciones cargadas de amor y lujuria, lo inesperado ocurrió. Un día de junio, sin planearlo, pero también sin intentar evitarlo. Porque hay cosas que cuando se desean tanto, simplemente suceden.

Esos dos seres solitarios se buscaron, se reconocieron, se devoraron con una pasión desmedida. Porque cuando dos cuerpos se desean de verdad, no hay mentiras.

Los cuerpos no mienten, eso se siente.

Ella, incrédula por lo que estaba ocurriendo, pero más viva que nunca, decidió dejarse llevar.

Por primera vez en mucho tiempo, no luchó contra la corriente. Se aferró a ese hilo de esperanza que la arrastraba fuera de las profundidades donde había estado hundida tanto tiempo.

Es por eso por lo que siempre hay que agradecer a quien te ayuda a salir de donde te han tenido a oscuras por tantos años.

No importa cómo lo haya hecho; tampoco importa si se queda o si se va.

Lo importante es que le mostró que aún podía respirar, que podía desear y tener algo, o en este caso a alguien, a quien tener cuando ella lo necesitara.

Fue en esa mirada nueva, en esa forma de tratarla con ternura sin pretensiones, donde comenzó a entender que valía mucho más de lo que le habían hecho creer.

No estaba destruida por completo, pero sí convencida, casi resignada a la idea de que no era suficiente para nadie.

Que quedarse con aquel pasado era su única opción y su única «suerte».

Qué ironía… porque cuando ese ser del pasado, con su lengua disfrazada de santidad, pidió a Dios la «su liberación» de aquella mujer que estuvo con él tantos años como quien ruega que le quiten un peso de encima, ya era demasiado tarde.

Ella había despertado.

Y no con cualquier amanecer; sino con un divino amanecer, de esos que la besaba con ternura; le hacía el amor por horas con un deseo que se notaba y ella lo sabía.

Fue entonces cuando se dio cuenta sobre una de las verdades más brutales y hermosas de su vida.

«No necesitaba un nuevo amor para irse.

No necesitaba a otro hombre para abandonar lo que ya no era suyo.

Lo que necesitaba era encontrarse donde ella misma se había perdido, pero sí necesitaba una motivación».

Así, con cada dosis pequeña, pero poderosa de amor propio que iba descubriendo, el yugo que la ataba se volvía más liviano, menos aterrador, incluso llevadero. Fue perdiendo el miedo y recuperando su voz.

Porque ahora, en medio de su caos, había aparecido ese ángel; sí, ese que llamaba El Hermoso, que con un solo mensaje parecía saber exactamente cuándo su desdicha se volvía insoportable.

Llegaba sin hacer ruido, para recordarle que aún quedaba ternura en el mundo y que ella la merecía.

Así un día cualquiera, sin lágrimas ni escenas, ese pasado se le resbaló de la piel como el agua entre los dedos.

Y cuando aquel ser tan nefasto, acostumbrado a tenerla atada, sintió que ya no tenía poder, desató su furia más desmedida.

Pero a ella ya no le importaba.

Por primera vez en muchos años, el control solamente lo tenía ella. Fría, serena, soberana de sí misma.

Eso… ya eso no se lo quitaba nadie.

Así que, querido pasado, si alguna vez te preguntaste por qué ella se fue y te dejó, la respuesta es simple: Dios escuchó tu oración.

Pero el milagro, el verdadero milagro, lo materializó ella.

Esa mujer llegó a un punto de su vida donde ya no podía seguir posponiendo decisiones.

Había estado atrapada en un ciclo de sufrimiento, donde las promesas de cambio se desvanecían tan rápido como se pronunciaban.

Palabras lanzadas al aire. Ilusiones rotas.

Lágrimas ahogadas en noches grises, repitiéndose una y otra vez la misma pregunta: ¿por qué es así, si podría ser mejor?

Durante años luchó.

Por un hogar.

Por agradar.

Por ser la mujer que cada uno esperaba según su propia conveniencia.

Hoy, si lo tuviera que decir con claridad, lo diría sin pestañear; solo se estaba conformando.

Pero el tiempo, bendito tiempo, empezó a susurrarle verdades en voz baja. Una voz interior, casi imperceptible, que iba creciendo dentro de ella.

Que resonaba especialmente en esos breves instantes de soledad, bajo la ducha, donde sus lágrimas se confundían con el agua tibia que lavaba su cuerpo. Donde algunas veces ese hombre entraba a saciar su instinto, no por amor ni deseo, solo por meterlo, así de simple, porque era su intuición que había que meterlo en cualquier hueco, así de básico.

Y ella al final terminaba sintiéndose más sucia que cuando entró a ducharse.

Ese era su único momento a solas consigo misma; aun así, no se lo respetaba. El único instante donde no estaba al otro lado preguntándole:

¿Qué estás pensando?

Y exigiendo, casi con desesperación: Responde rápido… no te dé por inventar algo.

Sí, suena increíble, pero así la trataba a diario, como si en lugar de una esposa tuviese una esclava en el sentido literal de la palabra.

Pero esa es la realidad de muchas mujeres que aún tienen su voz en silencio.

Sin embargo, ya no importa porque esa firme y confortable voz seguía insistiendo en ella:

«Y tú, ¿qué deseas? ¿Qué es lo que quieres para ti?».

Era una pregunta que aun en ese entonces no tenía respuesta… Porque nunca antes se la había permitido plantear.

Fue justo ahí, en medio de esa nueva conciencia, cuando se aclaró.

Ese sentimiento que durante años no quiso nombrar porque nunca supo que era, por respeto, por miedo, por costumbre, por los hijos, por las culpas…

Ese sentimiento que alguna vez creyó que era amor… ya no significaba nada.

Las mentiras.

Las promesas rotas.

Las heridas invisibles y las que ella se maquillaba. Todo pesaba más que cualquier nostalgia.

Porque los dolores físicos tan reales, tan frecuentes nunca fueron peores que el dolor emocional.

Esos golpes, estratégicamente dados donde no dejaban marcas visibles, eran tan perversos como el silencio con el que se escondían.

Ella, durante años, maquilló su alma mientras él se encargaba de mantener limpia la apariencia.

Honorabilidad fingida, rostros falsos, palabras vacías y un machismo que jamás evolucionó por más años y más oportunidades que se le dieron.

Ella intentó.

Dios sabe que lo intentó.

Trató de construir un hogar sobre cimientos frágiles, sabiendo en el fondo que todo se vendría abajo.

Pero hay verdades que tardan en asumirse.

Por mucho que una persona tenga disposición, jamás un solo miembro ganará la partida por todo el equipo.

Y fue entonces cuando decidió dar el paso hacia su libertad, pues algo dentro de ella se encendió.

El miedo seguía ahí.

La incertidumbre, también.

Pero en lo más profundo de su pecho, una voz nueva que ya era la suya al fin le susurró con claridad: «Este es el camino. No será fácil, pero es el tuyo. Encontrarás la paz que mereces».

No fue fácil, claro que no. Nunca lo es.

Las lágrimas de miedo y tristeza se mezclaban con la rabia contenida.

Pero había algo más profundo, algo más poderoso que la impulsaba.

Una exclamación disfrazada de fe; sí, esa petición desesperada del hombre que había sido su esposo se convirtió en el detonante.

Usó a Dios como excusa, como vía rápida para deshacerse de quien solo pedía algo muy simple, que la dejara en paz.

Y dirán algunos iluminados y otros curiosos:

«¿Por qué no lo dejó antes?".

La respuesta es brutalmente humana.

Porque no tenía fuerzas, ni recursos, ni tampoco, y había que confesarlo, la valentía suficiente para escapar de ese infierno.

Aquel pedido, sin embargo, escondía algo más.

El pánico de ese hombre a que su verdadero rostro quedara al descubierto.

¿Ante quién?

Ante esos que aún lo tenían por ejemplo de familia, de padre, de esposo intachable.

¡Qué ingenua puede ser la gente que cree todo lo que ve! Cuando hay personas que mienten de tal manera que se creen sus propias mentiras.

Destino bendito porque esa plegaria fue la chispa que ella necesitaba.

Con una mezcla de ironía y liberación esta mujer simplemente respondió: «Amén», como la afirmación de que el deseo será concedido.

Como quien no ruega más, como quien bendice su nueva vida antes de caminarla. Ya no había vuelta atrás.

Ese mismo día, sin irse aún físicamente de aquella casa, ella ya se había marchado. Internamente, emocionalmente, espiritualmente ya estaba en otra parte.

Aunque a su alrededor todo seguía igual, ella ya no era la misma. Comenzaba a florecer.

2

La vida por un instante
se le complicó delicioso

Sí, había un nuevo personaje. El Hermoso.

Mensajes con corazones, canciones matutinas, fueguitos y flores digitales. Aun así, no se sentía del todo segura.

Sabía en el fondo que esa etapa también era transitoria, pero se la permitió vivir; por esa vez pensaba en ella ante todos.

Permitió entonces que comenzara una apasionada e inesperada inquietud.

Por primera vez en mucho tiempo, su corazón latía por deseo… no por la obligación de estar viva.

Latía por pasión, no por inercia.

Ese volcán dormido había despertado.

Sabía que aquel pelirrojo no era suyo, ni ella de él. Lo aceptó.

Era un idilio, un escape, un refugio. También un adiós digno, agradecido.

Lo dejó ir sin rencor, pero con cariño, porque ella, una mujer madura con ese dulce romance casi once años menor, no lo veía justo para el chico y le dijo que viviera, que se casara y tuviera hijos, aunque el camino del Hermoso fue corto, aún hoy más allá de lo terrenal ella conserva su rostro como uno de sus mejores momentos vividos.

Justo cuando pensó que había superado todo, la vida le tenía otra sorpresa.

Llegó un nuevo personaje con intenciones protagónicas y sí logró el papel principal. Un hombre atractivo, alto, con presencia y mucha labia; eso le sobraba.

Y ella lo idealizó como quien sería el gran amor de su vida, porque así se presentó este.

Lo veía tan grande, tan confiable, que si él le decía que los elefantes volaban, ella lo creía.

¿Y cómo no creerlo?

Después de tantas carencias emocionales, cualquier palabra bonita sonaba a promesa divina.

¿Saben por qué le pasaba eso? Porque no se amaba lo suficiente.

No se valoraba.

Eso es muy común en quienes han sufrido tanto maltrato psicológico.

Las defensas emocionales estaban por el suelo. Cualquier atención se confundía con amor.

Pero todo se supera. ¡Créanlo!

No era una historia de amor verdadera. No buscaba reemplazar lo que perdió.

Era otra cosa, más intensa, más carnal, más retorcida. Más viva y ardiente.

Y sí, quiso evitarlo porque algo en ella le avisaba que se iba a hundir, pero la pasión ganó esa vez.

Lo que creyó que sería su final feliz fue el comienzo del amor-odio más tormentoso que jamás había vivido.

Este nuevo despertar llegó como regalo de Navidad, con un primer mensaje: «Me encanta tu perfume».

Ella, sorprendida, pero educada, respondió con un simple: «Gracias». Así comenzó otra historia de desaciertos.

Dando tiempo a la impaciencia de aquel señor, ella le volvió a escribir horas después para revelar el nombre de su perfume, a lo cual él muy insinuantemente respondió: «De ahora en adelante ese será mi perfume de mujer favorito». Cuando en realidad era el olor que desprendía ella lo que volvía loco a ese hombre al punto de confundirse entre el cariño y el amor.

Así, tras una charla amena sobre los «logros machistas» que presumen los hombres cuando seducen y llevan a la cama a una mujer, ella liberada, pero aún sin reconstruirse del todo, o al menos en ese proceso, le recordó que una mujer también puede llevar el control en este aspecto.

¿Acaso el sexo no es cosa de dos?

Esta afirmación encendió el deseo de aquel nuevo personaje.

Había pasión en cada encuentro, como en la cocina; un escenario tan íntimo y cotidiano que ella está segura aún él recuerda; en el coche de ella, donde escapaban del mundo y en ese frondoso hotel de carretera donde fueron pillados alguna vez, aventura que añadía sabor a la adrenalina.

Sin olvidar los encuentros furtivos en la oficina, aprovechando las horas de descanso en el comedor.

Él no desaprovechó la ausencia del resto del equipo para provocar esos momentos robados, aunque el resto pensaba que ni se dirigían la palabra.

Qué inocente es la gente cuando no quiere ver lo que es más que obvio, pero prefirieron tacharla de loca y acosadora.

Luego con una cobardía terrible, negó todo, hasta la acusó de perseguirlo frente a quienes entonces se decían sus amigos.

Él dejó de ser VIP y se convirtió en el terror de las mujeres casadas.

A ella la envolvió en una telaraña de mentiras y manipulaciones, que incluso llegó a inventarse situaciones donde provocaba encuentros o llamadas donde la hacía aparecer a ella como la que siempre buscaba.

Era tan inestable que ella terminó eliminando su contacto, hasta que un día la llamó y como ella no tenía su número guardado preguntó quién era, esto lo enfadó porque se sentía con el derecho a la exclusividad. De todo esto puede dar fe una compañera de trabajo, colega que estaba junto a ella en ese momento; por si surgen dudas.

Sigan creyendo, total lo que ella comió lo repitió hasta que quiso, porque crean o no ese señor siguió invitándola a esos encuentros y fue ella quien más nunca aceptó, ni porque él la retara a ponerse esos pantalones que lo volvían loco.

Sí, amigos…, pero en la memoria de ambos, todo ocurrió y mucho más. Era una situación retorcida de la cual también salió ilesa.

Sin embargo, igual que la ilusión de un amor nuevo, fresco y prometedor, este vínculo comenzó a desvanecerse.

Ella tuvo que aprender a caminar con precaución, porque el terreno estaba lleno de arenas movedizas, un paso en falso la hundía más.

Lo que pensó que sería un nuevo comienzo, un camino hacia la felicidad, no resultó ser así.

Esa etapa de enamoramiento estuvo llena de rosas, sí, pero también y sobre todo de espinas.

Espinas que lastiman, que enseñan y que marcan.

Esa nueva experiencia no fue más que un espejismo, disfrazado con un nombre cuyas letras eran idénticas a las suyas.

Él solo veía en ella oportunidades y se aprovechó muy bien de eso, al punto de manipularla porque sabía que no le negaría ayuda. Como consecuencia de eso, actualmente le sigue debiendo dinero, situación muy habitual con sus otras conquistas; pero ella se lo regala porque nunca esperó nada más de él y tuvo el descaro años después de insinuar que necesitaba dinero como si ella corriera a sus brazos para comprar su amor.

Lo que él no sabía era que su exclusividad con ella la había perdido desde el momento que empezó con la encargada de licores, luego pasó por fiscales, contribuyentes, abogadas recaudadoras, hasta la secretaria con su amor platónico, después de trepar cargos con dinero y con muchos kilos menos, pero cargados de maldad y envidia, era su cheque al portador.

Ah, pero lo más gracioso de todo fue que quedó con la última que probó; algo tenían ellos en común y por eso la vida los unió.

Ella, en cambio, creía que de eso se trataba el amor, de ayudar, de estar allí, de sostener al otro.

Al principio parecía ser recíproco porque siempre estaba para ella, a todas horas quería tenerla cerca, la acompañaba al mecánico, a la escuela de su hijo menor, compartían comidas, pero así es la vida, un día estamos y al otro no se sabe.

También como por arte de magia, ese amor frenético por parte de él desapareció de un día para otro.

Ya no hubo mensajes de buenos días, ni llamadas desesperadas en las que él decía no poder respirar si no la veía.

Fue una confusión total.

Ella no estaba preparada para ese cambio tan inesperado y no sabía cómo manejarlo.

Pensó que si lo buscaba y se mantenía cerca, ese romance volvería; que solo era una pausa momentánea, porque hasta le pidió tiempo específico. «Dame un mes y yo te busco» fueron las palabras de ese galán.

Pero no fue así.

Una vez más, se equivocó.

Volvió a dar todo de sí tratando de construir algo que ya no existía, sosteniendo una relación que ya no era de dos.

Sin embargo, como quien no sabe más que luchar para mantener las relaciones, ella siguió luchando por conservarlo.

Fueron muchas las lágrimas que derramó en vano, pues al poco tiempo descubría cada engaño, cada maldad por llamarla de alguna manera, malas intenciones y hasta trampas disfrazadas de reconciliación.

Ella no solo aprendió a ver lo malo de esas experiencias, sino que también le ayudaron, la enseñaron a amarse a sí misma, a encontrar una fuerza que nunca imaginó que poseía.

No entendía por qué luego de alejarse, ese hombre volvía a interferir en su vida, porque según él estaba confundido entre si lo que sentía por ella era amor o solo deseo.

Eso decía él, sí, señoras y señores; ella está segura de que si llegan a leer esto personas de ese círculo; muchos sabrán que dice la verdad, otros se sorprenderán y tendrán la duda y algunos la seguirán llamando la loca, como si a ella eso le importara.

«No sé si te quiero, aunque me encantas como mujer», fueron sus palabras, mientras él corría de una a otra, comenzando por una mujer casada, hasta una que decía llamarse su amiga, quien fue testigo evidente de lo que había entre ellos y que, por ironías de la vida, se convirtió en una enemiga despiadada de ella, solo por desestabilizarla con su presencia, después de haberla ayudado tanto, a esta chica le dieron un poco de poder y no la quería cerca.

Pero él nunca cerraba esa puerta.

¿Y cómo iba a hacerlo? Si lo tenía todo muy fácil, pues ella se lo permitió por algún tiempo.

Hasta que un día con uno de sus pantalones más provocativos, él la invitó nuevamente a salir.

Ella, decidida y enfática, le dijo un rotundo: «Tú no me tocas nunca más».

¡Y qué bien se sintió decírselo!

Sufrió por mucho tiempo algo que no merecía, un supuesto amor que no existía, amigos y compañeros que solo intentaban hacerla ver como una psicópata.

Claro, él dio material falso para que hablaran, pero Dios, él y esta mujer saben que todo lo que se narra aquí es verdad.

Confesando que, claro, se están omitiendo muchos acontecimientos para evitar problemas entre matrimonios y no el de ella, por cierto.

Pero hoy, cómo se ríe esta loca de todo lo que tiene para contar.

Sin embargo, esta historia no trata sobre ellos, no merecen muchas líneas ni la fama de este escrito.

Sino sobre SÍ MISMA.

También es cierto que muchos hombres no saben manejar la situación cuando llega a sus vidas una mujer con carácter, luchadora y aguerrida; incluso uno que está laboral y académicamente por encima de ellos en muchos casos.

Se asustan, prefieren a alguien más tranquilo o peor aún, alguien que ni siquiera les iguale la fuerza.

Como sucedió en este caso que cada uno tiene la horma de su zapato, pero, como en cada batalla que ha enfrentado, en esta tampoco se hundió. Al contrario, empezó a vivir de verdad.

En sus propias palabras y en la forma en que ahora se mira al espejo, descubrió que el amor propio podría ser el principio de todo.

Sobre todo, aprendió a no dar oportunidades a quien no las merece ni a alargar agonías que solo alteran su nueva vida.

Una vida llena de estabilidad y con la mejor compañía.

Como bien dice ella, no hay nada mejor que estar en paz consigo misma.

Así que dejó atrás ese mundo tormentoso y se enfocó en sí para seguir adelante sin olvidarse de ser mujer.

¿Pero quién era ella?

¿Y por qué llamarse *MI MISMA*?

Todo tiene una respuesta sencilla y coherente.

Muchas veces en medio de tormentas y profundas reflexiones, ella se decía a sí misma: «¡A ver, mi misma!».

Y ante cualquier duda o decisión, siempre se respondía: «Bueno, ¿y cómo me digo a mí misma?».

Ella fue su mejor compañía en todo el proceso de reestructuración.

Porque solo desde el interior podemos reconstruirnos, sin importar cuán mal se haya pasado.

Siempre llegará el día de la metamorfosis; es algo natural. Solo hace falta la disposición para hacerlo.

Se lo dice una mujer que, a pesar de las amarguras vividas, jamás permitió que esas sombras marcaran su vida.

Al contrario, llenaron su mundo de colores donde antes todo era gris. Y hoy más que nunca tiene una determinación de acero.

No era el amor que ella había imaginado, ni el que merecía.

Para ella había algo mejor…, pero sí fue el amor que necesitaba en ese momento; un amor que la impulsó a ver más allá de sus miedos, que la animó a romper con lo que ya no le servía y a buscar un futuro más brillante, priorizando por primera vez en su vida lo que realmente importaba, «ella misma».

Él le ayudó a comprender que no todo termina cuando una relación se acaba y que hay algo más grande esperándola.

En sus momentos más oscuros, descubrió una verdad fundamental:

«El final de algo no es el final de todo. Es solo el comienzo de lo que está por venir, de lo que somos capaces de construir con la fuerza que encontramos cuando casi nos perdemos a nosotros mismos».

Es por eso por lo que el día que decidió irse no fue el fin de todo, sino el principio de una nueva ella.

No solo abandonó un hogar inexistente, una casa que nunca le perteneció, era una especie de sintecho en esa casa que le hacían creer que era suya, pero jamás se lo hicieron sentir, aunque ella en el fondo siempre supo todo.

Estaba segura de que ese matrimonio no sería para toda la vida, especialmente cuando el pasado, en una de sus muchas ocurrencias, decidió comprar dos mecedoras.

«¡Dios mío, las benditas mecedoras!» pensó ella.

Por suerte, solo pudo comprar una, porque las quería para que pudieran ver las estrellas juntos, ya viejitos.

A lo que ella respondió con firmeza: «No habrá dos mecedoras, solo la tuya».

Estaba segura de que eso no era lo que quería, esa postura fue la única que defendió sin permitir dominio alguno.

Así comenzó su proceso de reencontrarse, de liberarse de la sombra de lo que una vez fue para convertirse en lo que estaba destinada a ser.

A pesar de la tristeza, la incertidumbre, su corazón ya no latía con nerviosismo por lo que dejaba atrás, sino con ilusión por lo que estaba a punto de encontrar.

Cuando el final es el comienzo.

Esa idea dejó una gran reflexión en ella, porque ¿cuántas veces creemos que huir es la solución? ¿Que cambiar de escenario será suficiente para cambiar nuestra historia? Pero no se trata solo de moverse de lugar o alejarse de personas, sino de sanar.

A veces se arrastran heridas tan profundas que se termina repitiendo patrones sin darnos cuenta, hasta que la vida da un sacudón inesperado, una frase, un gesto, una revelación que obliga a mirarnos al espejo y preguntarnos: ¿Quién soy? ¿Quién quiero ser?

Para ella, como para muchas mujeres, el amor había sido más una batalla que un refugio.

Creció con la idea de que debía soportar, ceder, resistir.

Le enseñaron a ser fuerte para sostener un matrimonio, una relación por muy dura que fuera, para mantener un hogar, pero no a ser libre ni a ser feliz.

Pensó que amar era sacrificio, pero nunca le advirtieron que ese sacrificio jamás debía implicar perder su dignidad, ni renunciar a su identidad o a la esencia de su ser.

Entonces, después de tantos golpes que la vida le había dado, demostrándole que no tenía suerte en el amor, aunque seguiría dándose la oportunidad de comprobarlo un día sin más, despertó.

No porque alguien la rescatara, sino porque dentro de ella siempre hubo una curiosidad de saber qué podría pasar si se atrevía a cambiar y esa bendita voz que le gritaba constantemente: «¡Basta! Respétate».

Aunque pocas veces ella la escuchaba, esa vez fue diferente. No fue el amor por alguien lo que la salvó, fue el amor propio.

Y cuando lo entendió, cuando se dio cuenta de que merecía más, fue como si el mundo cambiara de color.

Porque la vida no termina cuando cierras una puerta; empieza cuando decides abrir la correcta.

A todas esas mujeres que aún dudan, que sienten que están atrapadas en un laberinto sin salida, ella quisiera decirles algo: «No tengan miedo a empezar de nuevo. La libertad puede asustar, pero nada es más aterrador que vivir una vida que no es la nuestra».

Le encanta el amor y admira a las parejas que por mucho tiempo permanecen juntas.

Admira a esas mujeres que pueden dormir con quien acaba de acostarse con otra y hacerle lo que a su esposa no les provoca, ¿y lo aceptan? Pero créanlo, eso nunca se olvida, la amargura termina reinando en ese hogar, viviendo una relación basada en la apariencia y la conformidad, pero donde queda el verdadero amor y la felicidad de ambos.

Por eso, si no se es amada ni valorada, lo mejor es dar la vuelta, porque si existe una figura jurídica llamada matrimonio, también hay otra que es el divorcio, que no fue creada sin razón.

Muchos piensan que si una mujer está sola es porque tiene algo mal; incluso otras mujeres lo piensan porque forman parte del grupo de los machistas.

Pero nadie se detiene a pensar que hay una gran diferencia entre estar sola por decisión y elección, que sentirse sola.

Ahí radica la evolución de una persona.

Hay otro grupo que tiene compañía, pero se sienten profundamente solos. El dolor enseña, pero no define.

Y cuando ella decidió dar el paso, cuando miró atrás, vio todo lo que había superado, entendió que nunca fue débil. Siempre fue una guerrera en pausa, esperando el momento de despertar.

Por eso, lo que para unos es el fin o el presagio de un adiós, para ella fue solo el inicio de lo que estaba por venir, aunque no todo era lo que ella quería.

Se vive en una sociedad muy prejuiciosa, donde la voz de una mujer rara vez tiene relevancia.

No importa la situación que atraviese, siempre será cuestionada por su comportamiento.

No ven los maltratos que pueda sufrir ni entienden simplemente que no quiera seguir en una relación que no la llena.

La pregunta recurrente es: ¿cómo vas a terminar tú?

La hacen quienes, sin estar cerca de lo que esta mujer ha vivido o enfrentado, insisten en que su papel es cuidar el hogar, respetar a su pareja y atender a sus hijos.

Ella se preguntaba a sí misma: «¿Y lo que yo quiero? ¿Lo que necesito, acaso importa?».

Es madre, fue esposa, es hija, hermana, tía, abuela…, pero cuando llega el momento de ser mujer y priorizarse a sí misma, puede afirmar sin duda que tenía muchas carencias.

Su voz casi nunca fue escuchada. No es feminismo, es la cruda realidad que pocos se atreven a enfrentar.

Le fueron infieles, pero debía perdonar, porque «es un error que cometen los hombres», y su trabajo era cuidar del hogar por encima de su propia dignidad.

¿Y qué pasa si la infiel fue ella? ¿Fue una perra, una puta o una zorra? ¿Por qué tiene que ser así? Si ella también merecía respeto.

No porque el hombre sea hombre tiene derecho a rendir a cada mujer que se le atraviese.

Se sabe bien que a las mujeres también nos excita un mensaje, una palabra con doble sentido, una insinuación dicha por un hombre que no sea nuestra pareja.

Pero somos nosotras quienes decidimos hasta dónde permitimos que eso llegue.

Y si se llega a ser infieles, siempre hay una razón; algunas porque les gusta y no se limitan, otras porque ya se cansaron de aguantar y en casos excepcionales, hasta por venganza.

Pero siempre, siempre hay alguien que está dispuesto a dar cariño. Y a veces, ¿por qué no?, también aparece el amor para esa mujer que en casa no es más que un mueble invisible, que no miran, pero lo que para algunos es rutina, para otros es el principio de lo que tanto han esperado.

En este caso, un mujerón a quien solo le rogaron a Dios que la alejara, pero ella simplemente ya se había ido… sin decirlo.

Es que, muchas veces, la verdadera batalla no está afuera, sino dentro de cada uno. En aprender a valorarnos cuando nadie más lo hace, en alzar la voz cuando el silencio es lo más fácil y en entender que merecemos un amor que respete, nos valore y nos haga sentir libres.

Porque ser mujer no es solo sobrevivir, es vivir con dignidad, con poder y con la valentía de decir: «Yo me elijo a mí como prioridad siempre; sin embargo, como te amo y me lo demuestras de igual manera, elijo ser feliz a tu lado».

Porque esa decisión es propia, no impuesta a golpes ni maltratos.

3

Las veces que ella se marchó y solo se arrepiente de no haberlo hecho antes.

Irse no es tan simple como hacer una maleta y cerrar la puerta. Marcharse es un acto de valentía que comienza mucho antes de que se concrete, porque está en la mente, en el corazón, en esa chispa que se enciende cuando una mujer entiende que merece mucho más.

La primera vez que ella se fue, no solo empacó su ropa y sus cosas personales; se llevó consigo cada lágrima derramada, cada insulto disfrazado de broma, cada noche en la que se acostó sintiéndose invisible, desnuda en una cama donde no la tocaban.

Se llevó su dignidad, aunque al principio ni siquiera estaba segura de que realmente le perteneciera del todo.

No fue una huida heroica ni un escape con la seguridad de quien sabe exactamente lo que hace.

Se fue temblando, con el miedo agarrado a las costillas, el estómago hecho un nudo y la duda filtrándose por cada rendija de su decisión, pero se fue y eso era lo único que importaba.

No lo podía creer, pero lo hizo al fin.

Recordó que antes de cruzar cada una de las puertas que iba dejando atrás, la miraron con una mezcla de incredulidad y hasta desprecio.

Como si fuera una actriz secundaria en una obra dirigida por otros.

«No vas a aguantar fuera», le decían con la misma certeza con la que tantas veces la hicieron sentir menospreciada.

«Te vas a dar cuenta de que nadie te va a querer». Y, por un segundo, lo creyó. Porque después de tanto tiempo siendo minimizada, una parte de ella pensaba que quizá tenían razón.

Pero algo dentro de ella, algo que había estado dormido por años, despertó justo a tiempo.

Esa famosa voz… ¡era su voz! que constantemente le repetía:

«¿Y si sí puedes?».

«¿Y si afuera hay algo mejor?».

«¿Y si la única persona que realmente tiene que quererte eres tú misma?».

Así que comenzó a marcharse.

¿Se llevó el miedo? Sí, pero también se llevó la esperanza.

Se llevó su historia, su dolor, también cargó la posibilidad de escribir un nuevo comienzo.

No sabía qué vendría después, pero, por primera vez en mucho tiempo, sintió que lo que estaba por venir era totalmente suyo. Y eso era suficiente para esta mujer que nunca se sintió dueña de nada.

No suele ser sencillo el cambio.

A veces nos quedamos más tiempo del que deberíamos, aferrándonos a una casa, a una relación, a un trabajo o a una amistad que ya ha caducado, pero llega un momento en el que entendemos que marcharnos no es un acto de cobardía ni de rendirse.

Eso se llama amor propio.

Ese tipo de amor nos llena de aprendizajes, porque nos obliga a desprendernos de lo material, algo que no es fácil para la mayoría, porque muchas personas prefieren quedarse en el mismo lugar solo para no perder bienes que en realidad nunca fueron suyos.

Esto pasa en las separaciones conflictivas como la que tuvo ella; cuando es la mujer quien decide terminar, ellos reclaman el derecho a quedarse con todo según sus reglas.

Al final, esas mujeres maniatadas solo tuvieron derecho a limpiar esos bienes y mantenerlos perfectos para el uso y disfrute de otros.

Ella se marchó tantas veces como pudo… y sabía que aún le quedarían muchas más puertas por cerrar en su camino.

Aprendió que lo importante no era solo irse, sino hacerlo sin apegos.

Porque cuando una mujer decide irse con lo que lleva encima, con los hijos en el coche y la dignidad a cuestas, dejando atrás una vida que no le correspondía vivir ni mucho menos merecer, no es una huida, es un acto de supervivencia.

Esta vez, eligió intentarlo.

Eligió un cambio, porque estaba en una prisión, aunque las cadenas eran invisibles, pero esa no sería la única vez que se marcharía, de eso estaba segura.

También se marchó de amistades que dejaron de sumar, de trabajos donde su esfuerzo era invisible, donde sacrificaba su bienestar solo para estar disponible para todo y para todos.

Se fue incluso de ciudades donde ya no encontraba su lugar, ni sentido a su presencia.

Cada vez que cerraba una puerta, el miedo era diferente, iba perdiendo fuerza en ella y quedando a un lado, mientras dentro de esta mujer nacía algo más poderoso; el alivio.

Esa paz que empezó a descubrir fue tan reveladora que aunque muchos la llamaron egoísta, ella respondió con firmeza:

«Sí, lo soy. Porque ahora, mi prioridad soy yo. Y mi paz no es negociable».

Había tocado fondo tantas veces que ya conocía bien la oscuridad.

Se sintió hundida como quien tiene el rostro presionado contra el suelo y un zapato le aplasta la cara.

Era el opresor pasivo y manipulador, pero ella aun así se levantó, aunque tardó y soportó mucho, pero lo logró.

Lo hizo con una fuerza que ni ella sabía que podía tener, aunque no estaba del todo preparada para lo que encontraría en su camino.

«¿Es justo seguir soportando tanto para que otros estén bien, mientras yo me pierdo, mientras yo me rompo? ¿Y cuándo es mi turno de estar tranquila?». Siempre se repetía esta interrogante como un aliento para continuar.

Quedarse donde ya no se es feliz es una forma silenciosa de desaparecer.

Hay relaciones que no construyen, solo desgastan. Personas que solo saben recibir, sin jamás ofrecer. Amistades que disfrazan la generosidad como una obligación impuesta.

Es en esos momentos, cuando el sacrificio se vuelve unilateral, marcharse no es una opción… es una necesidad.

Ella había dado mucho a lo largo de su vida.

Y no solo se trataba de dinero, aunque sí, dio más de lo que muchos merecían.

Dio su tiempo, su presencia, dio su apoyo, aun sabiendo que tenía responsabilidades propias que cubrir, que criaba sola a sus hijos, que también necesitaba ser cuidada en ese momento.

Sin embargo, a pesar de ello, muchos se aprovecharon de su bondad, esa que entregaba con la esperanza ingenua de que algún día sus esfuerzos florecieran.

El tiempo le enseñó que la humanidad puede ser cruelmente egoísta.

Que hay quienes toman en pedazos, sin considerar lo que queda de uno por dentro.

Cuando se detuvo y al fin se miró con cariño, se preguntó con una voz firme, como quien por fin despierta de un largo sueño:

«¿Es esto lo que merezco?».

Y se respondió sin titubear: «Claro que no».

Cerrar puertas, todas las veces que sea necesario, fue la prueba más clara de cuánto había evolucionado.

Porque su reestructuración personal no se trataba solo de reconstruirse, sino de aprender a no quedarse donde su luz no brillaba. De elegirse, una y otra vez.

Vio la ingratitud dibujada en los rostros de aquellos que un día comieron de su plato. Por eso, ahora, siempre dice:

«En mi mesa solo se sientan quienes pasaron hambre conmigo».

¿Es egoísmo? Acaso. O será más bien la imagen de una mujer que aprendió a vivir… viviendo de verdad.

Una mujer que ahora saborea la vida a bocados grandes, que exprime los pocos momentos gratos como si fueran tesoros, porque sabe que han sido escasos.

Ha sido criticada, humillada, infravalorada y hasta utilizada; tachada de ingrata en las bocas de esas ovejas disfrazadas, que en realidad resultaron ser lobos muy feroces.

Y todo, ¿por qué? Por atreverse a poner límites por fin, porque por primera vez comenzaba a pensar en su bienestar.

Como si decir «basta» fuera un crimen.

Como si negarse a seguir tolerando abusos la convirtiera en la villana de historias que ni siquiera cuentan la verdad.

Pero la transformación ha sido tan profunda, tan real, que mientras escribe estas líneas, en sus palabras no hay rencor ni dolor.

Está la sonrisa de una mujer madura.

La misma mujer que antes lloraba por todo, incluso en las festividades, que se desmoronaba al escuchar una canción, que se escondía tras una máscara de fortaleza, hoy se mira con ternura, se cuida, se consiente porque sabe que lo merece.

Porque supo que había aprendido a amarse cuando aquellas cosas que antes le arrancaban lágrimas ahora le provocan risa y hasta asombro de haberlas permitido. A veces, entre sorbo y sorbo de su propia valentía, se dice a sí misma con picardía:

«¿Cómo pudiste ser tan tonta, mi misma?».

Aprendió algo muy valioso en cada tropiezo, y era que no importa cuánto hiciera, nunca sería suficiente a los ojos de quien no la valoraba.

Y eso no aplica solo a las relaciones de pareja, sino a las de todo tipo.

Porque hay quienes solo piensan en sí mismos y son expertos en manipulación adornando mentiras, lo hacen desde un egoísmo tan cómodo que se vuelve cruel.

Entendió que no se puede hacer nada por alguien que no ve a quien tiene delante o junto a ellos.

Así que dejó de desgastarse, permitiendo que la vida sabia y paciente se encargara de poner a cada uno en su lugar.

Por más que se esforzara, siempre habrá quienes preferirían verle caer antes que alegrarse por sus logros.

Es triste darse cuenta de cómo es posible que la humanidad esté tan rota… «Por eso siempre seremos víctimas, al final, de nuestra propia destrucción».

Marcharse también es llorar a solas.

Es tener conversaciones internas en las que la palabra «merecer» empieza a tener sentido de verdad.

No se trata solo de abandonar un espacio físico, una casa, una relación.

Irse es renunciar a esa versión de una misma que aprendió a conformarse con lo poco que le daban.

El día que por fin se fue de lo que había sido su cárcel, más que su hogar por veinte años, no solo empacó su vida. Ese día recogió los pedazos de sí misma que había ido dejando por el camino.

Aunque no sabía qué haría con ellos, pero ahora dependían de sus manos y no de las de quien jamás la había tocado con ternura.

Se llevó las cicatrices invisibles de cada palabra que la apagaba, los recuerdos de las veces que intentó explicar lo que sentía y solo encontró indiferencia.

Se llevó los suspiros contenidos, las ganas de ser escuchada, las noches en vela imaginando una vida distinta.

Se llevó cada golpe recibido, cada desprecio que no merecía, pero se llevó hasta el alma de ese ser que se dio cuenta de su valor cuando ella ya no lo soportaba ni cerca.

Sí, se llevó el terror a lo que vendría también, pero también la certeza de un futuro más sano.

Ese que le susurraba, bajito, que tal vez, solo tal vez había algo mejor esperándola del otro lado de la puerta.

Irse no es fácil para nadie.

Y quien diga lo contrario, probablemente nunca ha tenido que hacerlo con la incertidumbre pesándole en los hombros.

No se fue con la certeza de que todo mejoraría de inmediato.

Se marchó con el corazón latiendo tan fuerte que parecía querer salirse del pecho, con el estómago hecho un nudo imposible de desatar.

Pero se fue. Que logró marcharse esta mujer cuya vida estuvo encadenada a la esperanza de un mañana mejor. Ella se fue.

Y eso… lo cambió todo.

Recordó la última mirada de quienes nunca creyeron que se marcharía porque fue una mezcla de incredulidad y arrogancia.

«No lo lograrás», decían con la convicción de quien se cree indispensable.

«Te vas a dar cuenta de que nadie te va a querer. No estarás mejor que aquí».

Ella lo creyó por tanto tiempo que fue lo que más le costó soltar, su inseguridad. Porque cuando te han hecho sentir tan pequeña, es fácil olvidar que hay un mundo más allá de esa jaula disfrazada de hogar.

Más allá de una falsa amistad, de trabajos tortuosos, de amores que nunca la miraron como ella necesitaba.

Pero, en medio de la duda, su esencia interior habló más fuerte que nunca.

¿Y si la vida que hay fuera de aquí es más grande, más luminosa?

Logró dar ese primer paso que fue sin duda el más difícil. Ahora tenía la posibilidad de escribir un nuevo porvenir. Y eso… eso era suficiente.

Se marchó para salvarse.

Para no convertirse en alguien resentida.

Para no perderse en la amargura de la decepción.

Fue su silencio lo que dijo todo.

Porque cuando alguien te importa de verdad, duele y el dolor pesa tanto como la calma.

Pero si sus labios ya no buscan, si ya no discute, si su voz se apagó no era porque sintiera paz, es que ya no queda nada de sí para dar.

Ella durante años se sentía vacía, ultrajada por la vida y sus daños.

Aprendió a conocerse tanto, que entendió que cuando ella calla, es peor que cuando la escuchan chinchando; porque ya no dará otra oportunidad a nadie, así que aprovéchenla mientras quiera hablar.

A quien la tuvo y no la valoró.

Al principio dolía, porque todo fracaso duele.

Después, simplemente aceptó que no se mendiga el amor ni el respeto porque cada uno da lo que tiene y ese pasado oscuro no tuvo más que tortura y maltrato para ella.

Tampoco se debe suplicar la lealtad, ese es un valor muy exclusivo que no todos saben manejar.

Sobre todo, cuando una lo entrega todo en abundancia.

El día que se fue de todos los escenarios posibles en los que ya no quería estar; no hubo gritos ni portazos, aunque a veces algún drama.

Fueron actos silenciosos, casi imperceptibles para el mundo, pero estruendosos dentro de ella.

Recordó haber despertado una mañana con la certeza de que no podía seguir así, que su historia en cada sitio donde no debía estar, había terminado mucho antes de que se atreviera a aceptarlo.

No sentía valentía ni fuerza desbordante.

Solo la sensación de que si no se iba en ese instante, nunca lo haría. No empacó con prisa ni tomó todo lo que le pertenecía.

Se llevó solo lo necesario.

Y lo necesario no eran cosas materiales, eran recuerdos, lecciones, promesas que se iba haciendo a sí misma.

Se llevó tanto dolor acumulado que llegó a pensar que no sobreviviría a tantas decepciones y eso la aterraba, porque cuando se está tan quebrada emocionalmente se piensa que nunca se podrá salir de ese agujero.

Fueron tantas las veces que mordió su lengua para evitar una pelea inútil, las noches preguntándose si el amor debía doler tanto.

Se llevó cada momento en el que se miraba al espejo y no se reconocía.

También se llevó sus ganas de reír sin miedo, de hablar sin ser interrumpida, de existir sin pedir permiso.

Se llevó la fe en un cambio.

Y la esperanza de que lejos de cualquier sombra, podría aprender a ser ella misma sin temor a ser castigada por ello.

Al cruzar la puerta, no hubo despedidas.

Solo escuchó una frase, dicha con la frialdad de quien nunca entendió lo que estaba perdiendo:

«¿Vas a volver?».

Por un instante, sintió que su cuerpo dudaba.

Porque después de tanto tiempo viviendo de la misma forma, una parte de ella temía que tuvieran razón y hasta llegó a normalizar esas conductas porque ella estaba muy mal emocionalmente.

Sin embargo, respiró hondo, dio el primer paso y supo que no volvería a mirar nunca más lo que iba soltando.

Aquel día no solo se fue de un lugar o de una relación. Se fue de una historia que no le pertenecía.

Se fue para encontrarse donde algún día ella misma se había perdido.

Y lo mejor de todo es que por primera vez se sentía segura de lo que hacía.

Tomar la decisión de irse conlleva dejar atrás cosas que con mucho esfuerzo se construyeron a lo largo de inmensas batallas.

Sin embargo, el solo hecho de alejarse de aquel entorno confirmó la dura lucha interna de alguien que ya no quería seguir siendo el apoyo incondicional de quienes solo la utilizaron por tanto tiempo.

Dejó de ser el bastón de todo el mundo porque estaba agotada y en algún momento necesitó apoyarse en alguien que nunca estaba para ella.

Fue entonces cuando cayó en cuenta de que había postergado su vida, sus sueños y lo más importante, su paz por la de otros.

Empezó a buscar su felicidad, esa que ahora entendía como algo efímero, como un cúmulo de días alegres y tranquilos que se viven a ratos.

También entendió por fin que no le merecía la pena sacrificarse para quienes solo pensaban en ella cuando necesitaban algo, por eso ahora tiene sus prioridades muy claras.

Debía ser su primera opción, sin permitir jamás que la volvieran alternativa.

Porque quienes necesitaban algo de ella, la buscaban como solución, pero nadie se acordaba de que a ella también le gustaría que estuviesen ahí, de que ella merecía ser celebrada.

Su cambio no ocurrió por capricho ni por rebeldía, lo logró con mucho trabajo emocional, con amor propio y escuchando esa intuición, ese sexto sentido del que hablan.

Ahora era su propia guía, su mayor alegría, sin permitir que la siguieran pisoteando.

Merece que la piensen, que quieran estar con ella, que sea el primer y último pensamiento del día para alguien; pero de verdad, con buena intención, que se murieran por besarla y hacerle el amor con lealtad no solo por bajarle las bragas.

Ya no tenía que suplicar tiempo de quien no quería darle su lugar.

Porque aprendió con cada experiencia que no hay falta de tiempo, sino falta de interés y ya no se conformaba con recibir menos de lo que daba.

Era buena madre, merecía buenos hijos. Era buena esposa, merecía el mejor marido.

Era buena amiga, se dio cuenta de cuánto valía y por eso merecía ser querida. Era buena amante, entonces merecía el mejor revolcón de la vida.

Si no la satisfacen no repite, así de simple.

Porque hasta en eso la enseñaron a conformarse con lo que había.

Siempre tenía que ser lo suficientemente mujer para mantener contento a su hombre, porque si no, él buscaba afuera lo que no encontraba en ella, aunque en ella encontraba en abundancia, nunca fue mirada con sinceridad.

No se atrevía a confesar cuántas veces fingió un orgasmo para que terminara todo rápido, cuando en realidad muchas veces ni siquiera le gustaba.

Y, aun así, lo permitió todo y más.

En su caso, hasta llegó a preguntarse si eso era todo para lo que había que estar tan dispuesta cuando ella ni lo disfrutó. Qué pérdida de tiempo y desperdicio, pregúntenle ahora si no sería capaz de decir que no le gusta.

«Por favor, si supieran todo lo que nosotras tenemos que hacer para fingir que nos satisfacen mientras están, según ellos, llevándonos al cielo».

Quien lo hace bien, no pregunta «¿te gusta?» mil veces. Eso se nota y se siente.

Al contrario, eso desconcentra cuando se quiere salir corriendo de ese polvo agonizante.

Por eso se marchó, no una vez, sino todas las veces que fueron necesarias hasta ahora, porque quedarse significaba retroceder en su progreso y traicionarse a sí misma.

Muchas de las cosas que suceden en la vida ocurren por el temor a decir un «NO» a tiempo.

Hoy, ella puede afirmar que se habría ahorrado muchas lágrimas y decepciones innecesarias si hubiese aprendido a poner límites antes.

Al ser permisiva y complaciente, se convirtió en presa fácil de abusadores, de personas que solo la buscaban porque tenían la certeza de que siempre lo encontrarían.

Pero ¡qué alivio cuando aprendió a negarse! Su círculo se redujo increíblemente, sí, pero también se llenó de verdad y respeto.

De su móvil empezaron a escasear mensajes, llamadas y sus contactos cada día eran menos y más seleccionados por ella.

Cuando se decide marcharse de cualquier circunstancia, lugar o persona que resta demasiado a nuestra esencia porque algunos tienen un descaro que da miedo, esta decisión no se toma a la ligera ni por un impulso momentáneo.

Es cierto que se debería dar una segunda oportunidad, pero también es cierto que no todos la merecen.

A veces esto es el resultado de años de silencio, de heridas que duelen mucho, de noches pensando cómo salir de ese círculo vicioso donde quedamos atrapadas.

«¿Acaso la vida no debería ser mejor?».

Lo importante no es solo preguntarlo; lo crucial es tener clara la respuesta, la cual es un «sí» rotundo.

Se merece todo lo bueno y más, especialmente cuando somos cada una de nosotras quienes trabajamos día a día para lograrlo.

Hoy recuerda cada momento en el que comenzó a cruzar puertas.

No se llevaba mucho consigo, porque lo material es un *boomerang* en la vida, va y viene. Por muy trillada que suene esta frase, esta mujer la sabe bien.

Ella, que de no tener nada, llegó a tenerlo todo y así, de tenerlo todo, volvió a no tener nada.

Con subidas y bajadas, pero siempre cayendo de pie, como una gata.

El peso más grande que cargaba no estaba en sus manos, sino en el alma. No tenía certeza de lo que encontraría, pero sí una convicción que se repetía: «No puedo seguir viviendo de rodillas, atrapada en una rutina de dolor y desamores. He sobrevivido durante mucho tiempo; ahora quiero vivir de verdad».

Cuando se observa la vida desde esta nueva perspectiva, el aire se siente distinto. No es solo el frío de la calle ni el viento acariciando el rostro; es la sensación de libertad que comienza a recorrer el cuerpo, una satisfacción difícil de explicar con palabras, pero que cada persona entiende cuando le toca vivirla.

La libertad no es sencilla.

Se siente como una caída al vacío, un salto sin red de seguridad.

Se enfrentaba a un mundo desconocido, sin garantías, sin promesas de éxito, pero con la certeza de que no volvería atrás.

Y es allí cuando muchos le preguntaban: «¿Vas a perderlo todo?».

La respuesta de ella siempre ha sido: «Perdiendo también se gana».

Además ¿qué perdía ella al marcharse? Porque podemos perder dinero, que es necesario la verdad, tal vez una estabilidad moldeada con dolor, pero lo que ganamos es paz, tranquilidad, esa paz que es tan difícil de encontrar.

Como dijo alguien sabio: «La paz y la tranquilidad no tienen precio».

Al marcharse, solo llevaba consigo la incertidumbre a lo desconocido como compañera, pero a su lado también iba puliendo la determinación, escondida en algún rincón profundo de su ser.

Porque, aunque no sabe exactamente a dónde la llevará este nuevo camino, sí sabe que por primera vez en mucho tiempo, es ella quien lo está eligiendo.

Qué bien se sentía por fin ser la dueña de su destino.

Así comenzó cada etapa llena de tropiezos y sacrificios, enfrentando trabajos agotadores donde siempre aparecía alguien dispuesto a ver amenazas en quien se niega a rendirse, alguien que intentaba desestabilizarla.

Pero esa decisión de permitirlo o no, solo dependía de ella, porque existen maltratos disfrazados de oportunidades.

También hubo triunfos, grandes triunfos; porque en cada caída demostraba la fuerza con la que podía levantarse.

Cada vez que decidía marcharse, era el comienzo de una nueva historia verdadera, una en la que el guion estaba escrito a pulso por su auténtica protagonista, ella misma.

Seguramente se marchará muchas veces más, quizás sin darse cuenta, en silencio, pero esta vez sin lágrimas escondidas.

Simplemente dándole la espalda a lo que dejó de importarle, preguntándose en qué momento se rompió todo y, aun así, siempre intentando un nuevo comienzo.

La gente sigue pensando que si una mujer aguanta es porque es tonta, porque no se da cuenta de lo que pasa a su alrededor. Pero no es así.

Solo quien camina esos pasos puede entenderlo.

Es fácil juzgar cuando nunca se ha tenido que batallar por un poco de amor o tranquilidad.

Allí es donde el conformismo gana terreno y muchas se hunden, aunque la mayoría logra con determinación triunfar con un nuevo despertar.

Sabemos perfectamente que cuando no hay amor, lo que queda es desprecio.

La falta de valor que nos dan, la comodidad que representa tener una criada y un desahogo sexual gratis.

Todo esto porque muchos hombres no saben empezar de cero y prefieren vivir un infierno, arrastrando a todos a su paso.

Pero para muchas mujeres, como lo fue ella, el miedo pesa más que el desprecio, convirtiéndose en una atadura emocional en la fragilidad de una mujer moralmente destruida.

Ahora recuerda que intentó marcharse muchas veces, pero siempre había algo que la hacía volver.

A veces era el temor al qué dirán y sí, en esas circunstancias eso importaba. «Que hablen ahora de mí, la verdad, lo sentiría como un halago».

Otras veces, la costumbre la ataba, la incertidumbre de no saber qué pasaría después la paralizaba.

Y en ocasiones se quedaba porque creía que si aguantaba un poco más, quizás un día llegaría ese cambio, ese momento en que la verían de verdad, por lo valiosa que era.

Pero el problema de estar con alguien que no te ama, que no te valora o que no te respeta, y reiterando que se habla de todo tipo de relaciones, es que se empieza a buscar el amor o cualquier otro sentimiento en otro lugar.

Y lo encontraba, o al menos eso creía ella.

Eso sí, cada vez que pasó lo disfrutó muchísimo.

La verdad es que no necesitaba que nadie la rescatara; todo dependía de ella. Siempre estuvo buscando en otros lo que debía encontrar en sí misma.

Y cuando al fin lo entendió, ya no necesitó a nadie más para marcharse.

Porque ahora cuando se iba, no lo hacía por otro amor ni por cualquier otro sentimiento.

Se iba porque aprendió a amarse y eso para ella ahora es satisfactorio.

Cuando una mujer se va, puede hacerlo por varias razones, pero la más importante es la sinceridad que puede tener consigo y darse el puesto que alguna vez esperó que le dieran otros.

La salida de cualquier lugar o situación de vida debe ser elegante, diplomática y sin escenarios porque la única protagonista de esta y todas las historias es la que escribe estas líneas, esa mujer que se marchó la primera vez y ahora le quedó el gusto.

Pues se convirtió en una mujer peligrosamente independiente y felizmente libre de ataduras emocionales.

4

Sobrevivir no es lo mismo que vivir

Durante mucho tiempo ella creía que vivía, cuando en realidad era una superviviente.

Respirar, levantarse cada mañana, cumplir con las obligaciones del día, soportar en silencio, simular una sonrisa donde lo que realmente quería era lanzar un grito desgarrador… Eso no era vida, era resistencia y la resistencia, aunque necesaria, no es un hogar; es solo un refugio temporal.

Aprendió a caminar con cuidado, a medir cada palabra, a anticipar los estados de ánimo de los demás.

Se hizo invisible, ocultó su voz y justificó lo injustificable.

Sobrevivía cada día como quien libra una batalla, con el único objetivo de llegar a la noche sin heridas demasiado profundas.

Pero ¿qué pasaba con sus sueños, con sus risas, con esa paz que ni siquiera podría imaginar que existía en algún lugar?

Cuando finalmente pensó que marcharse o alejarse sería suficiente para empezar a vivir, pronto se dio cuenta de que salir de la jaula no significa aprender a volar al instante.

Se encontró con el eco de sus propios miedos y con el peso inesperado de la libertad, que tampoco sabía cómo manejarla; pero es que tampoco la había vivido nunca, no sabía lo que era.

¿Quién sería ella fuera de ese rol de superviviente? ¿Cómo se aprende a disfrutar cuando durante años solo se ha preocupado por aguantar?

Se dio cuenta de que la vida no es solo la ausencia de sufrimiento, sino la presencia de aquello que finalmente la llenaría de calma. Que vivir es más que no sentir dolor, es sentir amor, emoción, placer, curiosidad. Que hay una gran diferencia entre evitar el peligro y buscar la felicidad.

Poco a poco, comenzó a redescubrirse.

A comer sin ese nudo en el estómago, a hablar sin miedo a que su voz fuera juzgada, a dormir sin esperar el sonido de una puerta cerrándose de golpe o una llamada que nunca llegaba.

Llamadas que aprendió a ignorar, a fingir que no escuchaba el teléfono, aunque la falta de seguridad y esa soledad que la invadía en ocasiones la traicionaba cuando lo escuchaba repicar repetidas veces.

Ese sentimiento que ella tenía no era correspondido, solo alimentaba esperanzas vacías y a menudo muy crueles.

Era increíble cómo la convertían en una molestia cuando días antes la hacían sentir como la más especial de todas las mujeres.

Por eso entendió que el silencio puede ser paz y no tensión.

Que el amor propio no es un premio por haber salido ilesa de tantas batallas, sino el motor que la impulsaría a seguir adelante.

Sobrevivir es resistir el fuego; vivir es aprender a bailar en la luz después de apagarlo.

Y ella ya no quería ser solo una sobreviviente. Quería ser libre.

Partiendo de tantas rutas, se sobrevive en muchos ámbitos de la vida. En ese encuentro con los recuerdos, ella se daba cuenta de que, desde muy pequeña, nos imaginamos la vida a nuestra manera, queremos ser mayores para hacer mil cosas, y cuando llegamos a cierta edad, deseamos volver a ser niños. ¡Qué ironía!

En su caso, esta mujer solo quisiera tener salud y más tiempo para hacer todo eso que de joven soñaba, pero nunca se atrevió a hacer o no se lo permitieron porque su decisión siempre dependía de alguien más.

Hoy, sin pedir permiso y mucho menos perdón, lo haría sin mirar atrás.

En sus remembranzas, se veía a sí misma de niña, haciendo una máquina de escribir con cartones vacíos de huevos y envolviéndose una toalla en la cabeza para simular un cabello largo y frondoso, sin olvidar los senos que «fabricaba» con telas, aunque aún no habían crecido, para ese entonces.

Sí, eso hacían las niñas que quieren crecer rápido. Sin embargo, ella era inocente, muy inocente.

El tiempo no perdona, y pasa. ¡Uf, cómo pasa! Sin darnos cuenta, las vueltas al sol no se detienen hasta la última, nuestro último suspiro.

Sin embargo, con entereza nos convertimos en lo que nos proponemos, aunque a veces no queramos reconocerlo al instante, hasta que llega el momento justo.

Nos sorprendemos al saber lo que somos capaces de lograr y, sin embargo, nos llegamos a conformar con tan poco cuando pisotean nuestras ilusiones, demeritando cada logro, hasta perder la motivación y convertirnos en coleccionistas de sueños.

En su caso, podía decirse que cumplía sus sueños poco a poco, pero coleccionaba sus titulaciones.

Como bromeaban sus hijos: «tiene más grados que un termómetro».

¿Cómo es posible que alguien con tanta preparación termine convertido en la sombra de quien muchas veces no sabe ni expresarse ni pronunciar las palabras correctas?

Pero ahí es donde habla el corazón y la esencia de cada persona. Sí, una mujer profesional con un brillo apagado que solo podía emplear sus conocimientos en casos estrictamente seleccionados por un pasado oscuro y opresor.

¿Y quién fue la culpable? Hoy lo dice con toda responsabilidad: ¡la culpable fue ella!

Aunque más que culpa, prefiere llamarlo responsabilidad; simplemente estaba resignada.

De igual manera entiende que ser profesional no es solo un título o un papel que se muestra al mundo, sino un compromiso consigo misma, un deseo profundo de seguir aprendiendo y evolucionando, incluso cuando las circunstancias parecen estar en contra.

Es una amante del estudio y tras esa nueva perspectiva, quizás se pregunten qué significa eso. Pues bien, cuando se marchó del infierno no salió quemada; al contrario, quiso comerse el mundo, lo que para ella el intelecto es importante.

Así comenzó su gran camino hacia la preparación, a pesar de que muchos le decían «¿para qué tanto estudiar?».

Ella simplemente seguía adelante.

Ahora estaba ahí, con muchas medallas, títulos y condecoraciones, como un soldado retirado de batalla, luchando cada día por cambiar su destino.

Porque ninguno de sus aprendizajes académicos la preparó para la dura realidad de migrar, de empezar de cero llevando toda su vida en una maleta, comenzar a cruzar el mundo con un niño de apenas ocho años que ella sentía que no iba a poder…, pero la sorprendió porque tuvo más fuerzas que ella.

Un niño que tenía una gran cuna, aprendió a llenar un colchón inflable para dormir cada noche. Y eso, en lugar de afectarlo, hoy lo ha convertido en un joven maduro con metas claras, enfocado en lo que no permitirá en su vida, aprendiendo que por muy duro que suene, el árbol genealógico también se puede podar.

Y se preguntarán a qué viene esto, acá quedará explicado; «si alguien no aporta nada en tu vida, incluso sea familiar y lleve tu sangre, también se puede excluir de nuestra vida».

Porque de eso trata la vida, de seguir adelante, aunque no cuente con quien debería estar a su lado apoyándolo.

Pero no importaba, porque siempre la tuvo a ella y a sus hermanos mayores.

Comenzando con algunos detalles sobre esta fase de su vida, una mujer que a los 36 años decidió renacer y enfrentarse a un mundo en el que sus propios vecinos ni la reconocían después de un mes sin verla. Increíble, pero cierto.

La doctora de una institución de tributos, con especialidad en gerencia de impuestos y reconocida por su destacada labor, se convirtió en objeto de muchas inquietudes.

Algunos que iban y venían aprovechándose de su coche a diario, que en los momentos difíciles solo supieron darle la espalda, olvidando quién era esa mujer cuando estuvo allí para todos.

Estas personas veían en ella algo seguro para cubrir sus propias necesidades, pero al final resultaron ser aves de rapiña que solo tomaban las oportunidades, aunque se llevaran todo a su paso.

La desplazaron a oficinas apartadas, a lugares donde no hubiese atención al público para ocultar sus cualidades.

Muchas amistades fingían no conocerla, quizás para evitar la obligación de tenderle una mano cuando los llegó a necesitar.

Esas mismas amistades a las que ella tantas veces ayudó y que, al final, gracias a la política, lograron altos cargos a pesar de estar poco preparados, no solo académicamente sino también en méritos.

Era un ambiente apadrinado, donde los familiares de enchufados surgían o quienes se acostaban con los jefes avanzaban rápidamente.

Ella nunca lo hizo, no porque no se lo hayan propuesto, sino porque prefirió entregarse por amor, incluso a quienes tenían un cargo laboral menor al que ella desempeñaba.

Hasta la manera de hablar les cambió a muchos de quienes compartieron con ella tantas adversidades.

Como solía decir el Hermoso cuando le daba palabras de aliento, «son personas que nunca tuvieron nada y les da el síndrome de la llave, lo que significa que son empleados de oficina que se creen dueños del edificio».

Sin embargo, su voz nunca pudo ser callada.

Docente, coordinadora universitaria, abogada en ejercicio, especialista en gerencia de impuestos, consultora técnica en investigaciones criminalistas, *coach* motivacional… y cómo no recalcarlo, si podía hablar con propiedad y fundamento vivencial, porque ella había sido protagonista de todas esas historias.

De eso se trata porque solo quien ha vivido todas esas experiencias puede hablar con la verdad.

No se puede caminar en los zapatos de otro ni entender lo que no se ha padecido. No se puede ser protagonista en la historia de otro, eso se llama vanidad.

Sin embargo, en ese entonces utilizó sus vivencias para ayudar a muchas mujeres que, como ella, habían sido víctimas de años de maltratos de todo tipo.

Se ganó una reputación admirable entre ellas y también fue admirada por hombres, aunque pocos, los que realmente entendían el valor de la mujer; pero sí que fue deseada por muchos.

Para otros, en cambio, era una mujer difícil, complicada e incluso agresiva, por no permitir ni una palabra mal dicha. Pero ¿y cómo, después de haber sido tan maltratada? Ella tenía que admitirlo porque su gallardía y esta nueva forma de ser asustaban a muchos caballeros.

No todos están preparados para tener a su lado a una mujer con determinación y criterio propio. Prefieren mujeres sumisas y cabizbajas, aunque sean infelices.

¡Total!, les da igual si solo satisfacen sus propias necesidades básicas. Triste, pero dura realidad.

Pasó por muchos países que jamás imaginó conocer.

La verdad no estaba en sus planes emigrar. Sin embargo, así fue como decidió ir a un país que no mencionará por respeto a sí misma debido a los estragos que causó en ella.

Si hubiese sabido lo que le esperaba, habría preferido quedarse donde estaba.

Como dice un dicho: «Más vale malo conocido que bueno por conocer», o algo así. Porque todavía no entiende cómo personas de un mismo origen pueden causar tanto daño, solo porque ella era extranjera, porque no la parieron en esa tierra.

¿Y qué? Cada uno tiene su madre y ninguna tiene derecho a pegarle a un hijo ajeno.

En ese país sin nombre, y no es menosprecio, es la verdad, fueron atacados con acusaciones falsas, les robaban los sueldos, los sacaban de lo que eran sus hogares, aunque pagaran arriendo.

Se aprovechaban de su situación porque no había opciones y porque iba de un país que estaba atravesando momentos difíciles, pero no era culpa suya, porque nadie sale de su mundo a improvisar ni por gusto ni por hacer turismo de aventura.

Hay que analizar un poco el porqué de cómo dejó todo y se fue. La empatía desaparece en momentos de crisis y eso hace todo mucho más difícil.

Sin embargo, esta historia no se trata de eso; es un tema que muchos como ella prefieren omitir.

Luego llegaron al país de los conquistadores, como algunos lo llaman.

Allí puede decir con orgullo que ha logrado mucho porque supo usar sus herramientas con esfuerzo, disciplina y constancia, pero sobre todo con trabajo muy duro y largas jornadas que incluso han deteriorado su salud, como les ha pasado a muchos que han pasado por lo mismo.

Es que nada de esto se trata de suerte, como suele decir la minoría que la ha visto salir adelante, sino de puro trabajo duro, constancia y no rendirse.

Pero también debe añadir que la celebran la gran mayoría de conocidos y los pocos amigos que ha podido cosechar.

Hoy ella hace su vida y ha formado un hogar con sus hijos y sus nietos; dos hermosos mellizos, una nena preciosa y un niño guapísimo.

Además, tiene a su adorada mascota, una perrita *yorkshire* a quien buscó cuando decidió que no quería a nadie más en su cama como acompañante perpetuo.

Sus *satisfyeres*, que eran varios, por cierto, y hasta de alta tecnología, sabían cómo darle placer cuando ella lo quería. «Pues sí», les dice a sus amigas, «la mujer que conoce un juguete de estos ya no extraña a ningún hombre».

Y para quien diga «no es lo mismo», les cuenta que «son mejores porque no se caen, no se cansan, saben dónde te gusta y no joden».

Pasó de ser una profesional exitosa a que la realidad la golpeara con largas jornadas en empleos que jamás imaginó que podría ejercer, pero que también tenía éxito bien merecido, aunque, a veces, no fuera valorado, eso pasa en muchos sitios, no había que emigrar para saber eso.

Se sorprendió con su propia entereza; trabajaba en lo que fuese porque la necesidad no da tregua. Aunque hoy se permite decidir por su paz y elige dónde quiere trabajar entre las opciones que se le presenten.

No es por nada, pero «¡es una máquina esa tía!», son los comentarios de la mayoría de compañeros de trabajo y jefes que ha tenido.

Parecía vivir en sus lugares de trabajo; creía que no terminaba un día cuando ya llegaba el siguiente, convirtiéndose el cansancio y los dolores intolerables en compañeros silenciosos.

No solo de ella, también de su otro hijo, un profesional del derecho y colega de su madre, que no pudo homologar su titulación por burocracias políticas y altos costos, cuyo dinero prefería destinar a cubrir necesidades prioritarias.

Ella lo veía desgastarse en ese bucle y se preguntaba si llegará un cambio para mejor. Esa es y será la incógnita todavía.

Como dicen nuevos conocidos: «¡Qué putada, con tantos estudios que tiene!». Ella pensaba que cada uno tiene sus oportunidades, pero solo pedía respeto. Es una trabajadora destacada.

Las oportunidades se valoran y sí, se agradecen, pero es cada uno con su esfuerzo quien se gana su puesto donde se desempeña.

Siguió adelante con la formación constante, aferrándose a los estudios porque entendió que, aunque el camino fuera duro, no estaba dispuesta a conformarse con la simple supervivencia.

No importaba la edad, no importaban los obstáculos.

Cada curso que tomaba era un nuevo conocimiento que adquiría, una pequeña victoria en la lucha por ser la conquistadora de su propio destino.

Empezó con la educación secundaria nuevamente, porque ya la tenía más que hecha en su país natal, luego se certificó como asistente socio-sanitaria para personas dependientes y ahora la certificación académica elegida fue la de agente funerario.

Una formación lograda con mucha constancia y esfuerzo tanto económico como de tiempo.

¿Y por qué esta formación?: «Primeramente, para dignificar a quienes parten de este mundo», respondía ella, porque siempre fue algo que quiso.

Aunque muchos lo ven con admiración, otros le dicen: «¡Qué loca!, ¿cómo tocas a los difuntos?».

A eso respondía con serenidad: «Pero si todos vamos a morir».

Además, tenía muy claro que todos valemos lo mismo en esa camilla fría.

Y, aunque los cuerpos sin vida quedan en los mismos lugares, sus creencias religiosas le dicen que no todos vamos al mismo sitio. Así que, avisados, porque el juicio siempre es duro.

Esa elección también hablaba de su fortaleza y su capacidad para enfrentar lo que otros evaden.

En cada cuerpo que tocaba, encontraba respeto y dignidad, entendiendo que allí no había miedo, sino un último acto de amor y cuidado.

En ese trabajo, tan silencioso como necesario, ella se reencontraba con su propia vulnerabilidad y con la certeza de que la vida, con todo su dolor y gloria, merece ser honrada hasta el último hilo de vida.

Porque vivir no es solo existir ni sobrevivir; vivir es ser dueña de su historia, incluso cuando esta te lleva por caminos inesperados y oscuros. Y ella, sin duda, estaba decidida a vivir.

También porque esta formación estaba muy relacionada con la parte criminalística que desempeñó durante mucho tiempo con tanto amor y dedicación.

Sin embargo, era duro ver que por más que se esforzaba, terminaba realizando trabajos en hostelería, ya fuera como camarera de habitaciones en un hotel o camarera de restaurante.

Agradecida siempre, porque para ella el trabajo es honra, aunque no fuera lo que realmente anhelaba.

La frustración a veces se hacía presente, es normal porque es una mujer de carne y huesos, acompañada de episodios de ansiedad que lograba superar gracias a la misericordia de Dios y su templanza.

Recordaba esas largas jornadas en lugares que honestamente, nunca le gustaron; los silencios que tuvo que tragar para evitar problemas; pero soportaba porque su inquietud era mayor y era cómo hacer que el dinero alcanzara, cómo mostrarle a sus hijos y a ella misma que era fuerte, aunque esa fortaleza a veces faltaba y tuviera que forzarla, además que le encanta viajar y comprar todo cuanto le apetecía y para eso se necesita tener liquidez.

Se aferró a situaciones que no la hacían feliz porque pensaba que era lo que debía hacer.

Todo era sobrevivir. No había espacio para sueños propios, solo para lo que se debía hacer.

Así fue dándose la vida día tras día, pero no se conformaba, porque mientras una puerta se cerraba, ella se reinventaba en otra cosa.

Muchas personas con las que conversaba sobre su vida le aconsejaban que escribiera un libro porque con tantas vivencias y anécdotas podría ayudar a otras mujeres, además del don de la palabra que le era muy fácil y la manera que tenía de desenvolverse frente a grupos. Y un día, sin más, pensó, ¿por qué no?

Claro, ese libro también podría ayudar a hombres que entendían lo duro que fue el camino de esta mujer de verdad.

Una hembra que llamaba las cosas por su nombre, que tomaba iniciativas, que se enfrentaba a sus propios demonios.

Por eso algunos la admiraban y otros la criticaban; pero ese último grupo poco le importaba, porque ella solo quería vivir en libertad, sin cargas ni ataduras emocionales.

A ver, que en la vida hay situaciones en las que se debe resistir, aunque no significa que se deba vivir siempre de esa manera, como ser humano se podría permitir un bajón de vez en cuando, llorar y hasta gritar, pero con las mismas se sacudía y seguía batallando.

Como lo afirma ella en estas escrituras, sobrevivir no es lo mismo que vivir.

Sobrevivir es despertar cada día con el propósito de seguir adelante, de aguantar, de resistir.

Vivir, en cambio, es permitirse sentir, soñar, encontrar propósito, incluso en medio de la adversidad.

Hoy al mirar atrás, ve un camino lleno de sacrificios, de batallas que parecían imposibles de ganar, pero también ve a una mujer que contra todo pronóstico sigue firme en sus convicciones.

Y no solo sobreviviendo. Ahora sabe que está viviendo tal cual lo elige.

Se permite sentir, vivir es luchar con la certeza de que hay un propósito más allá del dolor.

Después de todo lo vivido, había decidido que su vida ya no sería solo una historia de constante resistencia, sino una historia de conquistas.

Se aferraba a la vida con uñas y dientes, avanzando con el peso del cansancio sobre los hombros sin otra opción más que seguir adelante.

Cuando empezó a vivir de verdad, en cambio, era otra cosa totalmente distinta, ha podido encontrar el propósito en cada paso, es decidir qué dirección tomar, es sentir que cada día por muy duro, valga la pena.

A lo largo de la vida, se cae en la trampa de la supervivencia.

Llega la costumbre de la rutina, a los sacrificios constantes, a aguantar trabajos que nos desgastan, relaciones que nos apagan, entornos que nos lastiman.

Se cree por un tiempo con total convicción que eso es lo que toca, que no hay otra salida.

Se llega a pensar que estar en movimiento es suficiente cuando, en realidad, tumbarse en el sofá durante horas para ver televisión también es válido y necesario. Nos merecemos ese respiro. Sin embargo, sin darnos cuenta a veces solo estamos evitando hundirnos. Todo dependerá de cada uno.

Llega un momento en que esa sensación de vacío se vuelve insoportable. Algo dentro grita que hay más, que la vida no puede reducirse a un simple acto de supervivencia.

Es ahí cuando la resiliencia comienza a entrar en juego.

No como una herramienta para soportar lo insoportable, sino como una fuerza capaz de transformar nuestra historia.

Es entonces cuando empezamos a liberarnos de otro tipo de cadenas. Porque toda lucha conlleva guerras, pero ahora la batalla es con nuestra propia mente. Aparece la silenciosa, pero poderosa, ansiedad.

Ella antes solo la conocía como unas ansias por comer, pero no, no es hambre, es una saboteadora de propósitos y hasta del cuerpo.

No comprendemos lo que nos sucede y poco a poco nos volvemos frágiles. Sentimos que no se puede estar peor y créanlo, esto apenas empieza.

Fueron varias las idas a urgencias por síntomas físicos que en realidad nacían de su mente.

«Qué lío, ¿verdad?».

Pues sí, la ansiedad consume o aniquila si no se sabe cómo manejarla.

Son años batallando con un diagnóstico que muchos minimizan, desconocen o, peor aún, juzgan como una debilidad.

Pero estas situaciones no son debilidades, son retos que se deben enfrentar para no quebrarnos del todo.

La ansiedad va de la mano, esperando el momento para atacar. Y sí, hay días en los que gana la patología y otros en los que gana esta mujer.

Queda agotada como si hubiese corrido mil kilómetros, pero jamás permite que la locura decida su camino.

Eso puede decirlo hoy, después de muchas técnicas, noches sin dormir y días sin comer, buscando cómo salir o dejarse consumir por una disociación sin salida.

Se extraviaba, pero jamás se perdió del todo. Tampoco la detuvo.

Empezó de cero una vez más, desde sacarse el carné de conducir hasta estudiar la ESO, sí, después de tener posgrados.

En ese momento no era nada, aunque ahora siga sin poder usar sus titulaciones, ella las tiene y ese éxito no se lo quita nadie, porque esto es una dura realidad que solo entiende quien la vive. Entonces, ¿quién dice que no se puede a pesar de la ansiedad?

Empezar de cero tantas veces agota.

Y no solo eso, sino la pregunta constante: ¿cuántas veces hay que hacerlo? Vivimos en un mundo al revés, donde a veces quien más lucha parece quien menos gana.

Pero no somos nosotros los que podemos cambiar esa realidad; esa tarea que la haga quien tenga que hacerla, para algunos que piensen como ella es Dios; para otros, el nombre que cada uno le dé según su religión.

Lo importante es aprender a usar la armadura una y otra vez.

Ser capaces de transformarnos después de cada caída, de aprender de cada golpe sin permitir que nada nos defina.

Se debe encontrar la fuerza para soltar lo que haga daño y atrevernos a buscar lo que realmente nos da vida.

Muchas veces se piensa en dejarlo todo, quedar atrapados en ese ciclo que nos envuelve; pero no es conformismo ni aguante ciego. Al contrario, es fortaleza en estado puro, la decisión consciente de convertir el dolor en aprendizaje y la adversidad en un impulso para seguir adelante.

Motivarse a cambiar no es sencillo. Significa enfrentarse a la cruda realidad, abandonar la seguridad de lo conocido. Y, claro, todo lo desconocido genera incertidumbre, pero es necesario resurgir, aceptar que merecemos más de lo que hemos tenido. Es un salto que duele, pero es un salto necesario.

Sobrevivir es una lucha constante; vivir, en cambio, es un derecho.

Un derecho que solo podemos reclamarnos a nosotros mismos. Por eso, cuando sientan que solo están sobreviviendo, háganse esta pregunta: ¿esto es lo que quiero para mi vida? Si la respuesta es no, entonces es momento de cambiar.

Es el momento de empezar a vivir.

Ella había aprendido a caminar con la frente en alto; no porque antes le diera vergüenza sino porque siempre la humillaban y la verdadera vergüenza era seguir soportándolo, se puso erguida, aunque el peso sobre su espalda pareciera querer doblarla.

Durante años perfeccionó el arte de la resistencia; su energía masculina en ocasiones la sobrepasaba y cómo no, si aprendió a hacerlo todo sola, a poder con todo.

Y, aunque es una mujer muy femenina, con un talento natural para arreglarse y brillar, ese mecanismo de defensa le permitió avanzar incluso cuando cada paso era una batalla.

No era vida, lo de ella siempre había sido supervivencia.

Desde fuera, cualquiera podría haber pensado que todo estaba en orden.

Trabajaba sin descanso, cumplía con sus responsabilidades y nunca faltaba una sonrisa cuando el momento lo requería.

Pero, por dentro, la historia era distinta.

Su mente era un campo de guerra donde cada recuerdo doloroso intentaba aferrarse a su presente y las decepciones se amontonaban como piedras en los bolsillos de un náufrago.

Había amado con intensidad, entregándose sin límites, pero siempre terminaba recogiendo los pedazos de sí misma tras cada desengaño.

Con el tiempo, entendió que el amor no debía ser una lucha constante ni un sacrificio perpetuo.

Ese aprendizaje llegó tarde, después de haber dado demasiado a quienes solo supieron utilizarla; pero lo importante es que, al fin, cambió para bien.

También es cierto que un día, casi sin aviso, su cuerpo, su mente y su alma comenzaron a pasarle factura, la vida no se trata solo de respirar y aguantar, sino de sentir que cada día tiene un propósito, de encontrar momentos de felicidad en medio del caos.

Ella tenía ganas de vivir a plenitud, de devorar el mundo a bocados, aunque, y hay que ser sincera, hubo momentos en los que sintió que ya era demasiado mayor para seguir empezando de cero.

Cómo no sentirlo, cuando aún arrastraba sobre sus hombros las secuelas de todo lo que la vida le había impuesto.

Vivir es elegir.

Es aprender a decir «no» a lo que te hace daño sin sentir culpa.

Es dar prioridad a lo que llena el alma y dejar atrás lo que no suma, lo que no da paz ni felicidad.

Es un largo proceso que se va experimentando a lo largo de toda la vida; porque esto no llega de la nada ni se instala de golpe.

Es necesario estructurar bien las emociones y afinar la determinación para tomar las riendas de nuestro destino.

La vida, en resumidas cuentas, es disfrute sano sin joder a nadie y sin permitir que nadie nos joda.

Empezó a tomar decisiones por y para ella, a disfrutarse en sus momentos gratos sin pedir la aprobación de nadie.

Lo más importante era que ya no permitía que la usaran.

Hoy puede decir con orgullo que vive, que sus sueños los cumple de a poco y que no se conforma con simplemente existir.

No se aferra a lo que la apaga, por mucho amor que pueda sentir por alguien o por alguna situación.

Ya no transita por caminos sin rumbo.

Avanza sin miedo a estar sola, porque priorizarse es su elección consciente. Aprendió a darse el lugar que merece y, sobre todo, que estar consigo misma ha sido su mayor aprendizaje.

Si algo tiene ahora muy claro, es que nunca más volverá a sobrevivir cuando puede elegir vivir.

5

Entre la lucha, los amores y desamores

La vida nos hace creer que el amor y la lucha pueden ir de la mano, aunque muchas veces se enfrenten entre sí como dos fuerzas opuestas, abriendo paso a los desamores.

Se ama y también se lucha por amor, pero en esa guerra entre sentimientos y realidades, casi siempre quienes más entregan son los que terminan con las cicatrices más profundas.

Hay historias que marcan para siempre. Desde un fracaso amoroso que, aunque fue necesario, siempre duele, hasta ese momento en que se aprende a decir adiós y creemos haber alcanzado la libertad de un pasado que nos agobiaba.

Sin embargo, al caminar ese nuevo rumbo descubrimos que no somos tan libres como pensábamos.

Aún queda camino por recorrer.

Quedan secuelas difíciles de sanar y hábitos que cuesta soltar.

No es sencillo desacostumbrarse a ciertos patrones, ni dejar atrás la sensación de vigilancia constante cuando se vive oprimida y rodeada de mentira y malas intenciones de quienes deberían ser familiares o amigos, hasta compadres.

Y ella no solo habla de quien la controlaba, sino también de una sociedad que juzga sin saber, que señala sin conocer la verdadera historia.

Si la gente supiera lo poco que importa su opinión cuando no forman parte de nuestra vida… tal vez dejarían de opinar, de juzgar. Especialmente, aquellos cuyas propias vidas son más oscuras que las nuestras.

Desde afuera, cualquiera habría pensado que ella tenía la vida resuelta, un hogar construido con años de esfuerzo, hijos maravillosos que hoy son lo único verdaderamente valioso de aquel pasado, un matrimonio que al menos ante los ojos de los demás, parecía estable y hasta perfecto según la lengua de quien lo cuente.

Pero la realidad era otra.

En lo profundo de su corazón, ella sabía que no era feliz y que ese no era su lugar para siempre, siendo esta la esperanza que la mantenía en pie.

Se había acostumbrado a la rutina de la resignación, pero no aceptaba darse por vencida.

A un amor que nunca lo fue en realidad, sino una sucesión de días donde lo único importante era mantenerlo todo en pie, aunque eso significara sacrificarse a sí misma.

Él, con quien compartió su vida durante tantos años, era un hombre egoísta, de esos que confunden el compromiso con la posesión. Nunca la vio realmente. Nunca valoró su esfuerzo ni su entrega.

Daba por hecho que ella siempre estaría ahí, al pie del cañón, soportando, callando, aguantando… incluso sus golpes, que ya se habían vuelto parte de la rutina, como una forma cruel de marcar su autoridad machista.

Hoy por hoy es capaz de negarlo con esa frialdad para mentir que lo caracteriza.

Cuando hasta su madre era consciente de esos maltratos, pues muchas veces ella la llamaba pidiendo ayuda cuya única respuesta era una risa burlona de quien solo disfrutaba ver cómo su hijo arrastraba la poca dignidad que le quedaba a esta mujer. Al final, a ver quién está mejor ahora.

Pero lo más duro fue aceptar que ella también era responsable. Por permitir tanto, por pensar que aguantar era su deber. Por creer que no había más opciones.

Durante años vivió convencida de que su mundo se limitaba a esas frías paredes que simulaban un hogar.

Hasta que un día, sin más, algo en su interior despertó.

Su fortaleza comenzó a reaccionar, silenciosa, pero firme, pues estaba cansada de vivir llena de ofensas, maltratos y humillaciones que todos veían, pero que nadie hacía nada por ayudarla cuando ella siempre estaba para todos.

Empezó a planificar su escape, después de varios intentos fallidos y aún con miedo, mantenía viva la fe de que un cambio era posible.

Nos crían para eso, para creer en matrimonios para toda la vida, para perdonar los abusos e infidelidades porque «son errores de hombres» y para asumir que somos las mujeres quienes debemos edificar el hogar…

aunque ese hogar se esté derrumbando sobre nosotras y arrastre con ello nuestra propia dignidad.

Hubo muchos momentos de sobrecarga emocional. Sin embargo, bastó una sola plegaria, una súplica tardía por parte de quien debió ser su compañero, para que esta mujer dictara su sentencia.

Ese fue el principio del fin…, pero también el inicio de una nueva vida, con sus propios amores y desamores, esos que le enseñarían que la dependencia y la vulnerabilidad mal canalizada solo hacen ver príncipes donde hay verdugos en distintas formas, porque también vienen acompañados de los intereses abusivos.

Aprendió poco a poco a ver los verdaderos rostros detrás de los disfraces, a esos hombres que se presentaban como buenos, honorables, hogareños y leales —sí, claro—, pero cuya única intención era satisfacer sus instintos, porque, seamos sinceros… la mayoría son así de básicos.

Cuando afirmó que ese sería el principio del fin, no imaginaba que aún llegarían más historias y de qué manera.

Lo importante fue que esta vez no se sintió obligada a buscar a nadie ni a recibir a cualquiera. Su fuerza, su dignidad y su propia historia eran suficientes.

Al fin tenía el control que tanto había anhelado y que durante años había postergado.

Pero ya sabemos cómo es la vida de caprichosa y llena de giros inesperados. En uno de esos giros, apareció, como ya sabemos, ese alguien.

No llegó para quedarse, pero sí para dejar una huella imborrable.

Un hermoso recuerdo. La gratitud de quien tras años de oscuridad, encuentra un motivo para resurgir de las cenizas.

Él fue la prueba viviente de que se podía sentir querida de otra manera. No hubo promesas vacías ni juegos manipuladores.

Solo la transparencia de un sentimiento genuino, sin máscaras.

No fue un romance convencional; fueron encuentros deliciosos, llenos de ternura y pasión desbordada.

Ese hermoso hombre recorrió cada rincón de su cuerpo como si fuera un mapa sagrado y podían pasar horas enteras haciendo el amor.

Y sí, hoy con la madurez y la responsabilidad que el tiempo da, ella puede afirmar que con él vivió algunos de los mejores orgasmos de su vida; porque comenzaban haciendo el amor, pero terminaban follando riquísimo.

El destino o, más bien, ella misma los separó por un tiempo.

La vida, con sus nuevas historias y circunstancias, los mantuvo distantes.

Pero volvieron a encontrarse. Esta vez con precaución, porque ambos llevaban otros mundos a cuestas.

Aunque, por un momento, intentaron negarse el placer detrás de un látex frío que amenazaba con romper la magia. Sin embargo, no había plástico capaz de apagar lo que sentían.

No fue sexo morboso, fue ternura encarnada, fue deseo respetuoso, fue un reencuentro entre dos cuerpos que se reconocían y se necesitaban.

Y en medio de tanta oscuridad, esa ilusión, esa chispa, fue lo que la mantuvo viva por mucho tiempo.

Porque, por primera vez en años de maltrato, se sintió vista.

Y lo más importante, se sintió respetada, valorada como lo que era; una mujer delicada que tenía mil cosas buenas para dar.

Su historia juntos duró lo que tenía que durar. Ni un día más, ni un segundo menos.

Aunque no fue eterna, les dejó a ambos una enseñanza valiosa: es que el amor no debería doler.

Tampoco exige sacrificios desmedidos ni anula a quien lo llega a sentir.

Cuando él partió, no hubo arrepentimientos, solo gratitud, pero también un vacío necesario.

Hoy, es su más hermoso recuerdo… incluso podría decir que es su ángel del cielo, porque allí se encuentra ahora, tristemente partió muy pronto, pero ella lo lleva en su corazón como uno de sus valiosos tesoros, su hermoso pelirrojo sabio, inteligente, tan dulce como ardiente, así lo recuerda cada día.

Desde entonces, ella aprendió a mirarse al espejo y a amarse con otros ojos.

El reflejo que veía ya no era una sombra gris, congelada por años de abandono, sino una mujer entera, viva.

Fue un adiós tranquilo, de esos que no desgarran porque traen certeza de que algunos encuentros no están destinados a ser eternos, pero sí a ser profundamente significativos.

Con el tiempo aparecieron otros hombres, es normal porque es una mujer madura que siente y vibra.

Ninguno logró conquistarla de verdad, aunque muchos creyeron que sí.

Varios lo intentaron; algunos la ilusionaron con palabras bonitas, pero con intenciones huecas.

Estuvo ese romance en el trabajo y, como consejo, no se lo permitan porque esos enredos suelen incluir demasiados actores secundarios.

Ese hombre de rostro amable y palabras elaboradas, tan apasionado como egoísta, fue quien un día la quiso y al siguiente se confundió.

Le desordenaba el mundo.

La quería cerca, pero la prefería lejos. Y sí, fue terrible, porque la desestabilizó.

Pero con la misma intensidad con la que lo amó; porque si lo amó, no vamos a mentir, con esa misma fuerza lo descartó para siempre, aunque digan lo contrario.

Hay amores que pueden amar mucho…, pero destruyen igual de profundo. Y a esos, es mejor tenerlos alejados.

También estuvo ese romance excitante, con voz grave y promesas no dichas, con quien no tenía nada…, pero lo eran todo.

Luego llegaron los amores o ilusiones profesionales, porque no se puede llamar amor a todo; para ella ese sentimiento se siente una vez en la vida, tan vacíos que ni sabían lo que querían.

A ese tipo de hombres, les asusta una mujer como ella. Tan irónico, eran los mismos que llamaban borrachos de madrugada jurando que la extrañaban; pero no la merecían.

Ella fue, es y será demasiada mujer para quien no sabe lo que quiere. Pues quien no sabe a dónde va, cualquier ruta le sirve.

Y entonces un día, su corazón se enfrió, sí, porque llega a suceder, ella lo habla con sinceridad porque muchas lo sienten, pero no se atreven a manifestarlo y es eso lo que a esta mujer la hace diferente e inigualable porque habla sin adornos ni tabúes, ya no.

No por resentimiento, sino por una paz recién descubierta. Ya no buscaba amor, no lo esperaba, tampoco lo rechazaba.

Simplemente entendió que después de tantas batallas y desamores, había encontrado por fin la mejor compañía y el amor más real y duradero, ese, el que sentía por ella misma.

Hay amores que liberan, que traen frescura y un nuevo renacer.

Amores que fueron el idilio de muchos momentos atrapados en los mejores recuerdos. De esos que, aunque también guardaban secretos, supieron darle un lugar especial… aunque por ratos.

Muchas veces los apartó no porque no los sintiera, sino porque sabía que merecía más.

Porque fue una red emocional para quienes aún no sabían sostenerse solos. Porque estuvo allí, cubriendo necesidades ajenas, mientras las suyas seguían esperando turno.

Así fue como sin querer, también le dio paso al amor interesado, hipócrita… hasta cobarde. Ese que se desmorona como una ilusión fugaz cuando se descubre que al otro lado no hay nada firme.

Amores que la miraban con ojos que parecían serlo todo, pero cuyas acciones gritaban que ella no era importante, salvo cuando la necesitaban y no quería que la necesitaran, prefería que la quisieran.

Sí, ella también aprendió que se es egoísta al amar.

Porque para que alguien sea feliz, muchas veces hay otra persona sufriendo. También entendió que se necesita valentía para defender un amor bueno, de esos que son recíprocos, que no te obligan a mendigar cariño.

Ese que si llega una vez en la vida, debería quedarse para siempre; pero no.

A veces, por mucho que se luche, uno no es el protagonista de ese cuento.

Por eso, cuando el alma ya no puede más, lo único que queda es tomar la dignidad que aún sobrevive, reunir las pocas fuerzas que restan y dejar ir.

Aprender a soltar, aunque duela.

Porque si no se es prioridad para alguien, no se merece ser una opción.

Hay otros amores que rescatan, aunque en el momento no se entienda así. Por eso, ella aprendió a ser agradecida, incluso por lo poco que le dieron.

Porque todo lo que sirve de impulso, así sea momentáneo, también es una forma de ayuda.

Para quienes quisieran saber los nombres de esos caballeros, ella sonríe y confiesa que es mejor describirlos porque cada uno se va a reconocer en estas líneas.

De seguro sería un escándalo, no por ella, al contrario. Cada uno fue un tropiezo, sí, pero también una fortaleza disfrazada.

Todos fueron en su momento su soporte.

Aunque parezca mentira, descubrió que el peor entorno para emparejarse es el lugar de trabajo.

Allí se generan conflictos de intereses, ahí se caen las máscaras de quienes te sonríen todos los días.

Aprendió a fuerza de decepciones que hay errores que solo se deben cometer una vez, pero aprender de verdad para no volver a caer en ellos.

A pesar de haber tenido momentos con un amor tierno y dulce, en el fondo sabía que no era suficiente.

Que no estaría allí cuando más necesitara compañía.

Por eso en su momento creyó que lo ideal era tener otras opciones, ella se convirtió en una mujer que ya no gritaba, pero lo tenía todo muy claro.

Uffff… qué error tan grande.

Porque hay amores que un día te quieren y al siguiente te ignoran, incluso llegas a parecerles una molestia.

Eso sí, no saben soltar del todo.

Te mantienen cerca hasta que aparece otra que les provea lo mismo o más.

¿Y qué hacen luego? Nada.

Solo te guardan por si acaso. Eso se llama comodidad.

Fue entonces que al fin y de una vez por todas, esta vez, ella tomó las riendas y dijo «hasta aquí».

Porque lo que diga la gente le importaba poco.

Los protagonistas de cada historia son dos, solo son actores de reparto, como dijo alguien alguna vez.

Entre esos amores tormentosos, esos que parecieran destinados a durar toda la vida, fue donde más aprendió.

Aprendió a reconocer el amor real, ese que no esconde ni posterga.

Porque esos otros, los que se conforman con mujeres iguales o peor que ellos, no lo hacen por amor… Lo hacen por conveniencia.

Y ahí es donde ella se preguntaba: ¿quién estará usando a quién?

También hubo esos amores que llegan como regalo de Navidad, sacando de ella cosas que no sabía que podía hacer, o tal vez no se imaginó nunca que las haría como hacer el amor sobre una cocina, por ejemplo. O lo que puede ocurrir justo antes de las doce campanadas de fin de año, si ella hablara.

Pero incluso esos hombres, tan intensos y sabrosos, podían hacer mucho daño. Daño sin medida, sin asumir consecuencias, sin valorar los gestos, sin entender la solidaridad que ella ofrecía sin poner condiciones.

Pero ¿cómo se le puede exigir algo a alguien que no tiene nada que dar?

Y aunque muchas veces se dijo: «Es lo que merezco por ser tan idiota», hoy sabe que no.

Que no lo merecía; pero sí lo necesitó en ese momento para evolucionar. Todo fue parte del proceso.

La usaron como almohada emocional, le pidieron tiempo, se escondieron detrás de excusas, un día decían necesitarla para respirar y al siguiente ya no.

Así era la realidad que le tocó vivir.

Un amor caprichoso, inmaduro, incluso rebelde.

Pero aparecían en el lugar y en el momento justo, cuando ella necesitaba tomar decisiones que cambiarían su vida para siempre.

Cuando pensaba que ya había salido de lo malo… en realidad, apenas estaba ensayando.

Hay mucha intriga entrelazada en sus narraciones y no es casualidad que no aparezcan nombres.

La razón es simple: cada uno es conocedor de sus propias vivencias.

No hace falta señalar a nadie, porque los que tuvieron asiento en primera fila saben perfectamente el papel que desempeñaron.

Entre esos amores locos o catastróficos, también están esas grandes amigas y su hija que nunca la soltaron, esas que lloraban con ella entre botellas de tequila y letras que sabían más de su vida que ella misma.

Las mismas amigas que también sabían reír con ella cuando tocaba celebrar. El resto… el resto que observe, que aprenda y si puede que tome nota.

Porque lo que un día fue, no se repetirá. Y no, no está arrepentida, porque lo importante no es equivocarse sino aprender a no repetir errores.

Siempre que alguien llega a nuestras vidas, se convierte en una especie de faro en medio de la tormenta.

No siempre es romántico, ni convencional.

Pero debe tener al menos esa chispa que nos recuerde que seguimos aquí y ahora.

A veces es un amante, otras un cómplice y muchas veces alguien que solo está de paso.

Con cada uno de ellos, descubrió nuevas versiones de sí misma.

Descubrió el deseo, aunque en más de una ocasión la hayan usado, pero como lo disfrutó, ahora le da igual porque fueron anécdotas y de eso se llena el libro de la vida.

Pero como buena mujer que aprende rápido, también supo usar y, sin darse cuenta, lo hacía mejor que ellos.

Aprendió a reír con un corazón herido, sí, pero todavía es capaz de emocionarse.

Aprendió a soltar un «te quiero» con la misma ligereza con la que alguna vez se lo dijeron a ella, aunque muchas veces no lo sintiera.

Total, hablar es tan fácil.

El destino estaba marcado antes de que pudieran ser algo más que un breve encuentro.

La vida, con su ironía, le regalaba un respiro fugaz en medio del caos.

Ella sabía que no todos aman bajo la luz idealizada del «verdadero amor», pero, aun así, siempre agradecida con todo su ser.

Porque hay partidas que dejan vacíos profundos, sí es cierto, pero también enseñanzas grandes; el amor no siempre es sincero; a veces solo llega para recordarnos lo que realmente merecemos.

Existen amores que parecen prometedores, esos que te hacen pensar: «¡Ahora sí, esto funcionará!».

Esencias que parecen nobles, cariñosas y sinceras, aunque oculten demonios internos que acechan en silencio.

Demonios que terminan arrastrando ese amor hasta perderse entre sus propias sombras. Porque al final entendió que el amor no basta cuando hay oscuridades que lo opacan, y ella aprendió a detectarlos.

Hay hombres buenos, pocos, pero existen; a ella todavía no le ha llegado el correcto y, tal vez, si llegó, lo dejó pasar de largo.

Aunque no todos ofrecen esa estabilidad que a veces necesitamos, no puede salvar a alguien si ella misma no está reparada; que a veces lo más valiente y necesario es alejarse antes de caer con ellos en el laberinto de sus propias heridas.

No se debe aceptar cargar con traumas ni complejos ajenos cuando uno está luchando por mantenerse entero después de tantos desaciertos y golpes bajos.

El amor verdadero es complementar un equipo donde todos aporten y reciban en equilibrio, no ser el soporte eterno de quien solo lleva su dolor sin querer sanar.

También existían esos amores con temperamentos fuertes, aunque por dentro los consumían grandes inseguridades.

Eran amores inteligentes, exitosos y aparentemente seguros de sí mismos, pero cuando se trataba de ella, esas seguridades se desmoronaban como torres de naipes.

Esos hombres no estaban preparados para todo tipo de mujer, mucho menos para una con convicciones, historia, fuerza y determinación. Preferían la sumisión, la obediencia, la comodidad de una mujer que no cuestionara ni se saliera del molde que ellos mismos habían creado.

Ahora, simplemente ella ya no encajaba en un mundo de hombres inestables.

El miedo que sentían estos hacia su esencia era palpable; sí, se llama miedo, señores... acepten y asuman.

Esto dejaba claro que algunos amores la admiraban, pero no todos estaban preparados para tenerla a su lado.

Y nunca faltaba aquel quien aumentaba sus inseguridades, disfrazando sus verdaderas intenciones bajo la apariencia de la amistad, solo para acercarse y ver cómo se desarrollaba la competencia en la que muchos participaban y al final ya no había un ganador... Ella no perdía su tiempo.

Porque, claro, ¿a quién no le excitaría tener algo con una mujer que, además de verse bien, es trabajadora?

No había que mantenerla, ni les iba a quitar dinero, porque así es como muchos la veían.

Ella era tan frontal que decía lo que quería y cómo le gustaba.

Simplemente era alguien que no aparecía todos los días, y puede que alguno de ellos lograra que ella volteara a mirarlos y hasta dejarlos estar cerca un ratito.

Pero lo que no sabían era que la competencia siempre la ganaba ella, porque satisfacía sus propias ganas y deseos.

Eso no les gustaba a los caballeros, pero también era válido. En fin, cada uno está donde quiere estar.

También existía de vez en cuando ese amor como un ciclón tormentoso.

Atractivo, intenso, con una energía arrolladora capaz de hacer temblar el suelo… literalmente.

Pero ese amor llevaba un lado siniestro.

Una visión distorsionada del deseo y la pasión.

Para él, las emociones eran un juego.

Divertidas, impredecibles… Y eso, aunque atraía, también repelía.

Ella aprendió que la atracción basada en el respeto no deja vacío.

Que cuando hay opción, cuando hay libertad para decidir, el trance se atraviesa mejor, más suave, más verdadero.

No habrá despedidas dolorosas, de hecho, nunca habrá despedida, porque está segura de que al verse volverán a darse el gusto, solo bastará un mensaje al móvil.

Este tipo de amores nunca acaban.

¿Y cómo podrían? Porque en ellos no hay peleas ni mentiras.

Solo ganas de estar. De entregarse.

Pero sin dolor.

Eso para ella era valioso.

Era justo lo que necesitaba en su proceso de reestructuración.

En ese momento en que reconstruirse significaba también aprender a elegir lo que no lastima.

Pero, por otro lado, estaban los amores inestables, inseguros… Aquellos que se inventan su propia historia, que no tienen pasión que dar, pero sí una extraña conexión con el placer y el capricho.

Para ellos cumplir deseos era suficiente. Ser parte, aunque fuera en un papel secundario, les hacía sentir importantes.

Ella confiesa que en su momento le dieron lo que pidió.

Aunque ahora se da cuenta de que no fue lo que quiso y no repetiría con todos. Porque lo que realmente necesitaba no se podía comprar.

Lo que ella necesitaba era estar en paz consigo misma. Solo así podía disfrutar de lo demás.

Esa era la consecuencia de haber sido víctima durante tantos años de aquel que quería hacerla ver como la patrona.

Aunque la trataran como la más insignificante de sus empleadas, porque la arrogancia de este tipo de personas clasifica a los demás por lo que tienen en el bolsillo y no por lo que son realmente como ser humano.

Pero ella sabía algo con certeza. Sabía que la verdadera fuerza no está en dominar, sino en sanar, en reconstruirse, en amarse primero.

Hay quienes pasan por la vida sin dejar rastro. Encuentros sin profundidad, sin historia.

Momentos efímeros que por un instante parecían tener sentido… Pero el tiempo los borró sin esfuerzo alguno, sin dejar huella y mucho menos cicatrices.

Cuando creyó haberlo visto todo, la vida vuelve a sorprender. Y seguía aprendiendo.

Hay quienes luchan tanto por tener a su lado a esa persona, buscan, insisten, juran amor y piden oportunidades… cuando la realidad es que solo es pura ilusión.

Desde que aparecen, hablan del anillo, de la vida juntos para siempre. Y resulta que ella no quería eso tampoco.

Pero tampoco era sincera con ella misma en ese entonces.

Es allí cuando se cae en el mismo tema, quien no sabe o no conoce el amar, un día quiere y al otro olvida.

Esos hombres que ofrecen anillos a los tres días de conocerte… están locos.

Les urge tener a alguien y traen más traumas que uno mismo. Por eso hay que correr lo antes posible.

Es igual a los que dicen «te amo» después de dos mensajes. Qué peligro, la huida debe ser inminente por parte de nosotros.

Solo pretenden empezar un juego donde nos escogen como su ficha.

Las traiciones serán continuas para quien necesita estar acompañado y da igual una que otra.

Eso también nos pasa a las mujeres, cuando no nos valoramos ni respetamos aún. Como dijo alguien: «Si no puedes con tus cargas, no arrastres las ajenas».

Qué extraño que no ven a esa mujer cuando está junto a ellos, allí incondicional, aunque luego extrañan la ausencia cuando ella se cansa y decide alejarse; pero pocas veces extrañan a esa mujer que se va, solo extrañan la compañía de alguien cualquiera, dando paso a la siguiente en turno.

El deseo no es lo mismo que compromiso, así como no es igual las palabras que las acciones.

Luego de largas travesías, con tropiezos inesperados, la verdad se ha de confesar, pues los corazones aprenden a sellarse.

No hay tristeza ni dolor; es una evolución más amplia. Fue un alivio.

Finalmente, ella comprendió lo que la vida intentaba mostrarle durante años.

Es por eso que, entre encuentros y desencuentros, al final, la lucha no es contra el amor, sino contra la propia necesidad de sentirnos amados o acompañados todo el tiempo, sino hay nada de malo en estar solos, eso también es amor y del verdadero.

Durante años entregamos nuestro tiempo, nuestro cuerpo, el alma, esperando ser correspondidos de la misma manera.

Pero no todos los amores dejan lecciones.

Algunos dejan recuerdos dulces, otros amargos…, pero todos en su momento fueron necesarios para que ella pudiese ser la mujer que es hoy.

Simplemente se siente, se vive, se da, sin condiciones ni juegos de poder, sin luchas porque de eso no va la cosa.

Ella descubrió que no quería ser salvada, que no necesitaba un hombre que la definiera o representara.

Además, la felicidad no está en la compañía externa, sino en la paz que sintió cuando al mirar en quién se convirtió, supo con firme convicción que estaba donde quería estar.

Si miraba atrás no veía errores, sino lecciones, aprendizajes.

No ve fracasos, sino experiencias que han moldeado el porvenir.

Cada amor, por muy malo que haya sido, deja una enseñanza y lo mejor de todo es que ninguna la derrumbó.

Aprendió que no se trata de encontrar a alguien que la complete porque ya ella, y todos, somos y estamos completos.

No se trata de luchar por amor, porque el amor real no se pelea, ni se busca... llega solo para quedarse.

La sociedad tiene una forma cruel de juzgar a las mujeres que han querido más de una vez, como si cada historia restara valor, en lugar de sumar experiencia.

A nosotras, la autosuficiencia nos ha traicionado por la espalda. Por lo independientes que nos volvió la realidad machista.

Por haber aprendido a hacer todo solas.

Como si la dignidad de una mujer dependiera de cuántos hombres han pasado por su vida, mientras que a ellos se les aplaude por lo mismo.

Hasta les crece el currículum como el macho deseado, hasta buen polvo lo consideran, pero lo afirma ella; que hay mujeres tan necesitadas de afecto, incluso ella misma en su momento, que se conforman con tener a alguien a su lado, aunque sus intimidades sean tan tristes como un capítulo de telenovela dramática.

Pero ella lo aceptó y superó.

El amor —o el simple gustar— no la hacía menos. Por el contrario.

Cada historia, con sus aciertos y errores, la convirtió en la gran mujer que es, una fuerte, consciente, que se valora, se respeta y se ama por sobre todas las cosas.

Amar no la desvalorizó. La enriqueció.

No fue ella quien perdió, sino quienes no supieron quedarse o aquellos a los que ella no se lo permitió; porque ahora se atrevía a decir con certeza sí quiero, o tal vez más adelante, o más nunca.

Muchos se preguntan: «¿Aún conserva ella las ganas de amar?».

«Sin necesidad», sería su respuesta.

Sin dependencia, sin ansiedades.

Cree en el amor bonito, el sincero, el que no daña, ni siquiera cuando está molesto.

No cree en eso que causa inseguridad. Mucho menos, en el que somete.

Y jamás en el que se mendiga.

Aprendió —a golpe de vida— que la tranquilidad vale más que cualquier compañía. Por eso ahora la ven sola y también por eso la cuestionan.

«¿Por algo será?».

«¿Algo tendrá? Dicen algunas personas».

Claro que sí.

Tiene algo que pocos se atreven a sostener; aprendió a darse todo lo que antes esperó de otros.

Ahora, si algún día llega el amor, ese sin condiciones, sin luchas, sin sombras, puede que voltee a mirar.

De lo contrario, seguirá labrando un camino tranquilo, con un sendero despejado, donde ya aprendió a caminar descalza sin temor a hacerse daño.

Con la certeza absoluta de que la mejor compañía es la de ella misma. Porque el amor ya no lo lucha.

Y sí… a muchas mujeres se nos dificulta dejarnos cuidar, porque no necesitamos un protector, solo alguien que quiera caminar a nuestro lado.

No por encima.

No compitiendo.

Sino al mismo ritmo.

El amor es de dos y para eso, hay que estar bien primero con una misma. Sobre todo, muy bien emocionalmente.

Es solo así como se puede construir algo que llene de paz a ambos en cualquier relación que comienza.

6

Manual para no volver atrás

En este punto, ella refleja el aprendizaje que ha tenido a lo largo de su vida y su firmeza para avanzar sin recaer en viejos patrones.

Cada una de las anécdotas que ha vivido y que hay que destacar, todas y cada una son ciertas, muestran cómo pasó de sobrevivir a vivir, de la resignación a la decisión, de depender emocionalmente a encontrar su propio equilibrio.

Ahora, en este nuevo relato, puede darse una especie de declaración de independencia.

O mejor aún, una guía, basada en todo lo que aprendió, dejando claro que no hay vuelta atrás.

Hay un punto en la vida en el que una mujer deja de dudar.

Un momento exacto en el que entiende que lo vivido no fue en vano.

Cada error, cada tropiezo, cada herida mal cerrada, era una advertencia disfrazada de que debemos ser precavidas.

Ella había llegado a ese punto.

Lo sabía en carne viva.

Porque, por primera vez en mucho tiempo ya no le tenía miedo a la soledad.

Ya no esperaba salvadores y mucho menos buscaba excusas para justificar lo inaceptable.

Ahora practicaba claramente las reglas de su propia historia, un manual escrito con cicatrices y certezas, que no le permiten volver atrás.

Aprendió como primera lección a reconocer las señales.

El pasado le enseñó a no seguir tolerando que la indiferencia no es normal venga de donde venga, que la falta de reciprocidad es una alarma que no debía pasar por alto.

Aprendió a detectar esas pequeñas alertas y a no justificarlas; la falta de interés disfrazada de ocupación, las palabras bonitas que no iban acompañadas de acciones, el juego de quien solo buscaba su propio beneficio ya no la atraía a participar.

Ella ya no se conformaba con medias verdades, con atenciones a ratos o con tiempos condicionados.

Porque ahora sabía que todo lo que empieza con dudas, termina con decepción.

Si enviaba un mensaje, esperaba una respuesta sin alargar tiempos ni aceptar excusas.

Si hacía una llamada, esperaba la contestación o la llegada de esa llamada. Porque como mencionó anteriormente, no existe la falta de tiempo, sino de interés.

Es cierto que si en un momento determinado no había respuesta, siempre llegaba el momento para responder…, pero ya no insistía, ni preguntaba el porqué de un silencio no anunciado.

Exigente, la llamaban. Y hasta tóxica.

Y sí, tal vez lo era, pero solo quería para ella lo mismo que ella tenía para dar, ni más ni menos. ¿Es acaso eso un pecado?

Supo por fin cuál era su valor y a darse su lugar.

Porque no se puede permitir quedarnos sin dormir esperando ese mensaje que no llegaba o esa llamada que nunca recibía.

Pero cuando era en sentido contrario, ella siempre tenía que estar a disposición para todos apenas su móvil repicaba.

Se acabó.

Ahora ella tenía sus prioridades muy claras.

Las reglas en su manual eran inquebrantables, ella no negociaba su paz.

Si alguien o algo, tan simple como una situación, le quitaba su tranquilidad, no valía la pena.

No era una mujer que permitiera que la presionaran a hacer algo que no quería, aunque le encantaba trabajar bajo presión…, pero eso era otra cosa.

Si alguien le exigía una respuesta inmediata en su vida personal o en lo que respecta a una relación, ella, simplemente, se retiraba sin mediar negociaciones. Porque sabía que no habría cambios, aunque los dibujaran de mil colores.

Y luego cuando ya estuviese sumergida, sería más difícil salir a la superficie. Así que, mejor «aquí corrió que aquí murió», como dice el refrán.

No quería a quien no le demostrara lo mismo ni mucho menos amaba más que a su familia y no a todos.

El amor sin respeto, sin presencia real, sin admiración mutua, no es amor. No volvería a donde ya no era feliz.

Lo que una vez dolió, dolería de nuevo si se permitía regresar.

Y nunca volvió a ignorar su intuición, porque cada vez que la calló, tuvo que pagar muy alto el precio.

Era increíble cómo jamás se equivocaba al percibir algo, pero se creía la princesa especial que cambiaría a los sapos por príncipes... y al contrario, se convertía ella en la vagabunda de esa historia.

No fue desconocedora de cada situación o engaño que le fue hecho; al contrario, se enteraba casi al momento.

Pero era tanta su vulnerabilidad, que prefería callar antes que tener que empezar de nuevo.

Decidió no postergar sus sueños por nadie.

Su vida es suya y quien la quiera en su camino deberá caminar a su lado, no frenar sus pasos.

Ella no tomó esta decisión de la noche a la mañana.

No fue un arrebato de orgullo ni una barrera impuesta por el miedo.

Durante mucho tiempo quiso seguir creyendo, quiso confiar en que las personas podían ser diferentes, que después del daño siempre existía la posibilidad de un sentimiento sano, de un entorno sincero, de una lealtad genuina.

Pero cada nueva decepción era peor que la anterior.

No solo en el amor, sino en cada ámbito de su vida, ya que la traicionaron aquellos a quienes ayudó sin medida; la lastimaron quienes juraron protegerla; la usaron quienes solo veían en ella un beneficio momentáneo.

¿Es que acaso ella no merecía algo bueno? Claro que sí, solo que les daba oportunidades a personas incorrectas y fue ella quien comenzó por darse todo cuanto merecía.

Una y otra vez, abrió su corazón con la esperanza de que esta vez fuese diferente, pero cada cicatriz era más profunda.

Hasta que entendió que no podía seguir ignorando la realidad.

No se trataba de amargura, ni de desconfianza ciega, sino de amor propio y respetabilidad personal; de aceptar que algunas personas no cambian, que algunos vínculos no son más que lecciones disfrazadas de afecto y que la única salida era cerrar puertas sin mirar atrás.

Si alguna vez la tentación de volver al pasado aparece o el recuerdo de lo conocido le susurra al oído que tal vez podría intentarlo una vez más, y que la ilusión le hiciera una mala pasada haciéndole pensar que esta vez sí sería real, sabe exactamente lo que debe hacer.

«Es mirar cuánto ha avanzado, recordar las noches en las que lloró en silencio, los momentos en los que sintió que se perdía a sí misma; y, sobre todo, recordar las promesas que se hizo cuando decidió salir de la oscuridad: "Nunca más volveré a ser la mujer que tuvo que aprender a sobrevivir por años"».

Ahora ella vive, elige y decide. No hay vuelta atrás.

Muchos creen que podrían tenerla a su lado como amiga, pareja y hasta compañera de trabajo y pues no, pocos se atreven a intentarlo.

Su esencia intimida a quienes no están preparados para una mujer que no ruega, que no necesita que alguien la sostenga, que no se conforma.

No es fría, pero tampoco se derrite con falsas promesas ni se impresiona con lujos, porque una mujer que lo ha tenido todo por ella misma no se deja atraer como a una niña con un caramelo.

No se subestima y sabe cuánto vale; tampoco juega a ser inalcanzable, simplemente se da su lugar en una sociedad aguerrida.

Aprendió que su valor no se mide por la cantidad de manos que intentan sostenerla, sino por la fortaleza con la que camina sola.

Quienes se han atrevido a conquistarla creen que han ganado algo valioso para su ego, pero lo que nunca han entendido es que ella fue quien les permitió entrar, quien decidió que formarían parte de su historia, aunque solo fuera por un instante.

Cuando se marcharon creyendo que la dejaban atrás, no se dieron cuenta de que, en realidad, ella los dejó ir primero.

Porque sus luchas las da en el campo de batalla, no fuera del territorio.

Allí ya no hay vuelta de página, no hay rencores ni despedidas; simplemente, no estuvo más para nadie que no lo mereciera.

Porque esa es su mayor fortaleza, saber cuándo abrir la puerta y cuándo cerrarla sin necesidad de un adiós.

Y no es que no crea o quiera nada; es que ahora no lo necesita.

No es que no crea en las promesas, es que le sabe dar valor a los hechos.

No es que ella no sienta, es que ahora siente diferente, con más intensidad; pero segura de lo que quiere y por eso no se conforma.

Si algún día alguien llega con la intención de quedarse, tendrá que entender que no es ella quien será conquistada, sino que aquel que aparezca deberá demostrar que vale la pena que ella le tome interés.

Todas estas decisiones no llegaron de la nada, ni porque un día, simplemente, se levantó molesta con la vida.

No fue así.

Comenzó desde muy joven una vida agobiante, permitiendo responsabilidades que no le correspondían, un noviazgo marcado por la presión y el desdén, con la súplica de quien anhelaba una visita cada cierto tiempo y aprendió a agradecer esas insignificantes demostraciones de afecto.

Como si ella no fuese suficiente o mereciera otras cosas.

Ahora no sabe cómo pudo soportar tanto la verdad; empezando con la historia de su convivencia marital, desde engaños no solo con mujeres conocidas o cercanas a su entorno, sino además la presencia de un supuesto hijo, con quien se decía ser amiga de su casa y la mejor amiga de su hija, a la que tan cínicamente convirtieron en la madrina de su supuesto medio hermano sin saberlo.

Una mujer que, en realidad, es tan *sexy* como un melón, eran las palabras de él cuando se veía acorralado.

No demerita a otras mujeres, solo repite las palabras que le decían para mitigar sus sospechas.

Por no decir que hasta para seguir cubriendo la falsa, ese hombre afirmaba que esa chica parecía un jugador de fútbol, con nombre y apellido se la describe, mientras que en cada oportunidad se la llevaba a un motel barato.

Pero, claro, eso es un secreto que no tiene por qué salir a la luz.

El nombre del jugador está claro, porque el de la chica da lo mismo.

Incluso hay hombres tan bajos que mientras él le prohibió a su hija que tuviese esa amiga por la reputación muy mala que tenía, ese mismo hombre la tenía como una de sus amantes hasta que salió la sorpresa de un embarazo y el cobarde corrió.

Lo peor fue que, cuando preguntaba por qué con esa chica, porque ella siempre tuvo la sospecha, el infiel respondía con asco a semejante acusación, la llamaba loca y hasta se ofendía por relacionarlo con semejante esperpento, palabras textuales de ese señor.

Y pues sí, estaba comiendo tal cual ave de rapiña, donde comían varios.

Porque el hombre que es mujeriego y maltratador con su esposa termina siendo cabrón y se revuelca con lo primero que abre las piernas, como las esposas de sus amigos, novias de conocidos, vecinas.

Todo lo que le levantara su ego, mientras su esposa estaba insatisfecha en casa pensando en las telarañas del techo cuando lo tenía a él encima.

Al final, el hijo se lo adjudicaron a uno de los que representaba mayores beneficios económicos; y como no, un señor hacendado, patrón de sus tierras, que podría hasta tener su propio harén, ya que la trabajadora que pasaba por esas tierras le tenía que hacer control de calidad.

¿Y dónde estaba ella, la señora de la casa?

En su casa, porque ella era la señora y no merecía nada más que atenderlo.

Según lo que él pensaba; la señora era la que atendía al macho y mantenía todo limpio.

Debía sonreír si él le daba permiso y hablar lo que él creía correcto pues de no ser así, en la tranquilidad del hogar ya sabía lo que le esperaba.

La historia en la confirmación sobre la paternidad de este hijo apareció justamente un tiempo después de que ella lo dejó atrás y es allí donde participó el divino amor de Dios, porque si no, esta historia hubiese sido otra; unos en el cementerio y otra en la cárcel.

Un hijo fuera del matrimonio era algo que ella jamás estuvo dispuesta a perdonar y mucho menos sabiendo que la madre comía en su mesa.

Pero cómo se supo esconder esta chica luego de la furia de ella, quien en ese momento no peleaba por un hombre, reclamaba el respeto que merecía su casa, sus hijos y su tranquilidad.

Porque fue la primera en enterarse de ese embarazo que hoy solo le produce pesar por esa criatura que no solo le negó ese padre cobarde, sino que la madre después de un tiempo volvió a revolcarse con él por cuatro pesos, pero bueno, lo hacía con todos por dinero.

Es inaudito cómo una madre permite que le negaran a su hijo al punto de no proveer lo necesario; y apenas tuvo la oportunidad, ese hombre por poco dinero cubría su necesidad física otra vez cuando se vio solo sin su esposa.

Sí, la empotraba en ocasiones y, a la vez, le guardaban el secreto.

Ah, pero este hecho era conocido por varias personas que en ese momento se reían al saber que ella era la víctima, la engañada.

¿Y hoy? A ver dónde se encuentran esas personas y dónde se encuentra ella. Además, la vida nunca deja de sorprender.

Al final, el hijo fue reconocido por temor a represalias legales como la remuneración económica, cosa que al patrón le duele mucho es su bolsillo, si no le daba a sus hijos legítimos, pues ella misma tuvo que demandar varias veces por manutención hasta que se dio cuenta de que su propio hijo no merecía limosnas de quien debía estar para él en todo momento.

Claro, algo de las tierras del terrateniente le quedará porque lleva el apellido, aclarando que solo porque ella así lo permite, pues es una abogada tan feroz como audaz al punto de haber sido apodada como el diablo a caballo en su ejercicio. Además, serán tantos los hijos que aparecerán que esas tierras terminarán contándose por metros.

Pensar que al final el niño biológicamente no es suyo, por eso hay un dicho muy cierto: «es que todo hombre infiel, irrespetuoso de su hogar, termina solo, viejo y feo, porque está muy deteriorado el hombre, pero eso es castigo divino».

Sin embargo, lo importante es que ella tiene a sus hijos y son los que le interesan. Cada madre que cuide a los suyos.

Esta fue una de las tantas vivencias que fueron formando el carácter y la investidura de esta mujer que es hoy.

Así, ella sin remordimientos, no quiso saber jamás de ese entorno cargado de falsas promesas y maldad.

Y hoy que ha conocido otras culturas, puede afirmar que ese hombre nació en el lugar equivocado, porque tenía muchas mujeres fuera de su casa.

Eso sucede por la inseguridad de algunos que piensan que mientras más mujeres tengan, son más hombres; cuando en realidad, ser hombre es mantener la llama y el deseo de la misma mujer.

Y ella estaba tan aburrida.

Fue por eso que, mientras la que era su esposa no estaba satisfecha, ella decidió dejarse querer por un ser hermoso, nada parecido a lo que tenía en las paredes frías de su habitación.

¿Ahora es esto un acto infiel de ella? Solo puede decir que quien no cuida lo que tiene... y a ella no la cuidaron.

Y no se está justificando; al contrario, lo dice con orgullo y sin ningún tipo de arrepentimiento, porque ella jamás faltó; solo hizo lo mismo que tantas veces le hicieron.

Y lo hizo más bonito, más tierno, hasta mejor. Porque no se puede perder lo que ya no es tuyo.

Ahora seguramente dirán que era cierto lo que ese hombre decía cuando la llamaba puta que le era infiel, pero si eso se lo decía siempre, cuando esta mujer fue casi una santa, hasta que se le hizo realidad.

Si ella le fue infiel a ese matrimonio lleno de amarguras y maltratos, dañado desde el comienzo, de lo único que se arrepiente es de no haberlo hecho antes, pero no la hace menos señora que esas que aún están con sus esposos y se revuelcan con cualquiera.

Porque este hombre machista e hipócrita fue capaz hasta de seducir a la hija de uno de sus mejores amigos y convertirla en otra más, pero de esto no habrá mayores detalles porque los padres de esa pobre joven no merecen más dolor.

La historia de ella no estaba escrita en libros de cuentos ni en relatos de amores eternos.

Su vida había sido una sucesión de capítulos donde la traición se repetía como un eco inquebrantable.

Aprendió con los años que algunos secretos no se ocultan por vergüenza, sino por conveniencia.

Hay personas que tienen un talento especial para la mentira disfrazada de normalidad y por eso a ella las decepciones no la hicieron más fuerte, la hicieron inmune.

Descubrió que las traiciones no dolían, cuando ya no había expectativas.

Por eso, sin proponérselo, se dio cuenta de que no sentía nada, ni enojo, ni tristeza, ni siquiera sorpresa.

Para ella, los hombres en su mayoría habían resultado ser egoístas, embaucadores de ilusiones que solo sabían buscar su bienestar, pero no sabían dar o tener la misma entrega.

Es de aclarar que siempre hay una excepción; sin embargo, ella aún no la ha conocido.

Y lo confiesa, hubo un tiempo en que el adiós le costaba, en que la nostalgia la invadió por los recuerdos y hasta sentía la necesidad de buscar, aun sabiendo que no recibiría respuesta o al menos no la que hubiese querido.

Pero todo eso fue quedando atrás.

Ahora, cada decepción no es más que otro capítulo que cerraba con la misma frialdad con la que fue escrito por quien quiso hacerle daño.

Porque ya ella no esperaba nada de nadie y cuando no se espera nada, no hay decepción posible.

A ver, todo esto no quiere decir que nunca la hubiesen amado.

Al contrario, fue muy amada, fue extrañada con intensidad, recordada con deseo, anhelada en la distancia hasta por quien más daño podría causarle, a su muy extraña manera.

Hoy ella, con cabeza fría, sin que el resentimiento nuble sus pensamientos, se da cuenta de esos amores que matan.

Era el tipo de mujer que los hombres sabían que valía mucho, pero que se dieron cuenta cuando ella ya no estaba, pues creyeron que estaría ahí para siempre.

Y como todo lo ponía tan fácil, no porque fuera una mujer fácil —no se confundan—, sino porque se entregaba sin medida, que son cosas diferentes, ellos no se esforzaban.

Es que parece mentira cómo luchan para conquistar a una mujer y, después que la tienen, pocos la valoran.

Se vuelven fríos y distantes, comienzan el silencio sin explicación aparente; es que no hay más que costumbre a repetir patrones.

Ella no creía en el amor que la condenaría, sino en el que le permitía elegir.

Aunque suene increíble, pero cierto, solo se ha enamorado una vez en su vida y fue suficiente.

Tuvo la ilusión del primer amor, cuyo recuerdo mantuvo por años y la madurez le mostró que era un cariño inmenso que aún mantiene muy cercano como un gran amigo.

El verdadero amor llegó después, sin avisar, aunque ella sabía que al entrar en ese juego iba a salir mal librada y así fue, lo peor era que no se equivocaba nunca.

Un amor de los que no duran mucho, pero son eternos, que no entendemos cómo duele tanto, pero se es capaz de perdonar y es por eso, porque es amor de verdad.

Aunque se debe poner límites si no es recíproco.

Aunque luchó mucho para conservarlo, entendió que no se luchaba sola, ni se buscaba a quien no quería ser encontrado.

Fue así que recogió la dignidad que en ese momento le quedaba, con sus pocas fuerzas tras luchar tanto, porque dejaron de mirarla con sinceridad, aunque esas miradas se cruzaban siempre, era inexplicable cómo alguien que no quería estar no perdía oportunidades para acercarse.

Fue una locura que la llegó a desestabilizar, pero que supo salir airosa de esa dura y cruel batalla.

De algo sí está segura: cuando el amor es real, no necesita repetirse.

Eso se vive una sola vez en la vida y no necesariamente se queda para siempre.

También notó el arrepentimiento en algunos que quedaron atrás cuando la vieron partir, unos con nostalgia y, lo peor, uno hasta con la cobardía de fingir que nunca existió.

Pero ella no miró atrás; no había nada que la atara a un pasado donde ya no habitaba.

Porque cuando una mujer aprende a irse sin despedirse, es porque ha entendido que hay historias que no merecen epílogo.

Aprender a no volver nunca más al pasado no significa olvidar ni borrar lo vivido.

Significa comprender que algunas puertas, una vez cerradas, no deben abrirse de nuevo.

No por rencor, sino por paz y amor propio.

Es aceptar que no hay respuestas en lo que ya terminó, que las segundas oportunidades a veces solo son repeticiones de los mismos errores con distinto disfraz.

Que lo que duele hoy, mañana será solo un recuerdo lejano que ayudaría a reconstruirse, que lo que alguna vez pareció indispensable, con el tiempo se vuelve irrelevante.

No volver es entender que la nostalgia es un truco de la mente, que magnifica lo bueno y minimiza lo malo.

Pero la realidad siempre es más honesta; si un lugar, una persona o una historia nos hizo daño una vez, lo más probable es que lo vuelva a hacer.

No volver es haber aprendido la lección sin necesidad de repetirla.

Es caminar con la certeza de que lo mejor no está en lo que dejó atrás, sino en lo que aún le queda por descubrir y en el camino que aún le falta por recorrer.

Si hubiera un manual infalible para no regresar al infierno del que una mujer ha escapado, seguramente tendría más páginas que el libro sagrado y, aun así, habría quien intentara encontrarle lagunas legales.

Porque la verdad es que por muy fuerte que ella sea, hay días en los que el pasado toca la puerta, disfrazado de nostalgia, disfrazado de «quizás no era tan malo», disfrazado de «nadie más me va a querer como él». Pero ¿cuándo la quiso?

Y si no se tiene claro cómo cerrarle la puerta en la cara, corres el riesgo de volver a abrirla.

Así que ella puso sus propias reglas.

Primera regla: «La memoria es tramposa».

No mirar que ahora parecen tan arrepentidos no significa que fueran un «pobre confundido» ni un «alguien con problemas sin resolver».

Pueden ser verdugos con cara de víctima, y ella era una presa favorita.

Así que cada vez que le atacaba el síndrome de «recordar solo lo bueno», ponía en la balanza todas las lágrimas derramadas, las noches sin dormir, las veces que tuvo que recoger sus propios pedazos después de que quien la lastimaba la hiciera trizas.

Segunda regla: «Los cambios mágicos no existen».

No, la terapia de dos sesiones no convierte a las personas en seres renovados.

No, las nuevas fotos en redes sociales donde parecen personas ejemplares no significan que hayan aprendido a ser buena gente.

No, y mucho menos cuando «juran que esta vez será diferente» eso no es un hechizo que borra el historial de abusos, desamor, falsas amistades o jefes arrogantes.

La gente cambia cuando quiere cambiar, no cuando pierde el control sobre su víctima.

Tercera regla: «La soledad no es una condena, es una bendición elegida».

Sí, hay noches en las que el silencio pesa, en las que la cama parece más grande de lo necesario y el frío se cuela entre las sábanas.

Pero ¿saben qué pesa más?

La angustia de no saber de qué humor llegará hoy, la incertidumbre de si lo que digan los hará explotar, la sensación de caminar sobre cristales sin saber en qué momento se romperán bajo sus pies.

Cuarta regla: «La dignidad no es negociable».

No hay segunda oportunidad para alguien que ya demostró lo que es capaz de hacer con tu corazón.

No hay reescritura posible para una historia donde la protagonista tuvo que escapar para salvarse.

No hay «tal vez sí», ni «tal vez no». Solo hay un «nunca más».

¿Y qué pasa si el miedo aparece? Déjalo estar.

Miedo tenía cuando decidió irse y, sin embargo, lo hizo.

Miedo tenía cuando dio el primer paso sin saber si había un suelo firme bajo sus pies.

Y aquí está, más fuerte, más libre, más ella y más hermosa. No necesitaba un manual para no volver atrás.

Necesitaba recordar lo valiosa que es, lo talentosa, lo buena persona, la amiga fiel, la madre ejemplar; esa mujer que lucha cada día por no hundirse, que sale adelante pese a las nubes grises que a veces cubren su cabeza.

Esa mujer que ha guerreado para que sus hijos sean mejores cada día, para que sean personas de bien. Para que no les falte un techo sobre sus cabezas o un plato de comida en su mesa.

Es una hembra fuerte, una diva y lo más importante es que ahora ella se lo cree de verdad, no como en aquel momento oscuro donde solo fue una publicidad vacía.

Hoy es el producto bien elaborado, reconstruido con sus propias manos, con la fuerza suficiente para no volver jamás atrás.

Lo dice y agradece con toda la responsabilidad, gracias a todos los que un día jugaron con su amor, con sus ilusiones, con su amistad y con todo su ser; porque la ayudaron a convertirse en una triunfadora de la vida con toda sus sinsabores y desaciertos.

7

Cómo reconciliarse con el pasado

El pasado es un mundo al que viajamos con la mente más de lo que quisiéramos. Nos arrastra en noches de insomnio, en olores que traen recuerdos, en canciones que creíamos olvidadas.

Pero reconciliarse con él no significa habitarlo de nuevo, sino aprender a mirarlo sin que duela, sin que queme, sin que nos defina más de lo necesario.

Es un visitante frecuente, pero no un huésped bienvenido.

Aprender a convivir con sus apariciones es parte del proceso de sanación.

Porque no se trata de negarlo ni de maquillarlo, sino de colocarlo en su lugar y es «detrás».

Y no delante marcando el paso, ya no al lado susurrando dudas.

Detrás, como lo que fue, como un espejo roto que alguna vez reflejó un tiempo distinto, pero que ya no sirve para mirarse.

Ella comprendió que no se trata de borrar lo vivido, sino de quitarle el poder de gobernar el presente.

Que lo que dolió ya no puede doler igual si ahora hay conciencia, si ahora hay límites, y si ahora hay amor propio.

El pasado solo lastima cuando se le da la autoridad para hacerlo. Y ella ya no se deja gobernar por nadie.

Ni siquiera por un recuerdo.

Recordaba ella esos momentos en los que sus días comenzaban y terminaban entre lágrimas, arrepentimientos y frustraciones.

Aquellos en los que sus amigas, su hija eran la compañía en esos trances donde el alma parecía salirse del cuerpo, sumergida entre copas, canciones tristes y silencios pesados.

Creía que así podría mitigar el sufrimiento, aunque bien sabía que lo único que lograba era posponer el colapso.

Y sí, sufrió.

Sufrió muchísimo.

Y supone que aún le queda algo por sufrir, confiando, con todo su ser, en que jamás se parezca al infierno que le tocó vivir.

El desgaste emocional era tan profundo, tan devastador, que al recordar le viene a la mente cómo incluso sus propias compañeras comenzaron a evitar cualquier situación que implicara alcohol, porque sabían que una copa más podía ser la gota final.

Hay una frase que se le quedó tatuada en el alma, de esas que no se olvidan jamás, porque duelen, porque abren los ojos, pero sobre todo porque ayudan a levantarse: «Ya no podemos tomar contigo, porque es tanto tu sufrir que da miedo que no regreses».

Hoy, al escuchar esas mismas canciones o al tomarse una copa, una cerveza o el trago que le apetezca, lo único que aflora en ella es una sonrisa serena y la incredulidad de ver todo lo que fue... y en lo que se ha convertido.

Tuvo la fortaleza, la rabia y la determinación de salir de ese agujero oscuro donde cayó.

Un lugar del que en aquel entonces no veía salida, ni imaginaba que era posible levantarse.

Pero lo hizo.

Hoy, ya no llora por lo que perdió, sino que brinda por lo que jamás volverá a permitir.

Por mucho tiempo, el peso de su historia fue una carga silenciosa. No la detenía, pero la acompañaba a todas partes.

La sorprendía en momentos de felicidad, recordándole lo que había perdido.

La despertaba en las madrugadas con susurradores reproches, mostrándole escenas que ya no podía cambiar.

Pero un día entendió que no podía seguir siendo prisionera de lo que ya fue. Recuerda cómo llegó a hacer cosas de las que no se siente orgullosa.

Sin embargo, aunque no las repetiría, tenía que haberlas hecho para sobrevivir a su propia destrucción y encontrar un aliciente para continuar batallando.

Hubo relaciones que hicieron daño a otras personas; sin embargo, ella en ese momento no tenía el discernimiento para pasar por alto ciertas cosas.

Era tan grande su rabia contra la vida, que decidió vengarse, sin importarle a quién arrastraría en su guerra.

Recuerda que vivió una historia con tanta lujuria que no medía su comportamiento. Fue osada, atrevida y hasta falta de respeto; porque fue capaz de tener encuentros en la propia casa de esa familia.

Y es que también hay algo que aclarar antes de cuestionar sobre el respeto en una relación.

Un tercero no entra si no le abren la puerta.

En la mayoría de los casos se tiende a culpar a la tercera persona que llega a la relación, pero quienes deben respetarse son la pareja; son ellos quienes tienen el compromiso.

Ella no se justifica.

Todo lo que vivió, lo considera necesario.

Sin embargo, su inestabilidad emocional y su vulnerabilidad eran tan profundas, que llegó a convencerse de una premisa peligrosa:

«Si a mí me engañaron tanto… ¿por qué yo no puedo engañar?».

Fue ahí donde cayó en muchas equivocaciones., pero es humana.

Y también vivió —en carne viva— las traiciones de quienes dejó entrar en su vida.

Aquel vínculo, aunque nunca tuvo la formalidad de un compromiso, tampoco terminó del todo.

Fue una relación intermitente, intensa… la cual disfrutó mucho. La despedida quedó en pausa.

Como detenida en el tiempo.

Sostenida apenas por un alejamiento voluntario de ambos.

Hoy lo dice sin dudar: «las mujeres debemos darnos nuestro lugar».

Y al descubrir la traición, al ver al compañero enredado con otras, aprendió una gran lección: «No es a esa otra mujer a quien debemos culpar».

¡No!

No se persigue a la sombra cuando quien traiciona está frente a nosotras, sin remordimiento alguno, repitiendo la misma historia desgastada:

«No la quiero, no vivo con ella, me da igual si se entera…», pero tampoco la deja.

La retiene.

Y mientras tanto, sigue absorbiendo cual vampiro todo lo que puede obtener de la otra mujer.

Más aún si es una guerrera como ella.

Hubo un caso particular.

Una posible relación donde la mentira fue la protagonista desde el inicio.

Chismes infundados, persecuciones, vigilancias… caminos intransitables donde ella nunca vio la realidad hasta que, sin aviso, recibió el golpe.

Un hombre que, aunque parecía estar bien con ella, se dejaba llevar por historias que otros inventaban… O, tal vez, nunca nadie le dijo nada.

Tal vez fue solo su manera cobarde de justificar su mala intención; dejarla a un lado porque no podía con la fuerza que ella representaba.

Prefirió conformarse con otra mujer. Una novia sumisa.

Una que, con apegos emocionales tan arraigados, terminó dejándolo… solo por volver con su madre.

Ah, pero para él en ese entonces, esa era la mujer que valía la pena. Esa era la que merecía.

Y sí.

Hoy ella lo afirma con una mezcla de ironía y certeza. Era la que merecía.

La que debía tener a su lado.

Aunque le duró lo que dura un suspiro al aire, esa relación. A ella… a ella la catalogó de «mujer fácil».

Sí… fácil.

Porque estaba allí para él cuando más la necesitaba.

Porque era su refugio cuando no tenía adónde ir, cuando todo le fallaba.

Porque la alejaba… luego la buscaba. Y ella seguía allí.

Pero él nunca se detuvo a pensar que, tal vez, ella llegó a quererlo.

Y esa era su forma torpe, silenciosa, ingenua y leal de demostrárselo.

Es irónico.

Después de todo ese tiempo, ese hombre siempre quiere estar presente. Hasta que un día, sin más explicación, sin aviso ni drama, ella cerró la puerta. A pesar del tiempo y de la distancia.

La cerró.

Y dejó esa situación atrás.

Sin rencores.

Sin dolor.

Porque está reconciliada con su pasado.

No fue un proceso inmediato, ni un acto de voluntad.

Reconciliarse con su pasado significó mirarlo de frente, reconocer cada herida sin intentar disfrazarla, sin minimizar nada…, pero tampoco dándole más poder del que merecía.

Aprendió que el dolor no se borra, pero sí se transforma.

Y, sobre todo, entendió que nadie tiene la obligación de cargar para siempre con lo que una vez le hicieron.

Fueron tantas las historias donde quedaba al descubierto la falta de valor que siempre le dieron a ella.

Como aquel episodio en las tierras que, con esfuerzo y muchas privaciones, logró obtener junto a quien fue su compañero por muchos años.

La entrada y salida de mujeres en tiempos de bonanza era incalculable por parte del patrón y su grupo de amigos, mientras ella esperaba a su último hijo.

Por cierto, la mayoría de esos hombres luego de la separación quisieron conquistarla, qué irónico.

Ella, como toda una señora, supo poner a cada uno en su lugar.

Demostró que muchos hombres son tan inmorales y desleales con su propio gremio, que les da lo mismo intentar con la mujer de un hermano como con la de un amigo.

En ese tiempo, hubo una empleada encargada de cuidar la finca, sin conocimiento y, mucho menos, consentimiento de ella, quien era y sigue siendo la verdadera patrona de esas tierras.

Está claro, donde hay mentiras u omisiones, siempre hay mala intención.

Todo lo descubrió por un mensaje amoroso de esa trabajadora hacia el jefe, quien se pintaba como el hombre abnegado y dedicado a su cultivo.

¡Cómo no!

Si primero lo ordeñaban a él y luego él ordeñaba a las vacas.

Comenzaban las idas de madrugada, sin importar el cansancio que ese hombre pudiera tener.

Tenía que ir a la parcela, porque lo esperaba su capataz o, mejor dicho, su encargada, sin ropa interior con sus faldas envueltas a las bragas, muy autóctona.

Así saciaba sus ganas, recibía una paga y ayudaba con el mantenimiento, tanto del jefe como en la parcela, así llaman a las tierras.

Porque ese señor era exquisito con la comida, pero no era racista ni clasista en sus gustos en la cama.

Aunque luego, en sus conversaciones grupales, hiciera creer que no era capaz de acostarse con «cualquier mujer». Que va.

Eso era mentira.

Estaba con todo lo que se meneaba.

Fue a través de ese mensaje que llegó la frase que terminó por asquearla, una frase que hizo que nunca más pudiera sentir deseo por ese ser.

Sus manos se convirtieron en hielo. Hielo que le corroía la piel.

¿Y ahora se preguntarán cuál fue ese mensaje? Nada más tierno que: «Amor, ¿te puedo llamar?».

Porque el patrón, mientras estaba trabajando, se le descargó su teléfono celular y, muy inocente, al llegar a la que él decía «su hogar», los mensajes de esa tan deseada conquista comenzaron a llegar tan a prisa como cargaba el móvil.

«¡Amor!», así lo llamaba esta otra chica de rasgos étnicos muy particulares que ya estaba en sus haberes.

Claro, cuando una quiere encontrar, busca. Y ella buscaba. Fue así como comenzó una nueva lucha:

—¿Por qué otra vez? ¿Cómo es posible?

—Yo no fui... Esos mensajes no eran para mí —respondía él.

Fue así como ella comenzó a irse de las manos de su opresor y esto desató la ira descontrolada de ese pasado tan oscuro. Fue entonces cuando llegaron los golpes. Los gritos.

Los días de silencio.

Pero, al final, hoy no es más que otra anécdota que la ayudó a reestructurar su alma quebrada.

Lo que no entendía ella era cómo fue posible soportar tanto y que aún hoy le cuestionen por qué acabó con ese infierno llamado «matrimonio».

Lo peor es que las mismas mujeres de esa familia la critican cuando ellas mismas han pasado por lo mismo; incluso algunas han sido infieles y la tildan a ella de promiscua, dando consuelo a ese ser funesto e hipócrita que, según otros, ella no supo mantener porque no era una señora. Sino una puta, porque terminó con su matrimonio solo por algunos errores de su cónyuge.

¿Es en serio?

¿Acaso el título de señora solo lo tienen las que aguantan infidelidades, golpes, maltratos y humillaciones, o son infieles y hasta tienen hijos con sus amantes porque se quedan por años con ese esposo? Quien se sienta aludida que la demande, que ella sabe cómo defenderse.

Si es así… entonces no lo es. Ella no es una señora.

Ella fue una sobreviviente.

Durante muchos años, la falta de afecto y la baja autoestima que le dejó el maltrato hicieron que permitiera la entrada de todo tipo de personas en su vida.

Confundió compañía con cariño, presencia con amor.

No supo reconocer su valor porque le habían hecho creer que no lo tenía.

Así, una y otra vez, dejó entrar a quienes la usaban para llenar sus propios vacíos. A quienes no le ofrecían más que sobras.

A quienes solo estarían de paso.

Y que quede claro, no solo se refiere al amor de pareja.

También habla de esas falsas amistades, de los convenencieros que solo la recordaban cuando necesitaban algo, especialmente si era dinero.

Eso también es un tipo de abuso, se llama «abuso interesado».

A veces pensaba que perdonar era una forma de liberar al otro, pero con el tiempo comprendió que el perdón es una llave que la liberaría a ella misma.

No significa olvidar, ni justificar, mucho menos borrar lo vivido; significa soltar las cadenas que la mantenían atada a lo que ya no es, ni volvería a ser jamás porque ahora las decisiones sobre su vida las tomaba ella.

Hoy, cuando mira atrás, ve a una mujer que pasó por mucho, pero que sigue adelante y no está marcada por ese pasado. Al contrario, es una mujer reconciliada con su dolor, es optimista y muy agradecida.

Ve a una mujer que ya no se detiene a llorar por lo que no fue, sino que agradece lo que es.

Porque todo, absolutamente todo, la trajo hasta el aquí y ahora.

A este presente donde pertenece y que antes no podía disfrutar porque seguía hundida en un pasado doloroso, lleno de historias que la tenían aniquilada.

Ahora no le debe nada a nadie. Camina sin miedo ni culpa.

Es aquí por fin, donde se ha reconciliado con su historia.

También es cierto que ella creyó que esa misma historia era quien la definía, que esas heridas eran cicatrices imborrables, pero un día, como de la nada, pero con mucho trabajo emocional, por fin entendió que no era lo que había sufrido, sino lo que había aprendido de ello.

Comprendió que su valor no dependía de quien la amó mal o de quien no supo verla cuando ella estuvo.

Hoy sabe que su vida no es una deuda con el pasado, sino una oportunidad para escribir su propio destino.

Aprendió a ponerse en primer lugar, a cerrar puertas sin miedo a represalias o al qué dirán, a no conformarse con menos de lo que merece.

Descubrió que la soledad no es un castigo, sino un espacio sagrado donde solo entra quien realmente suma y quien ella quiera tener cerca.

Reconciliarse con el pasado no significa olvidar, sino aprender a mirarlo con gratitud y que las lecciones le dieron firmeza para no repetirlo, además con amor propio para no volver a permitir lo que un día la hizo dudar de su valía, porque al final ella no es lo que le hicieron, sino lo que decidió hacer con ello y en quien quiso convertirse ahora en su presente.

Entiende que todo eso fue parte de su camino, aprendió que no se trata de culparse por haber permitido ciertas cosas, sino de agradecerse por haber tenido la valentía de despertar, de poner límites y de darse cuenta de que el verdadero amor, el que sana y construye, empieza por uno mismo.

Un aspecto clave en la reconciliación con el pasado es entender que el amor propio no nace de la nada; se construye.

Durante años, fue permisiva, permitió que la marcaran, pero sanar significó darse cuenta de que no tenía que mendigar afecto ni aceptar que la minimizaran. Aprender a quererse no fue un acto espontáneo, sino un proceso que requirió mirarse con honestidad, reconocer sus patrones, soltar culpas y dejar de buscar fuera lo que solo podía encontrar dentro de sí.

Hoy sabe que el pasado no tiene poder sobre ella, porque ahora ella es su prioridad. Entendió que no necesita que la elijan, porque ella ya se eligió a sí misma.

Y eso lo cambia todo.

Es cierto que durante gran parte de su historia creyó que hacer el bien le aseguraría recibirlo de vuelta.

Se esforzó por estar bien con todos, por dar sin medida, por ser incondicional incluso cuando nadie lo era con ella.

Pero la vida le enseñó que la lealtad no siempre es correspondida y que, en los momentos difíciles, son pocos los que realmente permanecen.

Cometió errores, hizo cosas que no debía, tomó decisiones impulsadas por la necesidad de sentirse querida, aceptada, valorada y todo esto no era más que la falta desmedida de cariño que padecía, lo subestimada que vivió por tanto tiempo. En ese camino, descubrió que muchas veces no era vista como persona, sino como un beneficio.

Hubo quienes la apreciaron mientras tuvo algo que ofrecer, quienes la midieron por lo que poseía y no por lo que realmente era como ser humano.

También aprendió que la sociedad es dura con las mujeres que deciden vivir sin miedo a ser juzgadas, que mientras un hombre puede escribir su historia amorosa sin reproches, a una mujer se le señala por cada paso que da.

Pero ella se negó a cargar con culpas impuestas, porque una mujer no es menos valiosa por la cantidad de amores que tuvo, sino por la verdad con la que se entregó en cada momento.

Lo importante fue que comprendió que no necesitaba la aprobación de nadie, que su valor no estaba en lo que dio ni en a quién tuvo a su lado, sino en la mujer en la que se convirtió después de todo.

Hoy mira atrás sin arrepentimientos, porque incluso sus errores fueron parte del camino que la llevó a su mejor versión, una mujer más sabia, práctica y pragmática, cuya mayor felicidad es la conexión que ahora tiene consigo misma.

Esa conexión la llevó a dejar el pasado a donde pertenece y vivir su presente sin limitaciones ni mucho menos rencores.

Es una mujer que no guarda resentimientos, que está libre de cargas emocionales, que está en sana paz también con la mujer que fue en el ayer, porque no puede negarlo que la llegó a compadecer en ocasiones.

Lo que vivió no marcará su destino, sus debilidades no la condenaron de por vida y su valor no depende de los ojos ajenos.

Hoy se elige a sí misma con orgullo, amor y con la certeza de que cada caída la hizo más fuerte. Porque, al final, reconciliarse con el pasado es aprender a caminar en paz con todo lo que la trajo hasta aquí.

El pasado no siempre se deja atrás con la facilidad con la que se cierra una puerta. En ocasiones, se queda enredado en la piel, en los pensamientos que llegan sin ser invitados, en los miedos que persisten incluso cuando ya no hay peligro.

Ella aprendió que no se trataba solo de huir del infierno, sino de apagar el fuego que le había dejado dentro.

Al principio, su estrategia fue ignorarlo, pensar que con suficiente distancia todo lo que vivió perdería peso.

Pero el pasado es terco y siempre encuentra la manera de colarse en los recuerdos, en una canción, en un perfume que se cruza en la calle, en una palabra dicha por alguien más, hasta en los sueños.

Fue entonces cuando entendió que no podía seguir huyendo; tenía que enfrentarlo.

No se trataba de justificar ni de olvidar, sino de aceptar lo que pasó sin dejarse influenciar.

Aceptar que sí fue víctima y ya pasó, pero también es la ganadora, no solo por sobrevivir, sino por el hecho de seguir adelante sin rendirse.

Que el dolor la cambió, pero no la definió.

Que cada herida era un testimonio de lo que soportó, pero también de lo que superó.

Y que no tenía que odiar su historia para seguir adelante; tenía que hacer las paces con ella.

Se reconcilió con la mujer que un día creyó que el amor dolía.

Se perdonó por haber tardado en irse, por haber dado segundas oportunidades que no merecían, por haber creído en promesas vacías.

Se miró al espejo y en lugar de ver a alguien rota, vio una mujer reconstruida.

Más fuerte, más sabia, más plena.

Entendió que su pasado no era una sentencia, sino una lección.

Que no necesitaba olvidarlo para ser feliz, solo debía dejar de cargarlo como una culpa.

No era la misma mujer que un día temía por todo y ese era su mayor triunfo. Porque reconciliarse con el pasado no significa volver a él.

Significa tomar lo aprendido y usarlo como combustible para no detenerse jamás.

Dicen que tropezar con la misma piedra es de humanos, pero hacerle un altar, ponerle velas y volver a besarla… eso ya es otra historia, se llama masoquismo y ella no caería en ese papel.

Aquí no hay cuentos de hadas ni finales donde el villano se vuelve príncipe.

Aquí hay cicatrices que cuentan la verdad y una mujer que aprendió, a base de golpes —metafóricos y literales— que la única salida es ir hacia adelante.

Este manual no es para señoritas con debilidad por «el amor difícil».

Es para guerreras que ya entendieron que el amor no duele, no insulta y no se disculpa para volver a hacer lo mismo.

Si alguna vez aparece la tentación de «dar otras oportunidades», recuerden que «el diablo no cambia, solo se viste mejor».

Para las que aún dudan, «si tienen que elegir entre un ex que promete haber cambiado y un vibrador con pilas nuevas… bueno, elijan la opción que nunca las ha dejado llorando en el baño».

Recuerden, la reconciliación con el pasado no es volver a los brazos de quien hizo daño, sino aprender a caminar sobre las ruinas que pudieron quedar.

Como si escapar de un ex tóxico no fuera suficiente, también tuvo que sobrevivir a otra especie de sabandijas: las falsas amistades.

Porque si hay algo peor que un hombre manipulador, es un «amigo» que te abraza con una mano mientras te apuñala con la otra.

La decepción no solo llegó en forma de promesas rotas en el amor, sino también disfrazada de consejos, de sonrisas que ocultaban envidia, de personas que aplaudían de frente, abrazaban mientras pedían perdón, pero minutos más tarde la criticaban a sus espaldas.

También tuvo amistades verdaderas, las que aún conserva, pero que puede contar con los dedos de sus manos.

Después de tantos sinsabores a lo largo de su historia, la ansiedad se instaló en su vida como ese invitado incómodo que nunca se va, es que han sido tantas batallas que luchó que era muy común que su mochila de cargas llegara a sobrepasar su resistencia en ese momento.

Como si todo lo vivido no hubiera sido suficiente, ahora tiene que luchar contra su propia mente, que a veces le juega sucio, recordándole lo peor justo cuando intenta disfrutar lo bueno que se le va presentando, que tampoco ha sido mucho.

Con ella funciona literal ese dicho «de lo bueno poco».

Y claro, como es fuerte, guerrera, independiente, nadie cree que la padece.

«Pero si tú puedes con todo», le dicen.

Como si la armadura que se puso para sobrevivir significara que no siente el peso de la batalla o el dolor de las heridas.

Al final, asimiló que la ansiedad no la limita, así como tampoco la limitaron sus cicatrices.

Que está bien pedir ayuda, está bien admitir que hay días en los que todo pesa más.

Porque ser fuerte no significa no caer, sino saber levantarse las veces que sean necesarias.

Y eso, ella lo ha hecho mil veces y lo seguirá haciendo. De eso se trata.

Ella no solo se reconcilió con su pasado, sino que lo utiliza como fuerza para no dejar que determine su rumbo.

Ella decide, ella elige y avanza por el camino que considera mejor.

Muchos la rodearon, pero fueron pocos los que le tendieron la mano cuando la vieron caída, incluso hasta algunos familiares, es por eso por lo que a ella no le cuesta podar su árbol genealógico; porque quien no estuvo cuando ella no veía más que oscuridad, que no vengan ahora a aprovechar su resplandor.

Por eso sus cargas dejaron de pesarle y decidió vivir en presente, con el rostro mirando al sol… cuando en su ayer solo había penumbras.

8

Lo que la vida no sospechaba era que al final ella ganaba

Si la historia hablara por sí sola o la vida regalara una bola de cristal para ver lo que nos espera, quizás el mundo sería más fácil de sobrellevar.

Pero esta es la vida de una mujer que fue abatida de mil maneras y que tras tantos tropiezos, descubrió quién era y de qué era capaz a medida que daba pasos; unos firmes, otros tambaleantes, pero siempre de frente.

Hubo retrocesos, pero ella se encargó de convertirlos en impulso.

Si el pasado pudiera conocer a esta mujer de ahora, seguramente estaría boquiabierto y con los ojos desorbitados, preguntando:

—Pero ¿cómo carajos sigue esta mujer de pie? La vida tenía todas las apuestas en su contra.

Y es que estaba segura de que no aguantaría, que terminaría pidiendo perdón, que la verían volver con la cabeza gacha y una disculpa a medio decir.

Ella misma había creído que una mujer así no saldría del atolladero donde estaba atrapada; acostumbrada a pedir permiso, a que le dijeran cómo vestirse, a qué hora respirar y hasta lo que podía decir, no sabía vivir de otra forma.

Esta historia no se construye en hipótesis.

Son hechos que ella vivió a lo largo de su recorrido, empezando desde niña en un hogar autoritario, con responsabilidades que nunca debió asumir, con etapas que nunca llegó a cumplir ni a vivir como tal, ni fue niña del todo, ni adolescente, ni siquiera podía ser la mujer completa que ahora es.

Parece mentira, pero esa es su realidad.

Por eso se desbordaba de emoción con lo poco que iba encontrando en su camino.

¿Era eso normal?

La respuesta, para ella en ese entonces, era sí. Porque no sabía que existía un mundo distinto al que conocía.

Un mundo lleno de experiencias maravillosas, de anhelos y sueños truncados, donde la resignación se convirtió en su más fiel compañera.

Sin embargo, hoy puede afirmar, con una mezcla de melancolía y gratitud, que todo eso tenía que vivirlo.

Porque solo así —y no de otra forma— lograría conquistar su presente.

Esa melancolía no nace de la tristeza ni de la sensación de haber perdido tiempo para resurgir.

Es una mujer que siente con la intensidad de una adolescente, pero que ha ganado la madurez de sus años.

Es su experiencia vivida la que la convirtió en esa mujer de hierro que, a pesar de las fisuras en su estructura, permanece firme en sus convicciones.

Hace valer su voz.

Ya no se reprime para decir o hacer lo que a ella le apetece, porque simplemente se lo merece y es su derecho, pero mejor aún, es su decisión.

Muchos se atreven a opinar, algunos con maldad, otros con simple curiosidad.

«¿Por qué soportaste tanto? ¿Por qué lo permitiste? ¡Qué tonta fuiste!».

Lo que no comprenden jamás es que quien no ha atravesado una montaña empinada no sabe cómo mantener el equilibrio.

Es como un coche mecánico, que cuando se queda en una pendiente, por mucho que se intente coordinar el embrague con el cerebro, algo falla.

Además, no es lo mismo ser víctima que ser la abogada de tu propia vida.

Por mucho tiempo estuvo tan sumergida en su rol de víctima, que no veía que podía ser capaz de afrontar cualquier situación y lo mejor de todo, salir airosa y triunfante.

¿Pero cómo hace una persona que siempre vivió en la sombra para aprender a brillar?

Llegó sin aviso, como un huracán, arrasando con su tranquilidad emocional hasta casi volverla loca.

Y ha de confesar que muchas veces quiso rendirse.

Se quedaba sin fuerzas y veía inútil seguir luchando contra la corriente para terminar muriendo en la orilla.

Pero resulta que esta vez tampoco en eso se rindió.

Locadia le ha ganado batallas…, pero la guerra la va ganando ella, controlando su mente y sus emociones.

Locadia quería sabotear todo lo bueno que llegaba y muchas veces lo lograba. Hasta que ella dijo:

«Esta mente es mía y la controlo yo».

Después de vivir tantas veces hundida sin ver cómo salir a flote y en el infierno, aunque con distintos demonios, solo logró quitarle veinte kilos en un tiempo y sumarle años al rostro.

Fueron varias las idas a urgencias por síntomas físicos reales, todos provocados por esa pasajera.

Los latidos de su corazón eran más acelerados por esta, que al ver aparecer al hombre que le gustaba.

Pero después de tanto investigar algunas técnicas para sobrellevar sus cargas, sin problema, recuperó sus kilos, a veces hasta se pasaba, aunque nada que una buena temporada de verano en su trabajo no pudiera resolver.

Y como buena guerrera, su rostro se volvió a llenar de vida.

Al final, la ansiedad se trata de perseverancia, de buscar herramientas y de ser estratega.

Es un huésped no deseado con el que hay que aprender a vivir, pero sin dejarle espacio en nuestras acciones o en nuestras decisiones, ni mucho menos en el timón de nuestra vida.

Ella fue aprendiendo a reflexionar, a meditar, a caminar bajo la lluvia si así lo quería. Incluso utilizó métodos manuales y también con pilas.

¡Sí! Porque científicamente está comprobado que masturbarse libera endorfinas y así disminuye el cortisol y ella no desaprovechó esa herramienta natural; ah, pero ahora le quedó el gusto.

Cero cortisol, mis amores.

Así es la vida, un sube y baja de emociones que debía aprender a controlar casi a diario.

Esa compañía silenciosa, la que no se iba y solo se quedaba observando cómo ella aniquilaba cada síntoma con su propio arsenal de estrategias.

Aprendió farmacología, puericultura, el ying y el yang, a pararse de manos… y todo lo que hiciera falta para mantenerse entera.

Porque pensó, y no era exageración, que ya había vivido de todo. Adicional a eso, también tenía que lidiar con esto.

Increíblemente, no parecía que esa mujer tan fuerte, con una sonrisa tatuada en el rostro, de carácter jovial, alegre, extrovertida, dulce, encantadora, la que bailaba mientras otros la admiraban por su alegría contagiosa, estaba por dentro librando una tormenta en la que solo ella estaba empapada.

La ansiedad, en una mujer como ella, es una batalla lenta y callada… pero como buena guerrera recuperó el control de su vida nuevamente.

Al final, la ansiedad es un huésped no deseado con el que se debe aprender a vivir sin darle las llaves de casa.

Y sí, ella la llamaba Locadia, pero, por fin y gracias a Dios, ya no era quien tenía el control.

Ella dejó a la ansiedad ahí, agazapada detrás de los logros, de la risa contagiosa y de esa habilidad suya de hacer que todo parezca estar bajo control, aunque por dentro la tormenta esté haciendo de las suyas. Jamás se dará por vencida, por eso vive y vivirá a plenitud cada día.

La gente la aplaudía por su entereza, pero nadie escuchaba los diálogos agitados que sostenía con su mente cuando el silencio caía como una roca.

Nadie sabía que hasta una conversación trivial podía ser una trampa mental, un salto al pasado, una detonación inesperada.

Y es que muchas veces se espera que quien es fuerte no caiga. Que quien ayuda no pida ayuda, o que no la necesite.

Que quien resuelve no se rompa.

Pero ella sabía que las luchadoras incansables también tiemblan.

También se desvelan, dudan, lloran en la ducha y se recomponen frente al espejo mientras se pintan los labios.

Lo que la hacía distinta no era el no sentir ansiedad, sino haber aprendido a convivir con ella sin rendirse.

Cada vez que se vestía con su mejor ropa, aunque por dentro solo quisiera quedarse en la cama, estaba ganando.

Porque seguir adelante cuando la mente te empuja hacia un abismo no la hacía menos poderosa.

La hace simplemente humana y extraordinaria.

Es allí, justo allí, donde está el verdadero triunfo.

No el que se celebra con aplausos ajenos, ni el que se grita desde una cima inventada.

El suyo fue silencioso, íntimo, valiente.

Un triunfo que no se ve en fotografías ni se presume en redes sociales, pero que se siente cada mañana cuando abre los ojos y ya no le duele respirar. Es por eso que valora tanto la vida y cada cosa por mínima que esta sea.

Porque sanar no fue un acto heroico de un solo día, fue una decisión diaria de no volver a romperse por lo mismo.

Fue cuidar su energía como antes cuidaba a los demás, fue aprender a oír su intuición por encima de cualquier consejo, fue elegir qué batallas ya no le interesaban pelear.

Y sí, ahora se camufla.

No para esconderse, sino para protegerse.

Sabe que el mundo no siempre entiende a las mujeres que como ella iluminan un espacio sin necesidad de opacar a nadie, a las que se masturban, meditan y luego sueltan una verdad sin protocolo mientras se acomodan el moño.

Sabe que hay quienes la llamaron intensa, soberbia o exagerada, pero ya no les da poder.

Aprendió que su paz no está en manos ajenas.

Está en sus decisiones, en sus silencios bien puestos, en las carcajadas a destiempo y en los «gracias» que ahora lanza incluso a las desgracias, porque todo —hasta lo que la destruyó— le sirvió para entender que lo mejor de su vida era ella misma en su nueva presentación.

Así ganó.

No arrastrando a nadie, sino rescatándose.

Y ahí está, imbatible.

No perfecta, ni invicta, pero indomable.

Porque la vida la empujó al barro y ella no solo se levantó, sino que salió de ahí con las uñas sucias y una sonrisa que expresaba «aquí no me quedo».

Sí, lloró.

Como se llora de verdad.

Con el alma apretada, con el cuerpo temblando y los ojos suplicando descanso, pero no se instaló en el drama, no se quedó siendo víctima del guion.

Agarró sus lágrimas, le puso sal al borde y las mezcló con tequila. Brindó por lo perdido… y luego, salió a vivir.

Porque entendió que ser fuerte no es resistir, es transformarse.

Es usar las piedras que le lanzaron para construir su propio templo.

Es bailar sobre los escombros, es hacer poesía con sus cicatrices y sonreírles a sus recuerdos más tristes.

Ahora que nadie se atreva a decirle que fue suerte.

Porque ella construyó sus éxitos con cada «me voy», con cada «esto no me lo vuelvo a tragar», con cada «esta versión mía ya no se vende barata».

Y el pasado, ese pobre diablo, la mira perplejo, rascándose la cabeza sin entender cómo esta mujer a la que intentaron romper tantas veces no solo sobrevivió, sino que floreció más esplendorosa que nunca.

Porque lo que el pasado nunca entendió… es que el día que ella se fue, no escapaba.

Ella renacía.

Ahora brindaba con fuerza.

No con la elegancia de quien tiene todo resuelto, sino con la temblorosa determinación de quien ha estado fracturada, ha recogido los pedazos sin ayuda y, aun así, se atrevió a reconstruirse… a su manera.

Porque si algo había aprendido es que nadie llegaría a rescatarla.

Que las películas mienten, que los príncipes huelen raro y que los castillos se pagan con jornada doble.

Así que se hizo su propio cuento.

Uno donde la princesa tenía ojeras, pero también carácter.

Donde el dragón era su ansiedad y ya le había cortado varias cabezas.

En su historia el final feliz no dependía de un beso, sino de una paz mental muy bien blindada.

Ahora no implora amor, no ruega atención, no se arrastra por explicaciones, no hace llamadas para escuchar alguna voz que solo la utilizó en su momento, ni envía mensajes esperando respuestas.

Ella ya no es la misma y está segura de que esta versión hubiese gustado más a los tiranos.

Porque entendió que quien quiere quedarse no te confunde. Y quien te quiere bien, no te hunde.

Supo dejar de idealizar. Supo dejar de justificar.

Y supo indiscutiblemente a marcharse a tiempo.

Sin importar que doliera.

Aunque el corazón pidiera otra oportunidad. Se escuchó a sí misma y se eligió.

Por primera vez, sin culpas.

Y eso… eso es poder, queridos lectores.

Ella ya no tiene por qué resistir, ella lidera.

No busca encajar, no se maquilla el alma para gustarle a nadie.

Se pone lo que le da la gana, dice lo que piensa y valora sus silencios. No se disculpa por tener carácter.

Ni por su forma directa de decir las cosas.

Porque entendió que no es su responsabilidad suavizar su esencia para estómagos frágiles.

¿Le dolió llegar aquí? Por supuesto.

Pero dolía más negarse a sí misma para pertenecer a lugares donde nunca la entendieron.

Ahora pertenece a un solo sitio y es su propia vida. Y no hay mejor lugar para estar.

Ahí está ella, resplandeciente en su caos ordenado, sin máscaras ni miedo.

Una mujer que ya no necesita demostrar nada a nadie, porque cada cicatriz le recuerda lo que valió el proceso.

El mundo sigue esperando que se disculpe por ser intensa, por tener carácter, por no callarse… pero ella ya no está para conformar expectativas de otros.

Aprendió que la libertad duele al principio como los zapatos nuevos, pero una vez que los amoldas, ya no hay forma de volver atrás.

Ahora camina con paso firme, con esa mezcla de arrogancia justificada y humildad consciente que solo se consigue cuando te han roto y te has pegado tú misma con pegamento así sea del barato… y, aun así, no se te notan las grietas.

Ella es esa mujer que incomoda, que no encaja siempre, que no baja la mirada.

Que aprendió que su voz es suya, que su cuerpo no es moneda de cambio y que su dignidad no se negocia, ni en rebajas.

Ella ya no busca un final feliz.

Porque entendió que se es feliz cuando se vive un momento grato, no cuando todo termina.

Si algo la define es esa capacidad para volver a empezar sin drama, sin rencor, sin permiso… pero con mucho estilo.

Porque sí, el mundo no estaba preparado.

Pero ella sí lo está, para devorarse la vida sin servilletas.

El mundo no estaba preparado para una mujer que había aprendido a levantarse sola.

Para alguien que ya no pedía aprobación ni daba explicaciones.

Menos aún, para una mujer que había convertido su dolor en una armadura y su risa en un arma letal.

No importaba cuántas veces la vida intentara doblarla, lo importante es que nunca logró quebrarla.

Porque, al final, no gana quien nunca sufre, sino quien aprende a salir airoso de los escombros de su pasado.

Si la vida insiste en poner pruebas difíciles, ella sonríe y dice «Más difícil fue superar a un ex y también lo superé».

Porque si algo no se imagina el pasado y los malintencionados que fueron quedando atrás, era que al final ella triunfó.

Porque mientras todos señalaban sus caídas, ella aprendía a levantarse sin ruido. Mientras la vida le robaba certezas, ella cultivaba fuerza en los rincones del alma. No fue la más rápida ni la más aplaudida, pero fue la que no se rindió nunca.

El pasado la veía rota, cansada, rendida.

Pero nunca sospechó que esas heridas eran ventanas por donde entraría la luz. Hoy camina sin necesidad de demostrarle nada a nadie.

Con cicatrices, sí.

Pero también con la corona bien puesta.

Aunque algunos aún la recuerdan por quién fue, ella respira tranquila con la certeza de saber en quién se convirtió y que sería recordada.

Porque, además de todo, ella no escribió su historia para buscar fama ni compasión. La escribió con las entrañas, con las manos rotas de tanto limpiar los restos de su propia vida.

La escribió porque entendió que su dolor no era un castigo, sino una enseñanza. Y que su voz, tantas veces callada, merecía ser escuchada, sobre todo por quienes aún no saben que pueden gritar.

Su historia no es solo suya. Es un legado.

La dejará escrita para sus nietas, que por ahora solo tiene una, hermosa y madura, no se lo deja como un cuento triste, sino como un mapa lleno de advertencias y caminos alternos.

Para que cuando el mundo intente arrastrarlas, ellas sepan nadar, volar o patear si hace falta.

La escribió también para aquellas mujeres que, como ella, alguna vez se sintieron culpables por sobrevivir, por resistir o por empezar de nuevo.

No quiere que nadie más tenga que pasar por lo mismo para entender el valor que tienen.

Y si aún no las ha arrastrado la vida —piensa ella mientras escribe—, ojalá estas páginas las fortalezcan.

Porque cuando llegue el golpe y suele llegar sin avisar, querrá que todas estén de pie.

Más fuertes.

Más despiertas.

¡Más libres!

Ella también pensó en ellos, los hombres y en este caso sus nietos, que por ahora también tiene un niño guapísimo.

Porque, aunque esta historia nació del dolor de ser mujer en un mundo que muchas veces la quiso silenciar, también quiso que sirviera para educar.

Para que el día de mañana, esos niños que hoy juegan con inocencia, crezcan sabiendo lo que nunca deben permitir… y lo que jamás deben hacer.

Les deja este legado no solo para que conozcan su historia, sino para que comprendan el valor de una mujer.

Para que nunca levanten la voz para humillar, ni las manos para herir.

Para que sean hombres de bien, de esos que no temen sentir, que respetan, que cuidan, que entienden que la verdadera hombría no se demuestra con violencia, sino con empatía y dignidad.

Porque si ella pudo romper la cadena, es para que ellos nunca la continúen ni repitan patrones.

9

Con el título en mano
y el delantal también

A ver, el ganar no siempre significa que la vida le haya puesto el camino fácil. No, para nada; en su caso jamás ha sido así.

De hecho, después de cada victoria, parecía que la vida se reía y le decía:

«Ah, ¿sí? Pues a ver cómo te las arreglas con esto».

Porque sí, ella ha luchado y ha ganado.

Pero sus historias no acaban con un final de cuento.

No hubo más que reconocimientos y diplomas.

Pero no una oportunidad dorada que la recompensara por todo su esfuerzo.

Ganó en dignidad, en amor propio, en fuerza…

Pero también ganó una lista interminable de trabajos que jamás imaginó hacer a pesar de ser una profesional con grandes formaciones, títulos y noches enteras dedicadas al estudio, mientras otros bailaban.

Esta es una realidad que viven muchas personas y no solo ella.

Tener una formación académica sólida y, aun así, verse obligada a aceptar trabajos que nada tenían que ver con sus estudios, solo para poder cubrir necesidades.

Es doloroso.

Y, en ocasiones, hasta cruel.

Con tanta preparación, la vida la llevó a desempeñar oficios inesperados, trabajos en los que tal vez ni ella habría apostado por sí misma.

Sin embargo, hoy se impresiona de haberlos logrado todos.

Hay muchas anécdotas en sus múltiples ocupaciones —como suele decir cuando comparte vivencias entre sus conocidos— y aunque muchas veces se sintió perdida, sabía con absoluta claridad lo que quería para su vida.

Y aún más importante, sabía lo que no quería ni estaba dispuesta a tolerar.

Con el tiempo, aprendió a adaptarse.

Pero la diferencia ahora es que ya no se conforma.

Por eso no se detiene, por eso sigue, con hambre de aprender, de avanzar, de crecer.

Y sí, debe confesar que siente mucho orgullo por cada uno de sus logros y agradecimiento con Dios por cada trabajo desempeñado.

Porque ha sido —y sigue siendo— exitosa incluso para lavar un baño.

Es el contraste entre la expectativa y la dura realidad.

Pero también es una muestra indiscutible de resiliencia, valentía y capacidad de reinvención.

Hubo momentos en los que ella se tragaba el orgullo.

Enfrentarse a la arrogancia de otros, o sentir la frustración de saber que valía mucho más de lo que ese uniforme reflejaba, le dolía.

Pero también aprendía.

Cada uno de esos empleos, por humildes o ajenos a su formación que fueran y que, lejos de restarle, le sumaron experiencia y fortaleza.

A lo largo de su vida había acumulado conocimientos, títulos, aprendizajes… unos más gratos que otros, pero todos la formaron como una profesional altamente capacitada y cualificada.

Se empeñaba en seguir formándose porque no era de los que se detienen. Mucho menos, de los que se dan por vencidos.

Siempre creyó —y con razón— que el aprendizaje constante era la clave para avanzar.

Pero la realidad con la que se enfrentaba cada vez era distinta.

Por más que su currículum reflejaba años de esfuerzo, estudios y preparación, el trabajo adecuado no llegaba.

Y eso, después de haber tenido que dejar su vida y empezar de cero… sí, de cero una vez más, como si fuese tan fácil, mucho menos a su edad, porque no es una anciana, pero ya no encaja en muchos perfiles donde un culo levantado y unas buenas tetas, aunque de silicona encajaban mejor.

Hay que aceptarlo porque no está en contra de esas cosas, pero a cada quien que le den su puesto según sus capacidades.

Tocaba puertas. Presentaba solicitudes.

Enviaba cartas de presentación.

Pero la respuesta siempre era la misma: el silencio o la negativa. Sabía que todo trabajo era digno.

Que el esfuerzo siempre tenía valor.

Pero era imposible ignorar esa sensación de injusticia cuando en lugar de ejercer lo que había estudiado, terminaba con un delantal atado a la cintura, limpiando habitaciones de hotel o sirviendo mesas en un restaurante.

Aún más frustrante era encontrarse con que muchas veces, las personas que ocupaban los cargos para los que ella se había formado ni siquiera estaban capacitadas.

Hasta los profesores que en su momento le impartieron clases carecían de la metodología y la preparación necesarias para ejercer la docencia.

Sin hablar de la pedagogía. Ella se preguntaba, en silencio:

«¿Mi misma, será cuestión de suerte?».

Y se respondía:

«Mi misma… no tenemos suerte ninguna».

Veía cómo usaban sus trabajos de investigación como modelos para enseñar a otros, mientras ella permanecía en el más absoluto anonimato y pagó para estudiar en un instituto que jamás le reconoció los méritos ni pidió su autorización para usar esos trabajos como parte del material didáctico de esa institución académica sin peso más que curricular.

Eran incapaces de ver —y, peor aún, de aceptar— su potencial.

Y aunque ella no lo decía, lo sabía, porque no era falta de mérito, era exceso de ego ajeno.

En ese mundo, alguien con su conocimiento podía incomodar. Podía opacar sin proponérselo.

Y eso, para muchos era inaceptable.

De todo esto había algo que no podía ocultar y eran las noches en las que el cansancio pesaba más que la resignación.

Se preguntaba en silencio si tanto esfuerzo realmente valía la pena, si algún día llegaría esa oportunidad que hiciera justicia a todo lo que había sembrado con sudor y sacrificio.

Mientras pasaba la fregona por los pasillos de un hotel o recogía platos y copas con una sonrisa que sí, a veces salía un poco moldeada por la desilusión de esperar lo que no llegaba, en su mente resonaban todas esas horas de estudio, las prácticas, los exámenes, las noches sin dormir, los «tengo que estudiar» y cada uno de los pasos que la llevaron a obtener ese título que aún guardaba con celo.

Se despertaba cada día con la misma disciplina que había aplicado durante años de formación.

A las seis en punto, el café chisporroteando en la cafetera y el silencio de la casa como única compañía.

En un rincón del salón, dentro de una carpeta ya algo desgastada por el tiempo y las mudanzas, guardaba sus títulos universitarios.

No los tenía colgados. No por vergüenza.

Sino porque ya no sabía si al verlo sentía orgullo o tristeza.

Había estudiado con pasión.

Leía, investigaba, debatía… Creía en el conocimiento como una vía hacia la libertad. Y lo creyó de verdad.

Pero la vida, con su humor negro tan característico, la colocó en un terreno muy distinto al que había imaginado; ese el de las jornadas interminables, las propinas inciertas y las sonrisas servidas con cada plato.

El delantal se convirtió en su uniforme oficial.

Aunque sabía que no era indigno porque ningún trabajo lo es, lo que dolía no era el trabajo en sí, sino el olvido.

El olvido de su talento, de su preparación, de sus ideas.

Ese olvido silencioso y cruel que se disfraza de rutina, cosa que a ella la sacudió tanto como la resignación o la conformidad.

A veces, en las pausas que apenas alcanzaban para respirar, alguien le pedía ayuda con un texto, una traducción o incluso una recomendación sobre cómo tratar mejor a los clientes. Y ella lo hacía, claro.

Porque ayudar le nacía de forma natural.

Porque, aunque no lo dijera en voz alta, seguía creyendo que algún día alguien vería más allá del delantal.

Conocía de memoria las normas de cortesía, las técnicas para resolver conflictos, la mejor forma de leer en un salón sin cohibirse ni paralizarse por el pánico.

Pero esos conocimientos no se escribían en el contrato. No se cobraban.

No se mencionaban.

Eran como agua en una tierra que no la absorbía. Pensó muchas veces en irse.

Empezar desde cero una vez más porque ahora la diversidad de idiomas aparecía, sin embargo, ella lo manejaba con tal sutileza que hacía notar que lo entendía todo cuando en realidad parecía intérprete de señas; y es que esta mujer es una estratega nata.

Pero no se trata solo de valentía. Hay facturas, hay compromisos.

Y también está ese pequeño hilo invisible que la unía a la idea de que todavía podía hacer algo importante, aunque no supiera cómo ni cuándo.

A veces, en medio del trajín de su jornada se sorprendía recordando los momentos en que imaginó su vida profesional de otra manera.

No con las manos cubiertas de guantes de limpieza, sino aplicando sus conocimientos, aportando su experiencia, siendo valorada por lo que era capaz de hacer.

Sin embargo, ahí estaba.

No porque le faltara capacidad, sino porque el camino de la emigración le exige salir adelante antes de aspirar a más.

No crean, muchas veces se cuestionaba:

—¿Por qué a unos sí y a mí no?

No hablaba una mujer envidiosa.

Hablaba una guerrera que estaba cansada de luchar por un lugar que se había ganado con esfuerzo.

Esa era la situación; no pedía privilegios, solo una oportunidad. Una sola. Para demostrar quién era.

Ella sabía perfectamente todo su potencial y claro, los títulos que llevaba bajo el brazo.

Aunque no quisiera aceptarlo del todo, sabía que el mundo no siempre premia el esfuerzo con justicia.

Y mientras seguía acumulando conocimientos, invirtiendo un dinero que tantas copas y habitaciones le costaron servir o limpiar, se hacía una pregunta inevitable:

¿Para qué?

La respuesta era sencilla, ella aún no lo sabía. No tenía tiempo de meditarlo.

Comer, pagar facturas, sostener un hogar… eso no se hacía con magia. Fue entonces cuando tuvo que elegir.

No entre lo fácil y lo difícil, sino entre el hambre y el orgullo.

Con su título en mano… y el delantal también.

Se ponía los guantes de limpieza con las mismas manos que sostenían libros de anatomía, criminalística y tanatopraxia.

Con las mismas manos que escribía trabajos de investigación más elaborados que los que muchos profesores habían leído en toda su vida.

Esas manos que sin importar lo que hicieran, siempre estaban bien cuidadas, aunque ya no fueran las mismas después de tanto esfuerzo físico.

Esas mismas manos que limpiaban y preparaban cuerpos fríos con respeto y técnica, porque es agente funerario, tanatopractora con especialidad.

Y, a su vez, esas mismas manos recogían colillas del suelo, cambiaban sábanas manchadas, soportaban órdenes secas de huéspedes altaneros o que simplemente llegaban a mirarla con desprecio y negaban hasta un saludo cuando ella les hablaba con cortesía, estos que jamás imaginaron que aquella «simple camarera» había dado conferencias, estudiado maestrías…

Que era capaz de prepararlos si el destino así lo decidía para su último adiós.

Porque tenía los conocimientos para realizar procedimientos funerarios, para tratar con el más allá mientras la vida seguía ignorando su valor en el presente.

Por eso nunca se debe minimizar a nadie.

¡Es irónica la vida!

Había algo morboso en ese contraste.

A veces se sorprendía observándose en el espejo del baño de alguna habitación que estuviese limpiando, con el uniforme pegado al cuerpo por el sudor, el cabello atado de cualquier forma y se preguntaba:

«¿Esta soy yo?».

Sí, lo era.

Era ella en su forma más cruda, más desnuda de vanidades, más humana.

Era ella sobreviviendo con dignidad en un mundo que no tiene piedad con los soñadores.

Sin embargo, nunca se entregó al rencor.

No permitió que el daño, la frustración, el desprecio disfrazado de indiferencia, el olvido de sus méritos, la volvieran pequeña.

Al contrario.

Fue en esos días sirviendo mesas con la sonrisa cansada, pero firme donde nació su verdadera vocación por triunfar.

Porque incluso humillada por el sistema, explotada por empleadores que no veían más allá del delantal, ella solo quería salir adelante por sus cualidades, no por ego. No por demostrar nada a nadie.

Quería triunfar por y para ella, porque sabía que lo merecía. Porque merecía algo mejor.

Porque su historia no podía terminar en una habitación de hotel, ni en una cocina llena de gritos, o tal vez en una barra podrida a cerveza.

Porque la mujer que había sobrevivido al desprecio, al abandono, al maltrato generado por la violencia y a la soledad, no había llegado tan lejos para ahora conformarse con solo dedicarse a lo que hubiera.

En cada cama tendida, en cada plato recogido, en cada cóctel preparado durante las jornadas interminables, ella estaba sembrando.

No flores.

No fortuna.

Sembraba carácter.

Y aunque el mundo no la mirara, ella seguía caminando segura de que algún día el título y el delantal serían parte del mismo relato; el de una mujer que nunca se rindió, aunque todo a su alrededor le dijera que lo hiciera.

Cada día, al volver a casa, se quitaba el delantal y lo dejaba colgado junto a la puerta.

A veces, al pasar por el salón, abría la carpeta y miraba los diplomas. No por nostalgia.

Sino para recordarse a sí misma que todo eso no había sido en vano. Que seguía siendo ella, aunque el mundo aún no supiera dónde colocarla.

Así seguía con el título en la mano y el delantal también., pero con el corazón intacto.

Y la mirada firme.

A veces se preguntaba si el destino tenía un fetiche con las contradicciones, la camarera culta, la intelectual con bandeja en mano, la mujer que podía citar a Foucault mientras servía una cerveza bien fría.

Había días en los que, mientras limpiaba mesas, pensaba que, si llegaba a escribir un libro, el primer capítulo se titularía: *Me follé la esperanza, pero me dejó su apellido.*

Porque sí, la vida se la había follado sin preámbulos ni consentimiento, una y otra vez.

Pero ella… ¡ Ella aprendió a devolvérsela con elegancia, con sonrisa torcida, labios pintados, delineado de ojos y el coraje intacto.

Porque en un mundo que ni siquiera se dignó a leer su currículum, vivir con estilo ya era una forma de rebeldía.

Y entre turno y turno se reía a carcajadas. Porque la risa era suya, sagrada, innegociable.

No se le quitaba ni el cansancio, ni las decepciones, o las suelas hechas trizas.

Aunque el delantal le tapara la cintura, su mente seguía siendo más filosa que cualquier cuchillo de chef.

No, no era solo una camarera.

Era una mujer culta, aguda, irresistible, y con más ovarios que muchas oficinas llenas de corbatas y diplomas colgados.

Así que sí, el título seguía en la carpeta y el delantal en la puerta.

Pero el alma… Su alma estaba firme, despierta y hambrienta de futuro.

Porque hubo trabajos que no solo le robaban las horas, sino que le erosionaban el corazón.

Lugares donde la sonrisa se le secaba en la comisura y el cuerpo le pesaba como si arrastrara la vida de otra.

Al principio resistía, como tantas personas.

Se decía: «Esto es transitorio», «Algo es algo», «Las facturas no se pagan solas», pero con cada frase de consuelo, algo dentro de ella se encogía.

Hasta que un día, dijo «ya no». Se hartó.

Y cuando una mujer como ella se harta… no hay sistema que la detenga. Empezó a marcharse; sin escándalos, sin gritos.

Dejaba el uniforme doblado sobre la mesa de los lugares donde la desvaloraban o humillaron y se fue con la misma elegancia con la que aprendió a despedirse de los amores que le apretaban el alma.

Se fue porque no estaba dispuesta a quedarse en ningún sitio que le robara la paz, que la hiciera dudar de su valor, o que la obligara a apagar su luz para no molestar a nadie.

Decía que era como el buen vino, mientras más tiempo pasaba, más selectiva se volvía.

Y claro, ya no tenía veinte.

Tenía cicatrices cerradas, una autoestima blindada, sabiduría acumulada y unas piernas preciosas, aunque delgadas, que sabían perfectamente hacia dónde no volver.

Más de una vez le preguntaron por qué dejaba trabajos que «no estaban tan mal». Ella respondía con una sonrisa y un toque de ironía:

—No estaba tan mal… hasta que me dolía el amor propio y dejaron de estar bien.

La salud ya no se tocaba.

La dignidad, menos.

Y si tenía que elegir entre estar agotada o estar en paz, ya sabía cuál era la respuesta.

Porque una mujer reconstruida no se conforma con sobras ni con ambientes envenenados.

Una mujer reconstruida no pide permiso. Se cuida.

Se elige.

Y se va cuando tiene que irse.

¿Y saben qué es lo mejor? Que cada vez que se iba, no se iba sola. Se llevaba consigo su paz, su orgullo… y un pequeño suspiro ajeno.

Porque siempre había alguien que, al verla marchar, se preguntaba por qué dolía tanto su ausencia.

Hubo un tiempo en su vida en que dejar un trabajo le parecía un fracaso.

Ahora dejar un trabajo que le robaba la paz era su acto más radical de respetabilidad personal.

Ya no se explicaba demasiado.

Ya no lloraba en los baños ni se tragaba el nudo en la garganta mientras fingía estar bien.

Cuando algo comenzaba a oler a estrés crónico, a abuso disfrazado de compañerismo, a exigencias absurdas o a ese ambiente donde olvidan que una mujer también siente, respira y se cansa… ella se iba.

Sin dramas, sin portazos.

Como se van las mujeres que entendieron que quedarse a veces cuesta más que marcharse.

Doblaba el delantal.

Lo dejaba como una nota breve sobre la mesa.

Tomaba su bolso, su dignidad y sus caderas, esas que sabían retirarse con la misma elegancia con la que llegaron y salía caminando del lugar con su valor más alto: su dignidad.

De fondo le quedaba siempre la sensación deliciosa de haber elegido su paz por encima de cualquier nómina.

Había aprendido que su salud mental no era negociable.

Que los dolores de espalda, el insomnio, los nudos en el estómago y esa sensación de que los días se le escurrían sin sentido… no formaban parte del contrato.

No más.

Porque ella, que había reformado su vida desde los escombros, que se había levantado de donde muchas ni siquiera logran salir, no iba a venderse por un salario mal pagado ni por una palmadita en la espalda.

Ahora tenía un lema claro: «Si me quita la paz, ese delantal no me lo pongo. Y si me roba la risa, no me quedo».

Claro, más de uno la veía salir con ese andar de mujer que sabe lo que vale y pensaba que era altiva.

Pero la verdad es que no era así.

Ella era libre. Y eso… eso sí que les jodía.

Pero a pesar de todo, nunca permitió que el desencanto la venciera.

Sabía que su valor no se medía por el uniforme que usara, porque con el título en mano o con el delantal puesto, seguía siendo la misma mujer fuerte, perseverante y digna que un día decidió no rendirse jamás.

Hasta que un día, sin mirar atrás y después de años intentando, buscando oportunidades y gracias a las recomendaciones de otros, ella empezó a escribir su libro; un escrito basado en su propia vida, sin inventar ni una palabra, protagonizando cada historia narrada.

¿Se haría famosa? No lo sabía.

¿Lo publicaría? ¿Se vendería? Ni idea.

Pero ella tenía claro que su historia sería conocida, porque había decidido marcar su nombre en el tiempo y con el solo hecho de haberlo escrito ya se sentía exitosa.

10

La cama no es tan grande
cuando no se comparte con el miedo

De todo lo que iba viviendo, ella estaba enfocada en lo que quería para su vida. Sabía muy bien lo que ya no deseaba y eso era lo más importante.

Con cada caída se daba cuenta de lo fuerte que era, de lo trabajadora que se había hecho y eso se notaba.

Sobre todo, para esos hombres cómodos que creían haber encontrado una presa fácil: «Sola, vulnerable; esta cae rápido y de paso, me ayuda con las cargas».

Como si sus propias cargas no fueran ya bastante pesadas, pero ella no perdía tiempo ni sufría agonías innecesarias.

Sin piedad alguna, dejaba ir lo que no le servía.

Cada hombre que llegaba era más indescriptible que el anterior y ella se encargaba de dejarlos claros desde el principio, porque no buscaba ni necesitaba a ninguno. Iban llegando mientras ella, sigilosa, los espantaba.

Sobre todo, cuando eran manos sueltas, esos pulpos que solo buscan un hueco para usarlo como trinchera.

Nada de eso significaba que no le gustara el amor. ¡Sí le gustaba!, pero no a cualquier precio.

No si tenía que cambiar su esencia para entrar en la vida de alguien.

Después de tanto, había descubierto algo que no enseñan en los libros ni en las películas románticas, pues estar sola podía ser glorioso.

Para ella lo era… Y lo sigue siendo.

La libertad de dormir atravesada en la cama, de dejar los zapatos tirados donde le diera la gana, de llorar o reír sin que nadie le preguntara: «¿Ahora qué te pasa?».

No tenía que explicar sus cambios de humor, ni pedir permiso para ponerse *sexy* un lunes solo porque sí.

No esperaba mensajes, ni se quedaba con hambre de cariño, ni discutía con su reflejo en el espejo por haber amado mal y haber vuelto a equivocarse.

Estar sola para ella no era un fracaso; al contrario, era su revancha, su paz pactada, su conquista silenciosa.

Se sentía bien, porque, por fin, se escuchaba.

Porque había vuelto a ser dueña de su cuerpo, de su tiempo y de sus ganas.

Ya no tenía que negociar su descanso, ni compartir la almohada con un fantasma de hombre que no sabía quererla.

A veces le decían:

—Con lo guapa que estás, ¿cómo es que no tienes a nadie?

Ella solo sonreía, con esa sonrisa que ya no daba explicaciones, porque se dedicaba a ser feliz y respondía:

—Porque tengo todo lo que necesito… y a veces, incluso más.

Había noches en que se acariciaba el alma.

Se preparaba una cena deliciosa para ella sola o en compañía de sus hijos, con su música predilecta y sus piernas al aire.

Y no, no se sentía sola. Se sentía suya.

El amor, si llegaba, tendría que encontrarla así de completa.

Ahora, si alguien quería entrar, tenía que entender algo esencial: «Ella ya no se compartía con el miedo a que esta vez tampoco funcionara».

Y la cama, ay… esa cama grande, llena de paz, era el santuario donde dormía una reina.

Sin corona, pero con alma de fuego.

Las noches eran más largas de lo que parecían, no porque el reloj se detuviera, sino porque su mente no descansaba en ocasiones cuando ella así lo decidía.

Dormía sola, ¡sí!

El otro lado de la cama permanecía intacto, sin huellas, pero no por eso su mente estaba vacía; al contrario, en ocasiones se pensaba acompañada.

Acompañada de recuerdos, de preguntas sin respuestas, de heridas que ya no dolían, aunque nadie las viera en su momento, también de ganas que saciaba sin reprimirse porque aprendió a llenarse de placer.

Se acostumbró a ese silencio como compañero; no lo buscó, pero lo hizo suyo. Al principio, cuando ni ella misma sabía lo que quería, llegó a rechazarlo.

El eco de su respiración le recordaba que estaba sola, que no había nadie abrazándola; sin embargo, ella podría tener allí a quien quisiera, solo con imaginarlo o al tener sus maravillosas remembranzas.

Esa misma respiración cambiaba en segundos a algo más excitante, donde el placer no saciaba a una mujer que aprendió a ser tan suya que disfrutaba su sexualidad a plenitud.

Lo mejor era que ningún personaje tenía que inventarlo, pues lo había tenido y disfrutado.

Estaba segura de que muchas veces su presencia también estuvo en los recuerdos de alguien, mientras besaba o hasta hacía el amor a otra.

Era entonces, entre sábanas frías por el invierno y pensamientos calientes como el verano, cuando revivía escenas.

Es cierto que algunas le producían nostalgia o recuerdos tristes de un pasado alegre; también venían recuerdos hermosos como una ganancia, un impulso y hasta un escape en tiempo de amargura que ya no existía gracias a su fuerza y determinación.

Ese hermoso que la vida se llevó demasiado pronto, pero que vivió intensamente sus encuentros con ella por largas jornadas llenas de ternura, pasión, deseo y de interminable sexo delicioso de domingos enteros, mientras que en el que debería ser su hogar era totalmente invisible.

Por eso, ya no temía que su cama estuviera vacía, porque su mente no lo estaba. Aprendió a hablarse a sí misma, a calmar sus propias tormentas, a cerrar heridas con las manos temblorosas de quien ha sido fuerte toda su vida.

Pensaba en sus hijos, en su madre, en todas las veces que dijo «Estoy bien», cuando no lo estaba.

Pensaba en su cuerpo, que aún sentía —¡y de qué manera!—, aún deseaba, pero que ya no se entregaba a cualquiera.

Porque ahora entendía que amar no era sinónimo de sufrir y que su piel merecía caricias limpias, no promesas sucias.

Dormía sola, sí, pero no vacía.

Pues en el fondo, cada noche se acompañaba de lo más valioso que le quedaba.

Su propia compañía, su dignidad intacta, su esperanza rescatada, su fuerza reconstruida pedazo a pedazo.

Y eso, aunque a ratos doliera, también era amor. Ella se tenía a sí misma ¡y vaya que se bastaba! Había aprendido a celebrarse.

No con fuegos artificiales, sino que ahora sí celebraba sus victorias, hacía publicaciones motivacionales demostrando que sí se puede lograr lo que se propone cada uno cuando se hace con firmeza y sin rendirse.

Ella se celebraba en silencio… hasta en ropa interior bonita, aunque no hubiera nadie para verla, también ha de confesar que segura está que todavía los que han llegado a verla así la recuerdan y no es vanidad, es verdad pura, se lo han dicho más de una vez, pero ahora es ella la que no tiene interés.

Porque una mujer que se gusta estando sola es peligrosa.

Peligrosamente libre; peligrosamente feliz, peligrosamente selectiva y lo más importante, peligrosamente atractiva.

Cada pequeña victoria la saboreaba como quien chupa una cucharada de dulce de leche a escondidas.

Encontrar una oferta en el súper o quitarse el sujetador al llegar a casa.

Pasar a poner combustible a su coche y que nadie le dijera nada como de dónde vienes o por qué tardaste en llegar; era un triunfo que no se medía con nada, porque se notaba que ya no toleraba imbecilidades… Todo eso era su forma de ganar.

Había aprendido a preparar todo para una sola persona como si esperara visita. Porque, ¿quién dijo que lo bonito solo es para cuando hay testigos?

Se servía el vino en copa, no en vaso de yogur reciclado. Se ponía música.

A veces cenaba desnuda, como quien está de luna de miel con su libertad.

Se hablaba con cariño, se guiñaba un ojo al espejo.

Se daba permiso para equivocarse sin hacerse un juicio.

Había días que no se depilaba si no le apetecía y otros en los que se sentía diosa, hasta con pijama y mascarilla verde en la cara.

Había descubierto que el verdadero placer era poder elegir todo sin pedir permiso, desde el canal de la tele, hasta el ritmo del orgasmo, porque sus consoladores no los pedía con menos de diez velocidades.

Y en las noches, cuando nadie la miraba, se tocaba. Se tocaba la piel, el alma y los pensamientos.

Porque también se había reconciliado con eso, el placer propio no era plan B. Era su primera opción siempre.

Y si alguien llegaba, que viniera con ganas de darle lo que ella misma no pudiera darse, y eso era muy difícil; de no ser así, que tampoco llegara a interrumpirla.

Que se quite el que venga a desordenarle el clóset emocional si no trae ni perchas nuevas.

Incluso había creado una rutina nocturna sagrada, baño largo, vela encendida, aceite en la piel, susurros suaves a media luz.

Se hablaba como a una amante nueva, con respeto, deseo y dulzura. «Mírate nomás… y pensar que hubo quien no supo qué hacer contigo». Ya no tenía miedo al silencio.

Lo disfrutaba.

Lo llenaba con su risa, con sus ideas, con series a las que ella decía que pasaban en la vida real y que veía sola por horas, tumbada en su sofá…

Con esos monólogos internos que si alguien los oyera, pensaría que vive con una actriz, una *coach* de vida y una comediante… todo en una.

Reflexionaba mientras se untaba crema en las piernas:

«¿Cómo pude pensar tanto tiempo que estar sola era estar incompleta, cuando ahora me siento más entera que nunca?».

Le habían vendido el cuento de que una mujer sola era una mujer rota. Qué ironía.

Ella había tenido que romperse para poder estar sola y entonces sí, encontrarse de verdad.

Ahora se quería tanto que a veces se daba celos de sí misma. Y no por narcisismo.

Sino por autoconocimiento.

Porque sabía todo lo que valía, todo lo que aguantó y todo lo que merecía.

Porque se había convertido en su propia cómplice, su mejor amante y su amiga más fiel.

A veces, solo a veces, soñaba con él. Con ese innombrable.

El que no se menciona porque todavía provoca sonrisas y un leve escalofrío en la nuca.

Ese amor que, aunque ya no dolía, seguía apareciendo entre sueños como quien no sabe irse del todo.

Era innombrable, no porque fuera prohibido, ni por dolor.

Sino porque había sido de esos amores que no se nombran, sino que se sienten. Amores que dejan un tatuaje invisible, justo entre la piel y el recuerdo.

No dolía la verdad porque una mujer como ella que se había reconciliado con su pasado y que además no alberga rencor en su corazón solo recordaba lo bonito que había recibido.

Pero qué sabroso era recordarlo cuando el sueño lo traía de regreso. Además, porque si lo nombra… podría desatar la tercera guerra mundial.

Y sería mejor dejar las cosas tranquilas, «entonces para qué crear conflictos», pensaba entre risas.

Soñaba con sus manos, con ese beso que un día la desarmó sin pedir permiso.

Con ese sexo en la habitación número 8, de ese hotel de carretera, donde el sexo oral fue maravilloso y el comienzo de lo que fue devorarse vivos, una ducha después del trabajo y continuar.

Recuerda que una vez él había planeado su encuentro con la música que había preparado en un CD y un *whisky* que tanto le gustaba, sin embargo, esa noche, que prometía uno de los mejores momentos, fue pospuesta porque a alguien le falló el corazón y tuvo que hacer de niñero.

Sin mencionar esos momentos donde la lujuria y el temor de ser sorprendidos por algún compañero encendían de placer a estos dos que, según las malas lenguas y hasta la cobardía de él mismo, para algunos, nunca fueron nada; porque a otros sí se lo reconoció y hasta les contó su historia como fue al señor que vendía los dulces cada semana, por ejemplo.

Ella recordaba sus conversaciones entre sábanas, tantas cosas que al final no se dieron.

Hay muchos silencios compartidos que ya no pesaban.

Soñaba con cómo la miraba, como si tuviera en los ojos la clave de algo que ni ella misma sabía que buscaba.

Había noches en las que, sin querer, lo revivía con todo detalle, el olor a café, sus dedos enredados en su cintura, ese momento exacto en que le decía algo al oído y ella fingía no temblar, cómo le tocaba las nalgas en el comedor a pesar de no dirigirse palabra y es que como había dicho eso fue un amor-odio indescriptible.

Y al despertar… ya no sentía nostalgia. Ahora sonreía.

Se estiraba.

Se acariciaba el cabello mirando al techo y pensaba: «Mira tú… otra vez vienes a alegrarme el día, bandido», susurraba entre sábanas, mirando al techo como quien agradece al universo por una visita nocturna no pactada.

Aparecía sin previo aviso.

Una escena fugaz con su voz diciéndole algo que solo ellos entendían. Una carcajada compartida en medio de una conversación absurda.

Esa forma tan suya de mirarla de reojo, como si supiera que tenía el poder de hacerla olvidar el mundo.

El sueño no era siempre claro, pero sí vívido.

Podía sentir sus manos rozándole la espalda, la respiración entrecortada de una noche en la que el deseo se desbordó sin horario.

Recordaba ese beso.

Ese beso que, por tantos años, le sacaba lágrimas de dolor al recordarlo y ya no poder besarlo.

Ese beso que no estaba en el guion.

El que sucedió cuando ambos sabían que no debían.

El que le robó la razón, la ropa… y le despertó partes del alma que ni sabía que estaban dormidas.

Ella lo recuerda ahora con una sonrisa y un calorcito entre las piernas.

Había aprendido a convivir con ese recuerdo sin que le apretara el pecho. Ya no lo necesitaba, pero se permitía recordarlo.

Porque ese amor, aunque no fue para siempre, fue de los que enseñan, encienden y dejan marca.

Como esos libros que uno no lee, pero tampoco presta.

Esos días, cada vez que se asomaba al balcón y sentía el sol tibio en la cara, pensaba en él.

En lo que fue, en lo que ya no sería... y se reía. No con tristeza. Sino con picardía.

Como quien tiene un secreto rico guardado en la piel.

Antes, su ausencia la rompía.

Ahora, su recuerdo la erizaba, aunque él no lo merecía, claro está.

Había aprendido a amar lo que fue sin quedarse atrapada en lo que no sería. No necesitaba volver, ni buscarlo, ni entender nada.

Ese amor ya no era herida, era anécdota. No era cadena, era chispa.

Un capítulo alegre que no necesitaba secuela.

Porque no todas las cicatrices duelen.

Algunas hacen cosquillas si las tocas con memoria.

Y ella... ella ya no se lamentaba por lo que no pudo ser. Se deleitaba con lo vivido.

Lo que tuvo, lo que sintió, lo que la hizo temblar y lo que duró.

Ese hombre, ese innombrable, se había convertido en su secreto sabroso. El que no se cuenta en voz alta, pero se guarda como un perfume caro.

Solo para momentos especiales.

Como esas noches en que se servía algún trago y se decía, riendo: «Qué buen error cometí contigo».

Pero la reflexión al despertar era otra. Ahora, ella ya no lo extrañaba. Ya no lo deseaba.

Solo disfrutaba su recuerdo.

El bandido seguía apareciendo en sus sueños, sí, pero ya no le robaba el alma. Ahora solo le daba un toque de picardía, como una vieja historia que se cuenta con cariño.

Sí, con cariño a pesar de los daños.

Porque lo más valioso que se mantuvo intacto en ella era eso, el no guardar rencores.

Al contrario, ser una mujer agradecida.

Y a él le agradece todo cuanto le hizo, porque en lo bueno la hizo feliz y en lo malo… la enseñó a valorarse y saber poner distancia con cada uno que se acercaba indebidamente.

Y así, entre sueños, recuerdos húmedos y mañanas con sol en la cara, se dio cuenta de que no había mejor forma de cerrar el capítulo que con una sonrisa en los labios y la certeza de que lo vivido… no fue en vano.

Fue placer. Fue fuego. Fue suyo.

Y eso le bastaba.

Aunque a veces pensaba:

«¿Qué habrá sido de ti?».

No necesitaba saberlo.

Había llegado a enterarse de alguna manera que él había encontrado a alguien. Una mujer.

Una mujer que, al parecer, se parecía a él en tantas cosas.

Quizás en sus inseguridades, en sus miedos, en su forma de amar a su modo.

O tal vez en su falta de perspectiva para ver a las personas por lo que realmente eran.

Quizás… a ella nunca la valoró porque a veces, cuando uno se encuentra algo tan fuerte, tan real, tan distinto a lo que uno cree merecer… se asusta o, en el caso de este caballero, se confunde.

Ella pensaba en eso con una mirada traviesa. Fue así como el círculo se cerró solo.

Quizás no fue el destino quien los separó, sino simplemente las expectativas mal puestas.

Quizás él había encontrado a alguien con quien se sentía cómodo. Alguien que no lo retaba, que no lo desnudaba más allá del cuerpo. Alguien que no le exigía más de lo que él estaba dispuesto a dar.

Entonces, la reflexión tomaba otro giro.

¿Quién de los dos se aprovechaba de quién en esa nueva relación?

Ella no lo sabía.

Ni le importaba.

A esas alturas, lo único que le quedaba claro era que su valor nunca dependió de él. Ni de nadie.

Quizás ahora él había encontrado algo más fácil, algo que no le hiciera cuestionarse su propia libertad.

Y ella… Ella había aprendido a ser tan completa, a estar tan viva, que ya no necesitaba a nadie para sentirse entera.

Porque quien sabe lo que vale, nunca más vuelve a ponerse en rebaja.

A veces, las personas que te rodean no saben lo que tienen hasta que lo pierden, así dice el dicho.

El amor se había ido, pero lo que quedó fue mejor, un suspiro profundo y la certeza de que aunque él nunca la quiso como debía, ella sí se valoró lo suficiente como para entender que su historia no se acababa con esa despedida.

Y si algún día lo recordaba, lo haría con un gracias por ese mensaje cuando lo necesite, por ese beso como regalo de Navidad y por cada palabra que le dio vida, pero muy segura que le diría:

—Buen intento, bandido por aparecer en mis sueños…, pero te quedaste atrás.

Así, entre recuerdos juguetones, sueños inesperados y la quietud de un nuevo día, se dio cuenta de que al final se había quedado con lo mejor de la historia y fue su propio amor, su propio respeto, su propia libertad.

Lo demás… era solo una remembranza más de sus vivencias.

Ella no necesitaba un final de cuento, porque ya vivía como quería, sin guiones prestados, sin culpas heredadas, sin autorizaciones de nadie.

Se había quedado con algo mucho más valioso que cualquier amor fugaz; se había quedado con ella misma.

Y eso, ahora lo sabía, no era el final. Era el verdadero comienzo.

Ya existía un camino por recorrer con páginas en blanco para hacer lo que quiera. Se dedicaba a hacerse feliz.

Había llegado a un punto en el que comprendía que la felicidad no era un destino, era una forma de vivir.

Y que, si bien hubo demasiados momentos de sombra, ahora sabía cómo abrazar la luz sin que nadie más decidiera cuándo era su turno de brillar.

Con cada paso que daba, con cada elección que hacía, ella reafirmaba su independencia.

No dependía de los demás para definirse, para sentir su valor.

Ya no tenía miedo a la soledad, porque había aprendido a estar en su propia compañía sin ansiedad ni desesperación.

La sabiduría llegó en dosis pequeñas, en las mañanas lluviosas, en los silencios reconfortantes, en los momentos en que reflexionaba y se decía con una sonrisa: «Yo soy mi mejor decisión».

No le importaba lo que había quedado atrás.

Lo había agradecido por lo que había sido para ella, lo había dejado ir con melancolía al principio, como quien se despide de un amigo que te deja una buena historia, pero que no formará parte del futuro.

Porque, al final, lo único que quedaba claro era que nadie, ni él ni nadie más, tendría jamás el poder de determinar su valor.

Lo que vivió le enseñó una cosa importante, y fue que su amor propio no dependía de nadie más.

Que podía tener momentos débiles, pero siempre saldría fortalecida.

Así que, mientras él encontró a alguien más, ella encontró su mejor versión. Y eso, en su mundo, era todo lo que necesitaba.

Fue entonces cuando supo levantarse con la cabeza en alto, una energía inquebrantable, un positivismo que no se acababa a pesar del día a día.

Porque sabía algo que nadie le podría arrebatar:

«Ella ya no dependía de ningún afecto para sentirse amada. Era su propia reina, y el reino lo había construido solo a ella».

Porque la libertad también es eso; poder recordar lo bonito sin quedarte atrapada. Poder soñar sin buscar, poder amar sin que duela hasta respirar.

Entendía que la vida también se goza con lo que ya no está.

Estaba tan en paz con su reflejo, que ya no aceptaba sobras de ningún tipo. Ni laborales, ni amorosas, ni emocionales.

Aprendió que no todo lo que atrae merece su tiempo.

Y que no hay nada más erótico que una mujer que se elige a sí misma todos los días.

Así, con humor, crema corporal y mucho entusiasmo, había encontrado algo que pocos encuentran, una relación estable…, pero consigo misma.

¡Y vaya que ahora sí estaba bien atendida!…

11

El arte de no enamorarse
del primer idiota que la haga sonreír

En algún momento de su vida ella relacionaba una sonrisa con una promesa y se aferraba a ella como una tabla de salvación.

Una mirada tierna le parecía un compromiso, una caricia le sabía a eternidad y un mensaje de buenos días le abría la puerta a todo un cuento de hadas que solo existía en la ilusión que conservaba. También es cierto que otras tantas veces se lo hicieron creer con hechos, pero de muy corta duración.

No era ingenua, era humana y estaba herida.

Y cuando una mujer rota encuentra destellos de afecto, suele sentarse a cenar como si le hubieran servido un banquete.

La falta de amor propio es traicionera.

Se ponía lentes en el corazón para ver borrosos a los idiotas que solo le pintaban con esperanza lo que en realidad solo es interés, calentura o aburrimiento ajeno.

¿Ella lo sabía?

En aquel entonces llegó a sospecharlo, pero lo aceptaba.

Ahora sí lo sabe y está segura de que no quiere eso en su vida y tampoco está dispuesta a aceptarlo.

Pero antes… ¡Ay, antes!

Antes bastaba con que alguien le hiciera reír tres veces seguidas para que ya se estuviera imaginando el color de las cortinas del departamento compartido.

Y si encima tenía las piernas cambetas y sabía usarlas… bueno, ya ni les contaba.

¿Era vulnerable?

Sí, mucho, ya todos los que han leído hasta aquí lo saben. Venía de amores que la dejaron hecha trizas.

Tenía hambre de ternura, sed de presencia y antojo de una piel que no la dejara vacía.

Por eso, muchas veces terminó acostándose con promesas disfrazadas de hombres y despertando con decepciones envueltas en mensajes que decían: «No estoy listo para algo así».

Pero siempre creía que ella sí lo estaba.

No para un amor cualquiera, sino para algo que se sintiera verdadero. Ahí estaba el error, buscar el amor donde solo había entretenimiento. Entregar el alma donde apenas daban media hora y un orgasmo egoísta.

Cada vez que alguien le sonreía bonito, creía que había encontrado a ese hombre ideal.

Pues no; era solo otro que sabía cuándo decir «me encanta tu energía», pero que no tenía idea de cómo sostenerla cuando ella necesitaba ser más que eso, ella quería ser mujer, ser compañera, ser fuego y refugio, pero también necesitaba su lugar seguro en la vida de ese alguien.

Sin embargo, aprendió.

Aprendió que no todo el que la acariciaba la cuidaba. Que no todo el que la deseaba la valoraba.

Hubo quienes se acercaban no porque quieran conocer su alma, sino porque quieren entretenerse con su cuerpo hasta que llegue algo «mejor» y no es vanidad; ¿pero si habrán encontrado algo mejor? «Entre risas ella sabe que no es así y ahora los que se conformaban eran otros».

Hasta la comparaban con chicas más jóvenes, porque para muchos hasta mayor estaba ya, como si a los hombres la juventud, la jovialidad y hasta la erección les durara para siempre.

Entonces… dejó de enamorarse del primer idiota que la hacía sonreír. De hecho, ya no se enamoraba y, mucho menos, extrañaba.

Empezó a observar.

A disfrutar sin idealizar, a recibir sin aferrarse, a tener sexo sin hipotecar el corazón. Cuando alguien le preguntaba por qué ya no se ilusionaba con cualquiera, respondía con su media sonrisa de siempre y un guiño pícaro.

«Porque ya conozco el camino… y no pienso tropezar con las mismas piernas cambetas dos veces».

Porque sí, es guapa.

Muy guapa, de esas que hacen girar cabezas sin proponérselo.

De esas que entran a un lugar y el aire se pone espeso, porque su presencia no era de las que pasaban desapercibidas.

Pero, con los años, también había aprendido que para muchos hombres eso no era suficiente… o, más bien, era demasiado.

Para algunos, ya era «mayorcita».

La veían y murmuraban lo típico: «Está buenísima…, pero ya está como para una segunda vuelta», ¿no?

Como si la experiencia fuera una desventaja.

Como si el hecho de no tener veinte fuera motivo de descarte automático. No sabían que sus cincuenta y tantos venían con el combo completo.

Una mujer completa, centrada que sabe lo que quiere en la vida, con orgasmos bien dirigidos, conversaciones sin rodeos y una autoestima que no se deshacía con un «estás linda».

Otros la catalogaban como fogosa apenas escuchaban su acento.

«Ah, ¿eres latina? Uff… tú debes ser un volcán en la cama, ¿no?». Como si fuera un personaje sacado de una fantasía barata.

Como si todo lo que fuera deseo en ella no pudiera ser también profundidad, amor propio, inteligencia emocional.

Y estaban esos otros… los que la miraban como si fuera una trampa.

«¿De qué país eres?».

«Ah… Sudamericana».

«¿Y qué buscas aquí? ¿Tienes papeles o buscas un pasaporte?».

Lo que no sabían estos era que ella sola había logrado ese segundo pasaporte sin necesidad de casarse con uno de ellos o apostar a una vida vacía por el yugo que eso conllevaba.

Ahora tenía dos nacionalidades que también logró sola. Estaban los peores.

Los que la deseaban en secreto, pero juzgaban en voz alta.

Los que proyectaban sus miedos, sus frustraciones y su ignorancia en una mujer que nunca pidió autorización para estar donde estaba.

La creían interesada. La creían oportunista.

Como si amar a alguien de otro lugar fuera siempre parte de una estrategia, como si su corazón tuviera nacionalidad y su cama, fronteras.

Pero ninguno de ellos se atrevía a conocerla de verdad. Ninguno quiso ver más allá de su cuerpo.

La verdad es que a ella no le interesaba.

Más allá de sus curvas, sus labios, su risa escandalosa cuando la soltaba sin cohibirse y sus piernas que caminaban con una seguridad que muchos confunden con arrogancia, pocos querían sentarse a escuchar lo que le dolía o lo que había sanado.

Lo que aún le temblaba por dentro. Porque pocos podían con una mujer así. Ella lo notaba.

Lo veía en cómo le escribían solo por las noches.

En cómo la halagaban por sus fotos, pero nunca preguntaban por sus sueños. En cómo la deseaban tanto, que de igual manera evitaban cualquier profundidad. Es que no la representaba un hombre, porque se tenía a sí misma…

También es cierto que había otros que al conocer parte de su historia porque es enigmática y nunca está totalmente al descubierto, llegaban a admirarla mucho.

Lo mejor de todo es que ella siempre entendió la lección,

«Y es que el arte de no enamorarse del primer idiota que la hiciera sonreír no solo consistía en frenar el impulso… sino en saber identificar quién venía a quererla y quién solo venía a distraerse un rato».

Así que dejó de caer.

Se convirtió en observadora.

Una diosa con binoculares, escaneando intenciones antes de abrir la puerta.

Una mujer que ya no se dejaba embriagar por un simple «me gustas» o «me encantáis», que tanto la derritió en algún tiempo, porque había aprendido que una cosa es gustar y otra muy distinta es querer quedarse.

Si algo le sobraba ahora era la capacidad de quedarse sola antes que mal acompañada.

No porque no tuviera oportunidades. No porque no sintiera deseo.

Sino porque había aprendido, con cicatrices y gemidos vacíos que no todo aquel que calienta las sábanas merece quedarse a dormir.

Redescubrir su deseo fue como volver a pisar tierra firme después de un naufragio.

Antes, su cuerpo era un campo de batalla; lo había entregado con la esperanza de ser amada, lo había disfrazado para ser aceptada, lo había negado para no ser juzgada.

Había fingido tantos orgasmos y también tantas risas para evitar conflictos.

Había jugado el juego de ser *cool*, de no involucrarse demasiado, de no molestar con sus emociones.

Todo por no parecer intensa.

Todo por no espantar al idiota de turno, pero eso… ya era historia antigua.

Ahora, se tocaba por placer, no por soledad, se miraba desnuda en el espejo y no buscaba aprobación ajena, sino conexión propia.

Si se acostaba con alguien, era porque quería, no porque necesitaba gustar. El sexo ya no era moneda de cambio.

Era un idioma que no lo hablaba con cualquiera porque lo más importante era su decisión y elección.

Su territorio sagrado.

Cuando lo compartía, era con la claridad de quien no entrega nada que no esté dispuesta a perder.

Ya no buscaba promesas bajo las mantas.

Solo buscaba verdades: «Piel que respeta, miradas que no mienten, manos que no intentan poseerla, sino a acompañarla».

Su cuerpo había aprendido a decir que no.

Y su corazón, también porque estaba sanado.

Había días en los que el deseo subía como marea y entonces se permitía una noche deliciosa, una charla intensa, unos besos robados en la cocina de alguien que no era parte del plan a largo plazo.

Se debe dejar claro que no fueron cantidades de hombres los que pudieron pasar por su vida; habla de las oportunidades que dio y que ahora no lo hace, a menos que valga la pena, porque una mujer también se siente satisfecha sin un hombre en su cama.

Pero nunca más se quedaba cuando la energía se volvía tibia o mediocre.

Porque una mujer que se ha reconstruido no negocia su paz por una erección que al final podría ser ajena.

¿Romance? Sí, cuando venía con respeto.

¿Sexo? Claro, cuando venía con honestidad.

¿Amor? Solo si era tan libre como ella.

¿Idiotas? No, gracias, ya fueron suficientes.

La diferencia ahora era que sabía discernir.

Ese discernimiento, esa inteligencia emocional ganada con lágrimas y carcajadas, era su mejor armadura.

Ella no era difícil, como decían algunos.

Era selectiva, no estaba amargada, estaba enfocada.

Sabía que a veces los hombres se asustaban cuando no podían controlarla y que otros se sentían intimidados porque no los necesitaban para completarla, es que ella está más que completa y está más que obvio ahora.

Porque a estas alturas, no le interesaba encogerse para que otro se sintiera grande. Si su fuerza y resplandor molestaban, podían mirar para otro lado.

Ella no iba a bajar la intensidad a su fuego solo para que no se sintieran quemados.

Porque, después de tantas caídas, se había convertido en una experta en levantarse.

Y, sobre todo, en mantenerse erguida y caliente, sin necesidad de un hombre a la par.

Una vez, en una de esas noches donde el vino tinto hace su magia y las piernas se cruzan con ritmo propio, conoció a uno. ¿Guapo? Sí, o al menos, lo suficiente como para desear quitarle la camisa con los dientes.

La miraba como si la leyera entre líneas, como si por fin alguien tuviera interés genuino.

Ella, con su nueva filosofía de «no idealizar ni aunque venga en traje de gala», decidió fluir; nada de expectativas, solo sentirse bien.

La charla se volvió coqueta.

La música de fondo, escandalosamente sugerente. Las copas, peligrosamente vacías.

Él se acercó y le dijo:

—Eres intensa…, pero eso me encanta.

Y ella, sin despegar la mirada, le respondió con su voz grave y serena:

—No soy intensa, cariño. Soy selectiva… y tú todavía estás en fase de prueba.

Él se rio, nervioso.

Ella no, porque ya no jugaba.

Terminaron en casa de él, porque la suya es su templo y no estaba dispuesta a profanarlo por ningún hombre.

No hubo discursos, tampoco promesas. Sin fantasmas.

Solo dos cuerpos que se entendían… o al menos, intentaban entenderse.

Pero bastaron veinte minutos y una torpeza emocional postsexo, disfrazada de «¿tú qué estás buscando?», para que ella se diera cuenta de que no había nada ahí. Nada que alimentar.

Nada que hiciera vibrar más allá de lo físico y solo por unos instantes.

Así que se levantó, se puso su vestido y mientras él seguía recostado como quien espera un premio por haber llegado a la meta, ella dijo sin rodeos:

—Gracias, guapo, pero yo ya estoy en otra etapa… en la que sé distinguir una erección de una conexión.

Él la miró, confundido.

Ella le guiñó un ojo, abrió la puerta y sin más le dijo:

—Cuídate, que estés bien, te dejo que estamos en verano y debo encontrar *parking* porque eso sí que es complicado y me quita tiempo.

Ese fue justo el momento que ella entendió que había dominado el arte de no enamorarse del primer idiota que la hiciera sonreír.

Porque no se trataba de rechazar el placer.

Se trataba de no entregarse entera a quien no tenía ni la intención de estar. Esa noche, entre sábanas revueltas, ella se sintió más mujer que nunca.

No por haber estado con él, sino por haberlo despedido sin sentir que perdía algo. Ya no soñaba con príncipes, ni con finales felices.

Soñaba con mañanas en calma, cafés sin prisas, orgasmos compartidos y despedidas sin culpas.

Soñaba consigo misma, con su paz, con su cama oliendo a lavanda y no a sudores ajenos que no la dejaban llena.

A veces, muy de vez en cuando, soñaba con alguien y no entendía la repetición del mismo personaje; pero como la hacía reír, no le importaba que apareciera.

Sí, ese innombrable.

Ese que una vez la tuvo temblando de amor, de rabia, de deseo y de dolor.

Soñaba que volvían a encontrarse, como en esas películas que uno ya se sabe de memoria, pero igual quiere ver hasta el final.

Soñaba que la miraba con esos ojos suyos, que le decía algo suave al oído y que volvía a besarla como aquella vez, esa vez que ni siquiera esperaban que pasara…, pero pasó.

Y de qué manera…

—Bandido… cómo besabas.

Y cómo se reía ella ahora.

Porque eso era todo lo que quedaba: «Un buen recuerdo sin ninguna necesidad». Ya no lo extrañaba.

No porque se hubiera vuelto de piedra, sino porque había aprendido a amarse tanto, que ningún recuerdo podía competir con la realidad de una mujer libre.

Él… encontró a una que se parecía a él. Dos espejos rotos haciéndose promesas que sabían no podían cumplir.

Nunca la valoró, porque nunca pudo, o quizás no supo verla.

Quiso la versión de ella que se acomodaba a su ego, no a la que ahora brillaba sin necesitar aprobación.

Y aunque en sus noches más solitarias a veces él recorría sus sueños, ella no lo buscaba.

Porque entendió que no todo lo que dolió fue amor y no todo lo que la hizo vibrar merecía quedarse con ella.

Eligió quedarse consigo misma.

Con sus cicatrices, sus risas a medianoche, sus vibradores de emergencia y su *playlist* de reguetón sucio mezclado con baladas cortavenas.

Se quedó con su cuerpo amado por sí misma, con sus límites bien puestos, con su boca afilada y su corazón en proceso.

Porque una mujer que ha vuelto a nacer ya no quiere cuentos. Quiere hechos.

Quiere paz con sabor a vino tinto y sexo sin culpa.

Quiere un compañero, si es que llega, que no se asuste si ella triunfa…

O que si se asusta, al menos se atreva a quedarse a mirar cómo lo hace y a festejarlo con ella.

Pues si no llega nadie que esté a la altura, que no se preocupen… Ella ya sabe a no esperar ni a necesitar a alguien a su lado.

Sobre todo, aprendió a valorar su tiempo consigo misma, esa tranquilidad que le regalaba su soledad por decisión, no por escasez de ganas ni de quienes quieran satisfacerlas.

Vivía con orgullo cada uno de sus logros y con un deseo inquebrantable de seguir viviendo a su manera fuerte, ardiente, libre y jodidamente valiosa.

12

Las mil mujeres que fue
antes de ser ella misma

Ella fue todas esas mujeres. Y, a veces, no era ninguna.

Era la que se levantaba temprano sin ganas, pero con la obligación de marcar el paso.

La que lloraba a escondidas en el baño para que no la escucharan sus hijos, los vecinos, ni siquiera ella misma.

Era la que sonreía mientras por dentro sentía que se rompía en partes, como si la vida le estuviera desarmando el alma a cachitos. Y, aun así, seguía.

Siempre seguía.

A veces no sabía quién era, pero sí sabía lo que no podía permitirse y era no desfallecer.

No era una opción.

Ni por ella, ni por los que dependían de su energía, mucho menos por ese fuego interno que ni el cansancio había logrado apagar.

Había sido tantas a la vez que a veces se perdía, fue la mujer que se creía fea y después descubrió que era deseada.

La que se creyó amada y era apenas necesitada.

Eso sí... Ella nunca ha sido olvidada para bien o para mal.

La que trabajó como si su cuerpo no doliera, como si su corazón no suplicara un respiro.

La que lavaba platos a pesar de tener varios títulos universitarios y era tratada por muchos ególatras como su criada aunque ellos ni tenían un diploma en sus tierras.

La que sonreía en las fotos mientras por dentro peleaba con la ansiedad y el insomnio.

Cada faceta la fue tallando.

Cada caída la enseñó a aterrizar mejor.

Cada traición le afiló el instinto.

Cada vez que pensó «No puedo más», apareció una fuerza en su pecho que ni ella sabía que tenía para levantarla otra vez.

No era magia; era supervivencia.

Esa mezcla de dignidad y terquedad que tienen las mujeres que se han salvado solas.

Había días en que el espejo no le devolvía una imagen clara.

—¿Quién soy ahora? —se preguntaba mientras se recogía el cabello, mientras ajustaba el sostén, mientras se ponía el uniforme de ese trabajo que nada tenía que ver con sus sueños, pero cubría las necesidades económicas.

Pero luego, se miraba los ojos.

Ahí estaban todas esas mujeres, las que lloraron, las que rieron con rabia, las que se arrastraron, las que se pusieron de pie, incluso cuando sus piernas no le ayudaban por tanto dolor.

Porque sí, estaba cansada. Cansada de luchar.

Cansada de lograr que todo estuviera bien.

Cansada de tener que demostrar siempre algo a alguien, pero al mismo tiempo, ¡tenía hambre!

Hambre de vida, de reconocimiento por sus méritos; porque, así como dicen las fallas o los errores que alguien comete, es importante dar a conocer los logros de las personas que como ella se esfuerzan por hacer cada día las cosas mejor y superarse a sí misma.

Tenía hambre de paz.

De noches sin sobresaltos. De días sin miedo.

Esa mezcla de agotamiento y hambre fue su combustible.

Hubo una noche, una de esas tantas donde no se duerme ni se llora, sino que simplemente se está planeando un porvenir mejor… Ella encendió una vela, se sirvió una copa de vino barato, pero honesto y se preguntó: «¿Cuántas veces me he salvado sin darme crédito? ¿Cuántas veces me dije "una más y no aguanto porque me derrumbaré". Y, aun así, aguantó muchas más.

En esas mismas noches sin nombre, respondió: Yo tengo que escribir todo esto.

Porque sabía que su historia no era solo suya.

Que lo vivido tenía nombre, rostro y huella en muchas otras mujeres. Que callarse ya no era humildad, era injusticia.

Y ponerle palabras al dolor era también una forma de sanar... de vengarse un poquito de toda la mierda que le había tocado vivir.

Así nació la idea del libro.

Como un susurro entre las ruinas, como una voz interna que por fin gritaba: ¡Es hora de contar lo que sobreviviste!

Había sido también una mujer ingenua.

La que se tragaba excusas bonitas envueltas en mentiras.

La que se repetía que «todo pasaba por algo», mientras le llovía encima sin paraguas, sin techo y con el alma empapada.

Y aunque a veces parecía que se apagaba, siempre quedaba una chispa que se encendía justo cuando el mundo la daba por vencida.

A veces era la mujer que soñaba con irse lejos. Otras veces, la que se quedaba por miedo.

Muchas veces, eran ambas al mismo tiempo.

Se había encontrado en lugares donde no se reconocía, rodeada de gente que hablaba de sueños como si fueran *hobbies*, mientras ella trabajaba doce horas al día y hasta más por un sueldo que insultaba sus capacidades.

Lo peor era que sus conocimientos, su cultura, su energía... los usaban, claro: para organizar, para resolver, para traducir el caos.

Pero valorarla, jamás.

Eso ya era demasiado pedir para ella, según los explotadores que se aprovechaban de esa mujer que siempre estaba allí y con la que se podía contar.

Aun así, ella no se hacía la víctima. Eso lo había enterrado hace tiempo.

Ya no quería compasión, quería respeto. Era una mujer tallada nuevamente.

Lo mejor era que sabía que aún no estaba terminada. Cada día se daba el lujo de sorprenderse a sí misma. Porque ser fuerte no la había hecho invulnerable.

Pero sí imparable; eso ya era otra historia. Fue así como empezó a escribir.

Con miedo, con dudas, pero también con un gozo profundo.

Como quien se arranca una espina y la convierte en poesía. Como quien dice: «Yo también estuve ahí, yo lo viví».

Deja la luz encendida por si alguna otra quiere salir del mismo pozo.

Descubrió que escribir no era solo recordar: era ordenar el dolor, era ponerle palabras a lo que había callado por años.

Era mirar sus heridas sin asco, pero con mucho respeto, incluso hasta con cariño.

Mientras más escribía, más se reconocía como la mujer que había perdonado cosas imperdonables.

La que se negó a ser el personaje trágico de su historia. La que se reía de sus errores con descaro.

La que convertía cada caída en anécdota con una cerveza y una buena canción.

Porque también tenía eso: una esencia peligrosa, de esas que nacen en la herida y se visten de sarcasmo.

Una sonrisa que descolocaba a los hombres acostumbrados a las mujeres obedientes.

Una sonrisa que decía sin palabras: «Ya no soy frágil, ahora soy feroz».

Además, tenía una manera de bailar embrujadora, cantaba por gusto; interpretando cada canción como ella hacía cada cosa que emprendía: con una pasión intensa.

Ella aprendió a vivir tan bien consigo misma que hasta la locura se iba por temporadas, porque no podía descontrolarla; eso era una gran bendición.

Había aprendido a celebrar sus pequeñas victorias. Dormir bien.

Pedir lo que quería sin temblar por que la golpearan. No contestar llamadas que olían a manipulación.

Usar ropa por placer y no por complacer.

Disfrutar su cuerpo sin pensar si le sobraban o faltaban centímetros.

Porque, mientras otros buscaban esconder sus grietas, ella entendió que en las suyas entraba la luz.

Esa luz la fue llenando poco a poco… hasta hacerla iluminar por completo, no por ser perfecta, sino por ser auténtica.

Así, con cada página, con cada capítulo, se fue completando.

Ya no tenía que inventarse personajes: sus personajes existieron. Ya no tenía que maquillarse el alma ni los golpes.

Era ella, sin adornos, cansada, ¡sí!, pero poderosa, más viva que nunca.

Porque esta mujer, que había sido miles al mismo tiempo, ya no se esconde ni se rompe por lo mismo dos veces.

Ahora que lo escribía, entendía por qué había tardado tanto en hacerlo. Porque hay cosas que solo se entienden cuando dejan de doler.

Porque no todo lo que vivió estaba listo para contarse antes, primero hacía falta sanar o, al menos, aprender a convivir con algunas cosas que aún debía resolver.

Sí, eran sus cicatrices.

Porque las heridas se cerraron, pero dejaron marcas. Ella no se las quería borrar.

Porque en cada una había una versión de sí misma que se negó a morir y por el contrario la renovaron.

Escribir la relajaba.

Era como un oasis entre las largas jornadas agotadoras.

Escribir la hacía olvidar el ruido de los restaurantes, el vaivén de las órdenes y comandas, o la cantidad de camas y baños que había hecho ese día.

Estaba exhausta físicamente, pero tranquila en sus emociones.

Porque ese era un espacio solo suyo, donde podía exhalar por fin sin que se le hiciera ese nudo en el pecho que le cortaba la respiración.

Un descanso en el que no tenía que ser la mujer que satisface, la mujer que aguanta, la mujer que reía obligada.

Solo se permitía seguir siendo ella, esa mujer fascinante que hoy vive con un «estoy excelente» por mis victorias.

Con su cansancio, con sus recuerdos, con sus heridas, con su sabiduría recién descubierta.

Cada página que llenaba era como un abrazo a su propia alma, una caricia a su corazón que muchas veces había estado al borde del agotamiento.

Cuando leía lo que escribía, no podía evitar sorprenderse de cómo había evolucionado.

Cómo, a pesar de todo lo vivido, la vida no la había quebrado, pero sí la había moldeado, la había fortalecido.

Todo eso lo veía claramente al leer sus palabras.

Cada capítulo era un reflejo de su resistencia, de su capacidad para seguir adelante sin importar cuántos golpes hubiera recibido.

Ahí estaba ella ahora, sentada en su rincón, leyendo y reconociéndose en cada frase, sonriendo ante la mujer que había sido, la que es y la que está aún por venir.

Porque escribir la había enseñado a reconocer su propio valor, a no mirar atrás con remordimientos ni resentimientos, sino con una sonrisa desafiante que le decía al mundo: «¿Creías que me ibas a tumbar? Pues no lo lograste porque, mírame bien, sigo de pie y más fuerte que nunca».

Una mujer que, aunque la arrastraron, aunque la traicionaron, aunque la olvidaran a ratos… se sostuvo de pie; no sabe cómo lo hizo, pero así fue.

A veces por amor propio o dignidad, a veces por rabia. A veces, simplemente, porque no quedaba otra.

Y eso, para ella, ya era una gran victoria.

Escribía para dejar testimonio.

Para que otras mujeres que habían sido mil y una versiones de sí mismas entendieran que no estaban solas.

Que también podían reconstruirse.

Que también podían mirarse al espejo y decir: «Carajo… con todo lo vivido, aún estoy aquí».

Y más bella que nunca, porque la belleza viene de la tranquilidad del alma. Porque sí, ahora se veía ella muy guapa.

Ya no era por lo que los demás podían decir de ella.

Que si estaba vieja para unos, que si parecía fogosa por ser latina, que si la creían interesada por ser sudamericana.

Tantos prejuicios, tantas etiquetas. Y tan poca voluntad de ver más allá.

Pero pocos, muy pocos, se atrevieron a conocerla de verdad. Los que lo hicieron… no la olvidaron.

Porque ella era de las que dejan huella, de las que enseñan, de las que arden, de las que siempre apoyan.

Si la perdieron, pues se lo merecen.

Ahora, por fin, entendía que no necesitaba preguntarle a nadie para contar su historia.

Que no tenía que suavizar nada para no incomodar. Que ser fuerte no le quitaba lo sensible.

Que ser independiente no la hacía inalcanzable… la hacía libre.

Además, no le daba miedo mostrar su vida, exponerse al criterio prejuicioso de una sociedad que a ella no le ha dado nada; por el contrario, le queda debiendo aún.

Por eso este libro no era un capricho. Era una necesidad.

Una herencia emocional.

Un testimonio para sí misma y para quienes aún están buscando la puerta de salida. Al final, había algo que entendió entre todo lo vivido: «La vida no te premia por callarte. Te transforma cuando decides hablar».

Y ella, por fin, estaba lista para decirlo todo.

Con sus cicatrices ya cosidas y sanadas, con humor, con morbo… con la certeza de que esta vez la historia la contaba ella con la verdad y sin tabúes.

Si el libro no se publica o no se vende y no le da la fama que algunos creen que se merece, al final —aunque el libro nunca saliera a la luz— ya había hecho el trabajo más importante de todos, porque se había liberado a sí misma.

Y el éxito era haberlo escrito, lo cual ya era una realidad.

Lo más importante es que lo hizo: ella otra vez había logrado lo que se propuso. Lo escribió, lo plasmó con sus palabras, aunque el mundo no lo leyera.

O al menos el resto del mundo, porque tenía personas especiales a quienes decidió regalárselo para que la conocieran o, mejor aún, la descubrieran en realidad.

Aunque no viniera con un título glorioso ni con un cheque de *royalties*. Lo hizo por ella y para ella, principalmente.

Porque escribir sin ningún tipo de vergüenza fue el mayor acto de liberación.

Decir lo que pensaba, lo que sentía, lo que calló tanto tiempo, sin miedo a ser juzgada, sin temor a que la señalaran: eso la hizo más fuerte que cualquier otra cosa.

El verdadero triunfo no está en la fama que le da el mundo, sino en la paz que encuentra dentro de ella cuando sabe que no esconde nada.

Esa paz es lo que ella ya no estaba dispuesta a negociar y lo que siempre anheló tener.

Al final ya había hecho el trabajo más importante de todos. Escribió tantas páginas que ni ella podía creerlo.

Luego de todo esto, la reflexión es clara: «No importa si el mundo lee este libro o si lo guarda en su biblioteca olvidada.

Lo importante es que ella ya lo vivió, ya lo superó, lo escribió, lo transformó en algo más. En algo suyo».

Y en ese proceso de escritura, se liberó.

Se liberó del miedo a ser juzgada.

Se liberó de las voces externas que le decían que debía ser otra.

Se liberó del peso de una vida que parecía no dejarle espacio para respirar.

Quizá, en algún rincón del universo, este libro encuentre a alguien que también lo necesite.

Quizá, en algún momento, lo lea alguien que sienta el mismo agotamiento, la misma necesidad de transformar su vida, de liberarse del juicio ajeno.

Pero, aunque no ocurriera, aunque no hubiera ningún otro lector más que ella misma, la satisfacción de haberlo hecho es suficiente: haber tomado el control de su propia historia, no esconder nada, no avergonzarse de lo vivido ya la hacía una mujer reconocida.

Esa paz, esa tranquilidad que llega al mirar nuestro reflejo y saber que no se debe nada a nadie, que se entregó por completo a sí misma, es lo único que realmente importa.

El verdadero éxito no está en la fama que otros puedan otorgar, ni en los números de una venta.

El éxito consiste en saber que había vivido, que había sobrevivido, que había aprendido y tuvo el coraje de ser quien es ahora, con todas sus vivencias y, a pesar de eso, mantener toda su esencia.

Porque, al final, eso es lo único que vale. Lo demás es solo ruido.

Ella aprendió que no tenía que dar cuenta a nadie sobre sus decisiones, que su felicidad no debía ser motivo de debate ni de preguntas incómodas.

Por fin, había encontrado su propia paz en medio del caos y el silencio. Eso era lo único que realmente importaba.

Eso y haberlo hecho sin miedo al qué dirán, porque ahora nada de eso le importaba; su prioridad la tenía muy clara: «Apostó por ella y por su triunfo interior».

Ahora, si algo le molesta, simplemente se aleja.

Con ese silencio que trae algo más grande: la calma.

No era la calma tibia de quien se conforma, sino la calma feroz de quien se elige su prioridad.

Ya no era esa mujer que corría tras respuestas; ahora caminaba con certezas.

Le dejó de temblar la voz al decir lo que pensaba y también le dejó de temblar la mano al cerrar puertas y escribir sus experiencias.

Pero, lo más importante, fue que le dejó de temblar el alma al elegirse por encima de cualquier historia a medias.

Claro que no faltaron los que dijeron que se había vuelto «complicada». Los que no entendieron su independencia y la etiquetaron de fría.

Porque su verdad ya no era a medias, lo que para muchos resultaba peligroso. En su nuevo mundo, ya no se molestaba en explicarse.

Ella se expresaba, no se justificaba. Simplemente se mostraba como era ahora.

Y, si alguien no lo entendía, que se quedara mirando. Porque explicarse es para quien quiere ser comprendido.

Tomó una decisión basada en la suma de pequeños «ya no más».

Gota tras gota, el vaso se colmó hasta que ella, sin dramas innecesarios ni escándalos, dejó de justificar su existencia.

Ella se cansó y, cuando una mujer como ella se cansa… ahí es cuando empieza la revolución.

Llegó un momento en que no se molestaba en aclarar absolutamente nada.

Aprendió que su vida no era una sala de interrogatorios ni su cuerpo una oficina de atención al cliente.

Antes se disculpaba hasta por estornudar: no quería que los demás se sintieran mal por algo que ella pudiera decir.

Llegó a ser mártir sin proponérselo, pero fue una de las máscaras que usaba para sobrevivir.

Pero nadie —porque nadie— se ponía la mano en el corazón para medir lo que a ella pudiera destrozarla en un instante.

Ahora, si alguien tiene un problema con su forma de vivir o con todo lo que ha escrito, que haga fila y se queje con Dios… porque con ella ya no hay oportunidad.

No tiene tiempo de estar apagando tormentas ajenas.

Bastante tuvo que librarse de los incendios que otros le dejaron en el alma.

Aprendió a decir «no» con dulzura y también a decir «sí» con descaro, igual que a no decir nada cuando le daba la gana.

Porque ese silencio, cuando viene de una mujer libre, se convierte en arte. Su pasado ya ella lo mira como material de desecho, pero sin reciclar.

Por fin hubo un día —de esos que no se olvidan— en los que se reconoció sin culpa.

A pesar de todo lo que pasaba por su mente y su cuerpo, ella siempre encontraba una razón para seguir; ya no se debía a nadie y sus responsabilidades estaban muy bien cubiertas, por eso se permitía disfrutar, aunque el cansancio era su compañero más fiel.

A veces no sabía si su espalda dolorida provenía de los turnos interminables o de los recuerdos de sus viejos trabajos, donde se sentía más invisible que nunca.

Pero lo que nunca le faltó fue la voluntad para seguir adelante.

Porque ella había aprendido algo crucial: «si no se detenía, el cansancio pierde poder».

Y así, entre jornadas agotadoras, con la espalda hecha polvo y la ansiedad acechando como un eco, ella escribía.

Había días en los que las sábanas se le pegaban al cuerpo de tanto dolor.

El peso de todo lo que había vivido se acumulaba en cada músculo, en cada hueso, pero ella siempre encontraba fuerzas para levantarse.

Entonces se demostraba a sí misma en lo que se había convertido; como consecuencia de tantas cargas, decidió por fin liberarse de ataduras emocionales y físicas.

«No porque fuera inmortal, sino porque sabía que rendirse no era para ella una opción».

Cada vez que sentía que el cansancio la derribaba, se recordaba que el mayor logro de todos era levantarse a pesar del dolor.

Cada cama que tendía, cada mesa que servía, cada cliente al que le sonreía con todo el corazón se convertía en una victoria invisible.

Nadie veía esas pequeñas batallas, pero para ella se sumaban en letras.

Cada alegría, cada paso hacia adelante, cada jornada superada era un recordatorio de su fuerza interior, de esa resiliencia que no sabía que tenía hasta que la puso a prueba.

Y la ansiedad… esa enemiga silenciosa que la acechaba cada noche, poco a poco se hacía más pequeña.

La tensión acumulada en el cuerpo, el miedo al futuro, la sensación de no estar haciendo lo suficiente.

Pero, aún en esos momentos de incertidumbre, había algo que la mantenía en pie esa determinación que la llevó a plasmar todo cuanto la mente le traía en recuerdos.

Sí, la ansiedad estaba ahí, como un peso extra, como una sombra persistente, pero ella decidió no dejar que la controlara.

Había aprendido a respirar profundamente en medio de la tormenta.

A caminar, aunque el miedo la acompañara, a no hacerle espacio a la inseguridad.

Cada vez que sentía que el pánico la invadía, la respuesta era clara: «seguir y no rendirse».

Porque sabía que si se detenía, la ansiedad la devoraría. Así que se obligaba a moverse, a seguir adelante.

No importaba si no lo hacía perfectamente, lo importante era que lo hacía.

Dentro de ella se libraba una guerra constante: una batalla de nunca rendirse, de seguir caminando, aunque las fuerzas se agotaran.

Por eso, ahora está tan agradecida por su vida y siempre está excelente, porque decidió ser feliz.

Había días en los que simplemente no quería más.

Entonces se decía: «Hoy no voy a pensar, solo voy a seguir».

Lo que nunca imaginó era que esa decisión de no rendirse sería la que la convertiría en la mujer guerrera, ejemplar, que muchos llegaban a querer con un cariño honesto como pocas veces le había sucedido.

Es que nadie sabe de las batallas que libraba a solas; nadie sabe lo que le cuesta poner un pie frente al otro cuando su cuerpo y su mente le gritaban que parara.

Pero ella nunca paró.

Ahora ella se pregunta: «¿Y cómo pretende alguien que le explique o me justifique por algo?».

La respuesta la tiene ella misma: «Nadie ha librado las batallas que le habían tocado y si sola se cae, sola se levanta».

De repente, un día, las cosas cambiaron.

No fue un milagro ni una promesa de algún hada madrina.

Fue un proceso largo, pero la satisfacción de saber que había luchado por cada momento de su vida hizo que todo cobrara sentido.

Porque, aunque no había tenido la oportunidad de trabajar en un lugar acorde con su formación, cada día que pasaba la acercaba a su meta.

El simple hecho de seguir, de persistir, de levantarse con la espalda entumecida por el dolor, de superar la ansiedad que la quería paralizar, era ya un triunfo monumental.

Esos pequeños logros fueron los que le dieron la fuerza para, finalmente, sentarse a escribir sus remembranzas y el legado para sus nietos.

Fue así como se hizo un pacto consigo misma: «No iba a dejar que las circunstancias la definieran. Iba a ser la autora de su propia historia».

Hoy escribe con una pluma afilada, llena de recuerdos, pero también de huellas ya cicatrizadas que no le duelen, pero que existieron y existen.

Cada palabra es un paso más hacia esa mujer imparable que, al fin, se reconoce como la protagonista de su vida, donde el trabajo, las malas jornadas, la ansiedad, las caídas y las recuperaciones... todo esto formó la base de su nuevo despertar emocional.

No fue un camino fácil, pero sí fue suyo; lo fue labrando ella con cada paso que daba. Lo más importante.

Su aprendizaje era imparable, porque la verdadera victoria no está en lo que lograba de cara al mundo, sino en lo que lograba callada, cuando decidió trabajar en su interior.

Es por eso, y mucho más, que ya ella no da explicaciones. Tampoco pide que la aprueben; ni mucho menos se esconde.

Porque, cuando una mujer se abraza completa —con lo bueno, lo malo y lo indecente—, se convierte en algo más que libre.

Se convierte en inolvidable.

13

El arte de reinventarse a cualquier edad

Antes de ser mujer, obviamente era una niña, pero no una niña cualquiera.

Fue una de esas niñas a las que les tocó crecer demasiado rápido, no porque el cuerpo lo pedía, sino porque la vida se lo exigió.

La hija mayor, la que aprendió a calentar el almuerzo para todos mientras hacía la tarea, la que se sabía los horarios de sus hermanos mejor que los suyos, la que, aunque tenía la edad de una muñeca, cargaba responsabilidades de adulto.

Era la que barría, la que lavaba, la que sabía cuándo se acababa el gas o si había que remendar un uniforme.

La que dormía poco, se exigía mucho y, como si fuera poco, debía sacar buenas notas sin excusa.

Porque, si no era excelente, ¿entonces de qué sirve y para qué tanto esfuerzo? Salir a jugar no era parte del contrato: para todo había que pedir permiso.

Y, si se pedía, no se lo daban, aunque milagrosamente su madre, en ocasiones, lograba flexibilizar esa situación con permisos a medias y supervisados.

Así que aprendió a no pedirlos, a resignarse desde pequeña en esa situación. A conformarse desde muy chica con poco y con nada.

A mirar desde la ventana las risas ajenas mientras, por dentro, se volvía experta en responsabilidades y madurez.

Sin embargo, siempre algo dentro de ella se resistía. Se decía a sí misma que algún día todo eso cambiaría.

Que, aunque no tuviera tiempo para ser niña, el tiempo le devolvería la libertad y la oportunidad de vivir nuevas y maravillosas experiencias; sin imaginar que le vendrían cosas aún peores y esa etapa tan anhelada la viviría, sí, después de sus treinta y algo, con una separación y tres hijos.

Fue así, sin saberlo, que empezó a entrenar su primera reinvención: la de no convertirse en su propia madre, esa mujer que aceptó una vida que no le dio felicidad, pero se resignaba; porque se vive acostumbrados a seguir patrones, pero cuál escoger lo decide una misma.

Y ella tenía claro que su vida no sería así; ella quería algo más, aunque tardara tantos años.

Años después, la vida le pondría una prueba que no estaba en ningún cuaderno escolar.

La enfermedad de su padre, ese golpe silencioso que cae cuando una familia entera gira alrededor de una figura que, de pronto, se debilitaba; y no por falta de poder, sino por falta de salud.

Ella, con ese instinto protector que nunca se le despegó, fue testigo del deterioro. No como hija mimada, sino como vigía.

Vio el cuerpo de ese padre que adora —aún a pesar de la ausencia física— consumirse, los silencios alargarse, las conversaciones apagarse.

Y lo peor: la mirada de un padre que ya sabía que no estaría para siempre. Así fue: él se marchó muy pronto de este mundo terrenal, con tan solo cuarenta y un años, debido a un cáncer de pulmón que lo apagó poco a poco.

Cuando finalmente partió, algo se quebró en ella que hoy en día no se ha vuelto a sanar completamente.

Pero también algo se activó, porque perder a esa figura indispensable tan joven, tan lleno de vida, fue un golpe certero que le recordó que no hay garantías.

Que la vida puede darte la vuelta en un segundo.

Fue ahí donde nació otra versión suya: esa, la mujer que no iba a dejar nada pendiente; por el contrario, en lugar de derrumbarse siguió adelante con su familia, ayudando a su madre con sus hermanos pequeños.

A medida que los años pasaban también llegaban otros escenarios.

La joven que empezó a soñar con carreras, títulos, viajes, independencia; sin embargo, otra vez, el deber llamó: cuidar a esos niños que ya no tenían a su padre vivo; pero lo más duro era que el de ella tampoco lo estaba. Seguir siendo escudo, seguir siendo pilar.

Pero ya no con la sumisión de antes: ahora era la líder de la manada.

Ahora, con esa mezcla peligrosa entre amor incondicional y hambre de mundo.

¿Cómo reinventarse cuando todo el mundo espera que sigas siendo la misma? La respuesta llegó con cada paso que daba fuera del guion.

Se convirtió en profesional en diferentes áreas, con especialidades y maestrías inclusive.

Se reinventó en países nuevos.

Aprendió a hacer camas en hoteles con la misma dignidad con la que resolvía ecuaciones en un cuaderno o daba sus conferencias, y también preparaba difuntos para su último adiós, porque estudió el oficio.

Aprendió a cocinar con la urgencia del hambre, pero también con el amor de quien se quiere viva.

Se aprendió a sí misma en cada rol que desempeñaba.

La hija, la hermana, la madre de sí misma, la esposa, la madre de sus propios hijos, la mujer: esa que nunca pudo disfrutar por completo ser niña, pero terminó siendo todo lo que una niña necesita ver en una mujer; porque es fuerte, libre, imperfecta, pero fiel a su esencia.

Y sí, el cuerpo le ha dolido.

La espalda, las piernas, el alma y el corazón.

Pero su voluntad… esa sigue intacta y más inquebrantable que nunca.

Ha aprendido que el verdadero arte de reinventarse no está en cambiar de trabajo, ni de país, ni de ropa… Está en no traicionarse a una misma.

Eso, queridos lectores, lo ha aprendido con cada cicatriz que lleva en su alma. Con cada pérdida, cada desprecio que le han hecho.

Con cada intento fallido.

Pero, sobre todo, con cada renacer.

Porque todo eso, en lugar de convertirla en una mujer rencorosa, frustrada y hasta hostil, por el contrario, la hizo empática, amable, bondadosa y muy honesta con los demás, así como hubiese querido que fueran con ella.

Ahora, a su edad, otras hablan de resignación. Ella no.

Ella hablaba de volver a empezar…, pero con toda la gallardía hermosa de quien ya no tiene miedo a caer las veces que sean necesarias, que le duele, claro, porque no es de piedra; pero eso no la hace desistir.

Después de una separación que la dejó desarmada y a la vez completamente libre, hizo lo que pocas se atreven: dejar de mirar lo que perdió y empezar a enfocarse en lo que todavía podía construir.

No solo se reconstruyó; ella se relanzó y no fue desde el sofá, fue desde el aula, porque mientras muchos pensaban que ya era tarde, ella se inscribía en nuevas carreras, devoraba libros, se enamoraba de nuevas ideas y conectaba con una parte de sí que nunca había podido explorar por estar tan ocupada sobreviviendo.

La niña aplicada que una vez fue ahora tenía cincuenta y un años cuando escribió su historia; pero con mucha hambre de conocimiento… y nada de miedo.

Porque ya no buscaba la nota más alta, sino el aprendizaje más profundo.

En un mundo donde ciertos cargos parecían reservados para hombres grandes, serios, fuertes, supuestamente más capaces, ella levantó la mano.

Pero no para pedir permiso ni llamar la atención por lo que tiene en medio de las piernas, sino para ocupar el lugar que le pertenecía.

Ascendió en posiciones donde nadie la había imaginado.

Y no porque fuera «una mujer especial»; que también, sino porque ha sido siempre muy valiente, muy preparada; de esas que cuando habla no hay como refutar.

Además, supo ponerse seria sin dejar de ser dulce; firme sin perder su ternura y audaz sin volverse arrogante.

Y eso, muchas veces… molesta.

Porque una mujer que no pide perdón por brillar incomoda más que mil títulos colgados en una pared.

Aun así, no se detuvo.

Dejó atrás su estatus, su estabilidad, su «zona segura» que más bien era una jaula disfrazada de comodidad y empezó de cero.

Pero no cualquier cero…

Un cero con ganas de comerse al mundo. Un cero con ilusión.

Un cero con la niña que todavía vive dentro de ella, con coletas invisibles, soñando con cambiar a lo grande.

Sí… sigue siendo a veces una niña muy dentro de ella y se entiende porque hubo etapas que no pudo vivir, no se lo permitieron.

Hubo fiestas a las que no fue, o más bien no la dejaron.

Sí, también hubo caricias que se le negaron, palabras que se tragó, puertas que no se abrieron, incluso algunas que se las cerraron hasta en su propia cara.

Pero ahora… tiene otras cosas. Tiene historias.

También se hizo de un nombre. Sanó heridas que ahora son cicatrices bellas.

Tiene su propia voz.

Pero, sobre todo, tiene algo que muchas no se atreven a tener, esa libertad lograda por sí misma.

La libertad de reír fuerte. De decir lo que piensa.

De volver a estudiar cuando quiere. De escribir su vida como le da la gana.

De mirarse y ver no solo a una mujer de su edad, sino a una guerrera elegante que baila con su sombra y brilla cada día más, no para deslumbrar a nadie, sino para centrarse en ella.

Si le preguntaran cómo lo hizo, respondería con una sonrisa entre cansada y coqueta:

«Fácil… me dejé de excusas, me quité la vergüenza y me puse los ovarios como diadema. Solo me vestí de mí misma».

La niña que una vez miraba desde la ventana cómo los otros jugaban… ahora juega sola como quiere, redescubre su historia, ríe sin miedo y lo más valioso para ella es que ya no necesita pedir permiso, nunca más.

Porque por fin entendió que se puede ser nueva a cualquier edad. Que no hay fecha de vencimiento para renacer.

El verdadero arte de reestructurarse… es hacerlo con el alma despeinada y el corazón en llamas.

No fue fácil, nunca lo es.

Porque la vida no se lo sirvió en bandeja, ni siquiera en una de plástico.

Siempre ha sido de las que peleó por cada oportunidad y muchas veces la mandaron al rincón sin siquiera escucharla.

Había días en que no recordaba ni su comida favorita.

Que todo era trabajo, responsabilidad y una lista de tareas que parecía no acabarse nunca.

Pero había algo que no se rompía, era su deseo de seguir aprendiendo.

Mientras otros hablaban de «no tener tiempo», ella estudiaba por las noches, en los ratos libres, con las piernas entumecidas y la cabeza hecha un torbellino.

Lo más bonito era que no lo hacía para demostrarle nada a nadie, sino para honrar a la mujer en la que se había convertido.

Porque ella no necesitaba aplausos. Solo necesitaba no fallarse a sí misma.

Ese fue y será su mayor triunfo.

Porque aprendió a dejar de esperar validación ajena.

Ya no necesitaba que nadie le dijera «qué bien lo haces». Ella ya lo sabía.

Y lo más importante era que por primera vez se lo creía.

La reinvención no vino con elogios.

Llegaba con caídas, con días enteros de silencio y con decisiones que dolieron más que cualquier ruptura amorosa, más aún cuando eran de esas donde a ella la abandonaban.

Tuvo que dejar cosas que le daban seguridad. Personas que quería.

Espacios donde ya no cabía.

Y versiones de sí misma que ya no le servían.

Pero en ese proceso encontró algo que nadie podía quitarle, su amor propio y aceptación.

Su tranquilidad.

Porque ya no se levantaba cada mañana preguntándose qué debía hacer para ser aceptada.

Ahora se levantaba con una única misión, la de ser fiel a sus ideales. Ella, actualmente, se preguntaba solo una cosa: «¿Qué quiero hacer hoy que me acerque a la vida que merezco?".

Y eso era suficiente.

Eso… y su café fuerte por las mañanas.

Porque si algo aprendió en el camino, es que una mujer cansada, pero con metas y con café, puede conquistar lo que le dé la gana.

Aquí está, con más daños que años. No es perfecta, pero es plena.

No está libre de dolor, pero sí de culpa.

¡Con más canas, sí!

¡Con más arrugas, también!

Pero con una mirada que ya no busca ser comprendida. Solo respetada.

Si mañana le toca empezar de cero otra vez, lo hará seguramente porque está preparada.

Porque la niña que fue, la mujer que es y la señora mayor que será… tienen un pacto de amor propio que nadie podrá romper.

Claro… Ahora, después de tanto andar cargando responsabilidades ajenas, llegó el momento de cargar solo su juego de maletas nuevas e irse a donde le dé la gana.

Porque ahora viaja sola.

Y lo dice con una sonrisa orgullosa, mientras se pinta los labios sin la necesidad de verse al espejo, porque es una experta y mete en su equipaje más ilusiones que ropa.

¿Aprendió?

Sí.

En su edad madura aprendió a buscar vuelos, a reservar hoteles, a escaparse con elegancia a Tenerife o Granada, a un crucero donde se hizo conocida por su entusiasmo y simpatía, es la maracucha, así decían cuando la veían por los pasillos de ese gran barco; porque su gentilicio se nota, ya no tiene la zozobra de que alguien la espere o la reclame por llegar tarde… o simplemente por atreverse a vivir.

El mejor regalo que recibió no fue un anillo ni un ramo de flores, fue su juego de maletas.

Que se lo obsequió ella misma.

Y con este detalle… se regaló el mundo.

Aprendió a buscar por internet, a leer reseñas de hoteles, a encontrar los mejores asientos en el avión y hasta a elegir el vino en la cena como toda una experta.

¿Quién dijo que la libertad venía sin tutorial?

Ella lo aprendió todo con paciencia y picardía, riéndose cada vez que algo salía mal y celebrando cada pequeña victoria como si fuese un gran amor. También con la ayuda incondicional de su hija cuya paciencia para con ella era ilimitada, así como el amor que recibía de su pequeña princesa.

Ahora el mundo es suyo.

Se pierde entre callejones con historia, saca fotos de platos que no sabe pronunciar, baila con extraños en las noches de verano y vuelve a casa con el alma más liviana que la mochila que cargó a lo largo de su vida y de sus maletas después de cada viaje porque siempre llegan repletas.

No necesita a nadie que la acompañe.

Ella aprendió a enamorarse de sus propios pasos.

Y si le preguntan cómo es viajar sola, responde sin pensarlo: «Es como dormir desnuda por primera vez, al principio da pudor…, pero después no quieres otra cosa».

Esa es ella ahora: madura, libre, viajera y no avisa a dónde irá.

Una mujer que ya no espera que la vida le regale nada… porque ella misma se lo compra, lo empaca y se lo lleva puesto.

Ahora entiende tantas cosas…

Entiende que no era que la vida la castigara.

La vida la estaba entrenando para algo más grande, como para vivirse a sí misma sin temores ni ataduras emocionales.

Durante años pensó que necesitaba amor, aprobación, compañía. Pero resulta que lo único que le hacía falta era descubrir de qué estaba hecha: de gallardía, de ganas de devorarse el mundo y de una sensualidad que ya no necesita ser mirada, porque ella se siente divina con solo verse al espejo.

Porque lo que otros llaman «pasado», ella lo llama «historia».

¡Y qué historia, carajo!

Una historia escrita con sudor, con lágrimas, con vino tinto, con silencios, con carcajadas, con noches sin dormir, con orgasmos tardíos y madrugadas valientes.

Hoy, sigue haciendo malabares entre los sueños y la realidad.

Pero lo hace con clase, con humor y con unos tacones que ya no necesita… pero que se pone de vez en cuando, solo porque le da la gana.

Y eso, queridos lectores, es el verdadero arte de reinventarse.

No a los treinta, ni a los cuarenta, ni mucho menos a los cincuenta y uno como tiene ella.

Sino cada vez que la vida lo pida y apetezca.

14

No tiene todo resuelto, pero qué bien se siente ella

No tiene todo resuelto. Ni lo pretende.

Y qué maravilla eso, ¿no?

Porque durante años creyó que para ser feliz tenía que tener la vida ordenada como un cajón de ropa interior sin una sola arruga, todo en su sitio, sin nada fuera de lugar.

Pero resulta que la vida real es más como una maleta mal cerrada donde siempre hay algo que se escapa, algo que olvida meter, algo que se arruga, algo que no encaja.

Y, aun así… se viaja igual. Ahora lo sabe.

Ahora ella lo vive y lo disfruta.

No todo está resuelto, pero, ¡ay!, ¡cómo se siente de tranquila! Con menos miedo, con más risas.

Con ese placer rebelde de saber que puede equivocarse y seguir adelante sin tener que dar explicaciones.

Ya no le pesa su soledad, por ejemplo, al contrario, está ligera de cargas.

Ni le da vergüenza no haber alcanzado ciertas metas que otros consideran «éxito».

Porque mientras otros coleccionan fama relacionada a tener dinero, casas o relaciones por compromiso… Ella colecciona paz, carcajadas y orgasmos sinceros, así sean con sus vibradores.

Aprendió que no hay que tener todo bajo control para vivir bonito. Que a veces el plan es no tener un plan.

Y que está bien tener días donde solo quiere meterse a la cama, comerse una *pizza* entera y ver series de crímenes como si fueran cuentos de hadas.

Está bien tener la cuenta justa y la sonrisa amplia, tener el corazón sin dueño, pero con muchas razones para latir.

No espera ese mensaje o llamada que le desestabilice sus planes con ella misma. Tener la agenda social medio vacía, pero la vida llena de momentos propios.

Porque no se necesita estar «completa» para lo que muchos consideran un sinónimo de que se debe estar acompañada para ser feliz.

Solo necesita estar en paz con lo que es y con lo que no. Queridos lectores, eso no se aprende en ninguna universidad.

No tiene todo resuelto, pero qué bien se siente no vivir en el papel de víctima.

Porque sí, la vida le ha dado muchos golpes que no aparecen en las biografías exitosas ni en las redes sociales brillantes.

Ha llorado sola, ha callado por no preocupar a los suyos, ha sostenido un cuerpo roto con una sonrisa firme… y, aun así, sigue en pie.

A veces, ni sabe cómo lo logra.

Pero ahí está, siempre presta, siempre con una palabra de aliento lista para otros, aunque por dentro esté cayéndose a pedazos.

Porque no todo el que da fuerzas está fuerte para sí mismo.

A veces, simplemente aprendió a ser refugio, a pesar del temblor interno. O brindaba consuelo mientras sus propias heridas se curaban.

A veces presta su hombro que a ella le ha faltado, porque sabe en carne viva lo importante que es tener a alguien que escuche en esos momentos donde todo parece caerse a pedazos.

Y eso, aunque la agote, la honra.

Nunca quiso que le aplaudieran el sufrimiento ni jamás usó sus cicatrices como medallas ni esperó que le dieran palmaditas por sobrevivir.

Ella prefería seguir con los labios pintados, con el delantal puesto o con la espalda hecha polvo…, pero seguir.

Porque aprendió a reconstruirse sin hacer mucho ruido.

Y aunque esté rota a veces, aunque haya noches donde se le cierre el pecho, aunque tenga días en los que la ansiedad le pellizca el alma, ella se levanta.

Lo hará las veces que sean necesarias.

No siempre con la misma energía.

Pero siempre con intención de ser mejor.

Porque para ella ser fuerte no significa no caerse, simplemente.

Es caerse bonito, con estilo y sabiendo que va a levantarse, aunque no sepa cómo.

Hay quienes dicen que debería tomarse la vida con más calma.

«Pero qué sabrán ellos de sostener mundos ajenos mientras el propio se tambalea. Qué sabrán de levantarse temprano con el alma agotada y, aun así, dar lo mejor.

Qué sabrán de disimular el llanto con rímel y café fuerte».

Solo quien vive las situaciones puede entender, de resto que miren y no opinen.

Ella sabe todo lo que carga en sí y de estas líneas, porque lo vivió siendo la protagonista de cada historia narrada.

Y, aun así, se siente bien.

Porque está en paz consigo misma y con el mundo que lleva en su espalda.

Hoy se siente más relajada, menos rota y más fortalecida cada día.

Esa era su principal misión cuando confirmó que la prioridad en su vida era ella.

Porque vivir no es tener todo resuelto.

Es seguir respirando con ganas, incluso cuando el aire pesa.

Mientras otros repiten frases de autoayuda que ni entienden, ella se convirtió en su propia terapeuta de emergencia.

Aprendió a meditar, escuchaba audios de cómo controlar la ansiedad, retomó su afición por la lectura escogiendo libros que le daban gratitud por lo vivido; como la colección de su serie favorita y otras que encontraba en televisión, las cuales le gustaban y luego compraba los libros.

Terapia que le mostró tanta verdad como vida por vivir.

Ahora ella se escucha y se responde, se reprende con dulzura, hasta se consuela con un poco de chocolate, un tequila o el recuerdo de un buen polvo.

Porque no todo se resuelve con libros de autoayuda, eso también es cierto.

A veces el verdadero alivio viene de permitirse un capricho, una siesta larga o un silencio sin más.

Ella ha aprendido a entenderse.

Y aunque todavía hay cosas que no comprende del todo, ya no se castiga por no tener las respuestas.

No todo está claro.

Pero ella está en proceso.

Mucha gente la ve y le dice: «Qué fuerte eres».

Y ella asiente con la cabeza, como si fuera un halago.

Pero por dentro piensa: «No me quedó otra, porque fui condenada a ser valiente».

La vida no le dio treguas, ni pausas, ni créditos. Solo pruebas.

Una tras otra.

Es así como ella, con las rodillas raspadas y el corazón lleno de remiendos, siguió caminando.

Hoy, a sus años, se siente bien sin tenerlo todo resuelto.

Porque por fin aceptaba que no tener todo claro también es libertad.

Libertad para cambiar de opinión, para decir no, para salir corriendo si le da la gana o para quedarse si le place.

Ya no se mide por su productividad. Ni por lo que gana.

Ni por quién la desea.

Se mide por la tranquilidad con la que vive, aunque aún no tenga un piso propio.

Sigue siendo esa mujer que se ríe sola en una cafetería, que camina por la playa como si fuera una pasarela, que habla sola cuando cocina y que sueña con vivir otras vidas sin dejar de amar la suya.

No tiene todo resuelto, pero tiene mucho vivido. Y eso por ahora le basta.

Es que si algo la define, además de su sentido del humor y sus cicatrices bien llevadas, es lo entregada que es para todo.

Es apasionada para vivir y hacer cada cosa que se propone.

Cuando ama, ama desde las entrañas. Cuando ayuda, lo hace con el alma.

Cuando ríe, lo hace con todo el cuerpo.

Y cuando sufre… bueno, ahí también se luce la «mi misma»., pero no se queda allí; porque ya no alarga agonías.

Es extrovertida sin remedio.

El alma de cualquier sitio al que llega.

La que convierte una sala aburrida en una fiesta con solo su presencia.

La que siempre tiene una historia atrevida, una carcajada lista o una mano tendida.

Ella lo da todo.

A veces demasiado.

Y, tal vez, por eso no es millonaria.

Porque si lo fuera… ya habría quebrado por repartirlo todo, porque no es apegada a lo material y eso tampoco es del todo bueno.

¡Dios es muy sabio!

Pero no le importa, prefiere tener la cuenta justa y el corazón inmenso. Prefiere compartir lo poco que tiene que acumular lo que no necesita.

Y en ese dar, ha encontrado una forma de vivir que no muchos entienden, pero que a ella le hace sentido.

Porque está convencida, y no es por optimismo barato, de que le esperan grandes cosas.

Buenas noticias, viajes inesperados, abrazos que le curen la espalda y oportunidades tan bonitas como lo es ella.

No porque crea en el destino, sino porque cree ciegamente en sí misma y la gracia de Dios.

Lo mejor aún no ha llegado, pero está en camino.

Y ella, aunque no tenga todo resuelto, ya se siente lista.

Porque la mujer que es hoy, con sus noches difíciles, su sonrisa pícara y su fe intacta, ya aprendió a vivir sin miedo.

Y eso, mi gente, es tenerlo todo.

Una vez, alguien le dijo en tono de burla: «Tú das para todo menos para quedarte sola», porque ha sido muy cuestionada por sus separaciones y por el tiempo que ahora lleva sola.

Ella, sin pestañear, se metió un sorbo de café (con una dosis de ironía) y respondió: «Yo doy para todo, corazón… menos para quedarme con quien no me encienda y donde no me valoren».

Y se lo dijo con esa voz dulce que esconde pólvora, con esa sonrisa que puede matar o resucitar dependiendo del día y con ese fuego en la mirada que no se apaga ni con tormentas llenas de truenos.

Porque sí, sigue teniendo noches donde el silencio le pesa, donde el cuerpo pide un abrazo que no sea solo piel…, pero aprendió a distinguir entre un amante y un vacío mal disfrazado.

Y ya no se deja llenar de cualquier cosa.

Ahora, si besa, lo hace como quien firma un contrato sagrado. Si entrega el cuerpo, lo acompaña de alma.

Y si decide desnudarse, no es por deseo ajeno, sino por placer propio.

Porque no hay nada más erótico que una mujer que elige su paz como afrodisíaco. Así vive ahora.

Con menos culpa, con más orgasmos (aunque sean autoprovocados), con menos promesas y más certezas, con el juicio firme.

A veces sigue rota, es normal, claro. Pero rota a ratos por los desdenes de la vida, porque tampoco es una princesa de cuentos, pero sigue feliz y libre.

Rota, pero sabiendo que puede volver a armarse en cuanto lo necesite… mientras se pone su crema favorita, su perfume de guerra y unas bragas que no están dispuestas a rendirse tan fácil.

Porque, aunque no tenga todo resuelto, qué bien se siente ser ella.

Y si hablamos de entrega, nadie imaginaría que esa mujer, la de la mirada seductora y la carcajada libre, se gana la vida haciendo habitaciones en un hotel ahora mismo.

Habiendo desempeñado grandes cargos con espléndidos salarios.

Sí, doblando sábanas, cargando toallas, recogiendo lo que otros dejan tirado, con la espalda al límite y los pies gritando auxilio…, pero siempre con una sonrisa sincera y el alma de fiesta, porque si se sintiera mejor explota, es su respuesta cuando le preguntan cómo se siente.

Porque ella no necesita un escenario para lucirse.

Le basta un carrito de limpieza, un pasillo iluminado por el sol y su música favorita sonando en su cabeza que ella tararea entre rincones.

Algunas compañeras la miran como si fuera magia con zapatillas.

—¿Cómo haces para estar siempre tan alegre? —le preguntan.

Y ella responde con picardía:

—¡No crean, yo también tengo ganas de lanzar la escoba a veces! Pero me río, me acuerdo que me gusta darme buena vida… y se me pasa.

Es así, entre risas, cómo conversa con los huéspedes, canta mientras limpia y se enamora de la vida, aunque esté agotada.

El cansancio lo disimula como buena actriz de telenovela, con pestañas arriba, labios pintados, su delineado de ojos que no falte y esa actitud de reina.

Porque en su mundo, la dignidad no se arruga, ni siquiera entre sábanas sucias.

Ella sabe que ese no es su destino final.

Pero tampoco lo desprecia porque es un peldaño más.

Uno que pisa con gracia, con orgullo y con la certeza de que lo mejor viene en camino.

Mientras llega, sigue dejando camas perfectas, pasillos llenos de energía y risas que hacen eco por todo el hotel.

Porque, aunque no tenga todo resuelto, qué bien se siente ser esa mujer que limpia habitaciones con la elegancia de una emperatriz y que guarda en su alma historias que valen más que cualquier *suite* de lujo.

Aunque muchos piensen que hacer habitaciones es trabajo mecánico, ella lo convirtió en un ritual casi sagrado.

Hay algo terapéutico en alisar sábanas como quien pone en orden la vida. En dejar limpias las huellas ajenas sin perder las propias.

En acomodar con cariño almohadas que toca como si fueran las de sus hijos o las suyas propias cuando llega rendida a casa.

Y así, en medio del sonido de las aspiradoras y el olor a productos de limpieza, ella sueña despierta.

Sueña con sus futuros viajes, con un libro impreso que alguien lea en una playa, con volver a dar charlas a mujeres que, como ella, alguna vez lo perdieron todo… y, aun así, siguieron.

Entre una habitación y otra, mientras cambia sábanas y recoge vasos, se imagina firmando libros, haciendo maletas sin destino fijo y mirando al mar con el pecho lleno de libertad.

A veces, mientras desinfecta un baño, recuerda alguna frase que escribió la noche anterior y se lo disfruta sola.

Es su manera de decirse:

«Estás más cerca de lo que crees, mujer valiente».

Aunque el cuerpo le duele, ¡porque claro que le duele!, ella ha aprendido a no dramatizar el cansancio, sino a adornarlo de risas.

El dolor lo transforma en chistes, en bailes improvisados con la fregona, en carcajadas con las compañeras que ya la llaman «la loca más alegre del turno».

Recuerda una vez, cuando una huésped extranjera la sorprendió cantando mientras limpiaba el baño.

Se asomó a la puerta y le dijo en inglés: «*You must be the happiest woman I've ever seen*».

Ella no entendió del todo, pero asintió con picardía.

Y pensó: «Pues sí, y eso que ni me has visto bailando sola en mi cocina».

La que no se queja en voz alta, pero suda dignidad.

La que no se cree menos por no tener un escritorio en su trabajo ahora, porque sabe que su escritorio es el mundo y su título más grande es la fuerza de haberse reinventado mil veces sin perder el *glamour* ni el alma.

La que a veces se cae, se agota, se rompe…, pero jamás olvida quién es. Y quién puede llegar a ser.

Porque no sabe rendirse.

Es así como, entre toallas, sueños y su energía positiva que desarma tristezas, ella construye su historia paso a paso.

Una historia escrita a deshoras, con las manos cansadas y el corazón despierto.

Una historia que, aunque no se vuelva viral, ni la haga millonaria, ya es un éxito rotundo.

Porque está contada con verdad, sin adornos innecesarios.

Además, con esa libertad de quien ya no teme que se sepa toda su vida… porque ahora se siente orgullosa de cada historia vivida y cada página contándola.

Y si la vida no le ha dado todo resuelto, ella igual se siente bien. Lo grita, lo celebra, lo escribe.

Con morbo, con humor, con piel y con alma. Porque esa es ella.

Quien quiera conocerla, que lea.

Porque esta mujer no se explica… A ella se lee.

15

Mi misma

Llegó un día, porque siempre llega un bendito día en el que dejó de buscarse en los ojos ajenos para empezar a mirarse de frente.

Y no era por vanidad; era amor propio.

Del real, del que se cocina lento, después de haberse tragado lágrimas frías. Ella, consigo misma.

Sin disfraces.

Sin adornos.

Sin la necesidad de que alguien le dijera lo maravillosa que era, porque ya lo sabía. No era presumida, era una autoestima reconstruida y que fortalece día a día.

Nada de esto le ocurrió de la noche a la mañana.

Le costaron años, mucho dolor y unos cuantos idiotas con intenciones engañosas, pero cuando llegó ese día, cuando se eligió por encima de todo y de todos, ya no hubo vuelta atrás.

Ya no quería encajar.

Solo quería vivir, pero viviendo de verdad.

Y si eso llegaba a encandilar a algunos que nunca faltaban, pues que se pusieran gafas para evitar el resplandor que ella causa.

Aprendió a conocerse como nunca.

A reírse de sí misma, a celebrarse sin testigos y también a llorar cuando hacía falta…, pero sin dramas innecesarios.

Descubrió que el silencio no era vacío, sino un lugar donde podía escuchar su propia voz; esa que tantos habían querido callar por años.

Le costó mucho trabajo que muchos le creyeran y que aceptaran lo que ahora era, porque es cierto que había sido una mujer victimista, negativa al punto del pesimismo; ella nunca se conformaba con lo bueno porque su balanza siempre sobrepasaba lo malo.

Ahora no se justifica por esa actitud, sin embargo, cómo no ser así, si siempre vivió sumergida en la tristeza, el desdén y la infelicidad que pesaba.

Y es por esa urgencia de salir del hoyo donde estuvo tantos años que cuando se liberó de sus propias ataduras, lo cual no fue sencillo demostrarlo, ni a sus seres más cercanos.

Pero como todo lo que se propone, esto también lo logró.

Empezó a salir sola, a cenar con su sombra, a tener conversaciones largas con su reflejo mientras se maquillaba o se ponía crema en los muslos.

Y entre carcajadas frente a su nueva vida, se dio cuenta de que con ella… no se aburría nunca.

Empezó a escribirse cartas mentales cada vez que se sentía caída y entre esos pensamientos motivacionales se decía: «Mujer, no te rindas, que tú eres mucha tú. Acuérdate de todo lo que has pasado y sigues de pie. Y mira qué guapa estás, coño».

Se arreglaba para sí misma.

Se ponía ese perfume que antes era «para ocasiones especiales»… y ahora el motivo especial era estar viva un martes cualquiera a la hora que le diera la gana.

Por las tardes, después del trabajo, se tomaba una cerveza con limón o una infusión de valeriana (dependiendo del día y del humor), se acostaba con la mejor compañía que había conocido: «ella misma».

Su cama hecha por ella porque era toda una experta, su libro medio escrito y esa paz que no se compra ni con el sueldo completo de un año, por decir algo.

A veces se impresionaba sola recordando escenas que antes le dolían tanto y ahora le causan gracia ver lo tonta e ingenua que pudo llegar a ser.

«¿Cómo pude llorar por ese que no sabía ni diferenciar entre una mujer valiente y una oportunista?».

Se respondía con un guiño: «Mi Misma, porque estabas aprendiendo, pero ahora ya lo sabes».

Ahora sabe que no se trata de ser la más guapa, ni la más buena, ni la más deseada.

Se trata de ser ella misma. Sin filtros.

Sin estrategias para gustar o encajar.

Sin el temor de ser «demasiado intensa, demasiado libre, demasiado honesta, demasiado loca».

¿Demasiado para quién?

Aprendió que la gente te mide según su vara rota.

Pero ella ya no cambia su esencia por aceptación, porque la vida no viene con instrucciones ni garantías.

Cada vez que el caos aparecía, sabía cómo abrazarse fuerte, cómo dormirse sin respuestas, pero con esperanza, cómo despertarse al día siguiente y volver a empezar, con la frente en alto y las bragas bien puestas.

A veces le preguntaban:

—¿No te sientes sola?

Porque hay tanta gente básica y monótona que solo piensan en eso.

Y ella respondía sin pensarlo.

—No. Me tengo a mí. Y a veces… ¡hasta me impresiono de cómo pude esperarme tanto! —risa incluida.

Ya no se entregaba toda de golpe para nada.

Se servía por partes, como un buen vino, solo a quien supiera degustar.

No hablaba solo de amor, sino de todo tipo de relaciones, porque hasta el árbol genealógico también se puede podar. «Como dijo alguien por ahí».

Y si nadie sabía lo que hacía, era mejor… no pasaba nada, porque mientras más callada estaba, más planes tenía en mente, como le decía su tercer hermano en el orden; quien la conocía tanto porque en el fondo sus almas eran idénticas.

Ella seguía bailando en su casa, planeando viajes sola, hablando con desconocidos que, aunque no la conocían, la respetaban, incluso llegaban a admirarla, escribiendo historias que quizá nunca se publiquen, pero que ya la han salvado.

Porque «MI MISMA» ya no es una frase egoísta. Es una metamorfosis.

Es saber que estar bien con una misma es lo más *sexy*, lo más estable, lo más sabroso y lo más difícil de conseguir en este mundo donde todos buscan a alguien que les complemente.

Ella ya se completó.

Y lo que le sobra… lo comparte. Con quien se lo merezca.

Con quien sepa bailar con sus ganas sin querer apagarla.

Porque ahora, la mujer que se reconstruyó mil veces es la misma que se celebra a diario… con o sin testigos.

Ella hablaba consigo misma. Más de lo que alguien podría imaginar. Y no era locura, era necesidad.

La ansiedad, esa vieja enemiga silenciosa, a veces se colaba sin permiso, le robaba el sueño, le apretaba el pecho, le aceleraba la mente… Entonces, ella se refugiaba en la única persona que siempre estaba disponible: «ella misma».

Se decía cosas que nadie más se atrevía a decirle. Se daba permiso para llorar en silencio en el baño.

Muchas veces lo hizo en algún lugar del trabajo, para esconderse unos minutos y respirar profundo usando una bolsa de papel para calmarse, su corazón latiendo a mil y su cerebro inquieto queriendo jugarle una mala pasada.

Se secaba las lágrimas con las mismas manos que luego iban a trabajar, sin fuerzas. Y sonreía como si nada.

Como si el corazón no pesara.

«¿Por qué todo cuesta tanto?», se preguntaba mientras fregaba platos—. ¿

«¿Hasta cuándo esta racha?», se cuestionaba mientras sacudía el polvo o se doblaba con la espalda hecha trizas.

Y, aun así, no paraba.

Porque sabía que su historia no se trata de evitar la tormenta, sino de aprender a bailar entre los charcos… tal vez sin sujetadores, pero con el alma intacta.

Su fuerza venía de un lugar que ni ella misma conocía.

Un rincón profundo donde habitaban los «no puedo más»…, pero también los «vamos, que tú puedes con esto y más».

Había noches en que se abrazaba sola en la cama y se susurraba con determinación:

—MI MISMA… Ya pasará, ya vendrán días más bonitos. Tú aguanta, que eres fuerte, jodidamente fuerte». Y lo era.

Había atravesado guerras internas que pocos imaginaban. Guerras que no salían en fotos, ni se contaban en voz alta.

Guerras donde la única soldado, la única herida y la única salvadora... era ella misma.

«MI MISMA» no eran solo unas palabras. Era su escudo.

Su refugio.

Su mantra para no rendirse.

Su recordatorio de que, aunque el mundo se derrumbara, ella seguía aquí, dando pasos cortos, pero firmes, leal a sus convicciones en medio del caos.

Y cuando alguien le decía «Eres muy fuerte», ella afirmaba con la cabeza sin mucho alarde.

Porque no sabían que esa fuerza se había forjado entre noches sin dormir, rechazos que dolían, puertas cerradas, injusticias que cargaba sola y el peso de sostenerlo todo y a todos desde muy chica.

Había días en que hasta ella dudaba. Y entonces se escribía.

Se hablaba.

Se cantaba.

Se consolaba sola donde estuviera.

Se hacía reír con alguna tontería, solo para engañar al dolor. Y así, sin saberlo, se iba curando.

Con el tiempo entendió que no necesitaba a nadie que la rescatara.

Que ella no era una princesa en apuros, sino la heroína de su propia historia.

Y vaya que había tenido capítulos oscuros..., pero también muchas páginas llenas de luz.

Por eso, cuando camina, lo hace con ese aire de quien sabe que le costó mucho llegar hasta ahí.

Si alguien no lo entiende, que no la juzgue sin conocer su historia.

Fue una mujer que aprendió tantas técnicas de supervivencias que podría dar testimonio de cómo usaba hielo dentro de su camiseta mientras trabajaba para superar una crisis de locadia.

De cómo aprendió a contar al revés para agilizar un cerebro que por momentos se apagaba.

Usaba las matrículas de los coches como ejercicio para no disociarse de la realidad. Y cómo lo hacía se preguntarán; pues contaba los números y los sumaba, coche tras coche hasta que perdía la cuenta, pero quedaba en calma.

Y si su risa es ahora demasiado fuerte y su voz les parece a algunos imponente, pues que se tapen los oídos.

«MI MISMA» es todo lo que construyó cuando el mundo se le vino encima.

Es el resultado de años de silencios tragados, palabras que no dijo para no herir, sueños en pausa y de tantas veces que se quedó sin fuerzas…, pero siguió adelante con los ojos hinchados por quedarse dormida llorando, esperando esa mañana que le traerá el cambio que tanto anhelaba, pero sobre todo que necesitaba.

Ahora, que se siente viva, dueña de sí misma y poderosa sin tener todo resuelto, se promete no volver a dejarse al final de la lista.

Ya sabe que su voz tiene valor.

Que su historia merece ser contada.

Que su sonrisa, aunque a veces cansada, ilumina más que muchas luces falsas.

Ahora lo entiende todo, el porqué de cada caída, de cada comienzo y de cada batalla.

Porque todo eso la llevó a este punto para elegir su paz, a dormirse tranquila, a saberse suficiente.

Aunque todavía hay días difíciles, ¿y quién no los tiene?, aún pudiera haber mañanas con el alma apretada, ella tiene su antídoto: «ella misma».

Porque se ha prometido no volver a vivir a medias.

Ni a callarse, ni a encogerse, ni a mendigar lo que merece por derecho.

Ahora se acompaña con gusto.

Se mira desnuda y dice con descaro:

«Mira tú… con lo rota que estuviste y lo bien que te ves ahora».

«Qué sabrosa estás, carajo, y el gusto que da ver a esos que dejaste en el pasado lamentarse por tu ausencia».

Entre carcajadas, se da cuenta de cosas que, aunque nadie más lo note… ella sí. Y con eso le basta.

Pero, justo cuando todo parecía tranquilo, de la nada, llegó algo inesperado. Un golpe al alma que no sabía cómo asimilar.

De hecho, reaccionó tarde, porque para variar, tenía que estar fuerte.

«El susto que le quitó el alma por segundos».

«O cuando el corazón se le detuvo de verlo a él así».

Ella siempre pensó que si la vida le daba un golpe duro de salud, no sería sorpresa. Conocía bien su cuerpo, estaba en ocasiones cansado, exprimido, cargando mochilas emocionales y físicas desde siempre, ahora con una artrosis que le masacraba los huesos y que tenía que seguir hacia adelante, no hay opciones porque el dinero no da la felicidad dicen, pero como se acerca a la paz.

Ella dormía poco, trabajaba demasiado, se alimentaba a media.

Y, muchas veces, sintió ese mareo raro, esa presión en el pecho, esa advertencia silenciosa que la vida lanza para que pares. Pero jamás. Jamás imaginó que el cuerpo que se iba a quebrar primero sería el de su hijo, el del medio.

Su hijo, su compañero de anécdotas y cargas.

Ese que creció viendo cómo su madre se hacía la fuerte, cómo disfrazaba el dolor con humor, cómo limpiaba lágrimas con trapos de cocina.

Él, tan joven, tan aparentemente invencible, atlético y tan fuerte, acabó en una cama de hospital tras una isquemia transitoria, así lo escribieron en ese informe médico. Una palabra que ella ni siquiera quería pronunciar, no la entendía.

Porque solo escucharla le helaba el alma.

Fue entonces como si el mundo se pusiera en pausa.

Ella, que tanto había temido por su salud, que creía que si alguien caía, sería ella misma… no podía asimilar que el golpe venía desde donde más le dolía, su sangre, su niño, su hombrecito, su galán.

Lo miraba ahí, tan quieto, tan frágil y por dentro se rompía de una manera que no había vivido nunca.

Porque una cosa es estar rota por amor, por la vida, por los reveses… y otra muy distinta es estar rota del alma por ver sufrir a un hijo.

No sabía si llorar, gritar o hacerse la fuerte.

Así que hizo lo que mejor sabía: ser el pilar, sonreír, buscar información, acompañar sin asustar.

Y cuando él dormía… entonces sí, soltaba el llanto que llevaba horas mordiendo, porque sus noches se unían con sus días, pasaba el tiempo vigilando el sueño de su hijo y garantizando que estaba bien mientras ella allí de pie; sin embargo, igual iba a trabajar mientras escuchaba quejas y agonías que le parecían tan banales, ella se decía: «Mi misma, a esta gente le falta calle para que valoren lo que tienen», pero esa es otra historia.

Se preguntó mil veces si había fallado.

Si por no parar ella, su hijo había aprendido también a imitar su conducta.

Si tanta exigencia, tanto ejemplo de resistencia, le había enseñado a aguantar todo... incluso el estrés que ahora casi se lo hubiese podido llevar.

Y por dentro, algo en ella cambió.

Porque entendió que no solo era ella quien había cargado el peso del mundo. Que, sin darse cuenta, lo había repartido a sus más grandes amores.

Y eso la atravesó como una daga, sintió culpa.

Desde ese día, ella también empezó a hablar más claro y a decir: «Estoy muy cansada».

A dejarse ayudar, a pedir pausa, a respirar con más consciencia, a mirar a su hijo a los ojos y decirle: No más, nuestra salud no se negocia, ni un trabajo ni nadie vale más que nuestra propia vida.

Aunque el susto se fue disipando con el diagnóstico alentador, ella ya no era la misma.

Se hacía más sabia, mayor, pero más suave, a sentirse más humana y menos de hierro.

Más madre que nunca, como si eso fuera posible cuando su mundo entero son sus hijos.

Y sí, el miedo quedó ahí, agazapado en algún rincón, pero también la certeza de que ahora se cuidarían con más amor, de que a veces el cuerpo grita lo que el alma calla y de que los superhéroes también necesitan descansar.

Hay momentos en la vida que te parten.

No a la mitad, no en dos, sino en mil pedacitos invisibles que nadie ve, pero que ella carga mientras sigue trabajando, mientras canta, hace chistes y hasta da ánimos.

Porque así es ella; una mujer que ha aprendido a recoger sus propios pedazos y a seguir, aunque por dentro se sienta hecha trizas, tiene el poder de regenerarse una y otra vez asombrosamente, ella es Mi misma.

Fue él, su muchacho.

Ese que tanto la ha visto batallar, ese que heredó su carácter y nobleza, ese que ni siquiera se quejaba a pesar del trabajo duro y esas jornadas que no tienen explicación, hasta que el cuerpo le dijo basta.

El tiempo se detuvo desde ese día y durante algunos más. Todo se volvió un eco borroso y un nudo en el pecho.

Ella, la de la sonrisa lista, la de los consejos sabios, la que siempre sabe qué decir... no encontraba palabras.

Quería gritar, romper algo y hasta reclamarle a alguien, pero se tragó su miedo.

Porque había que seguir siendo fuerte. Porque «mamá es mamá»... incluso cuando por dentro se siente vulnerable.

Entró su hija, la doctora.

La que parece de hielo cuando se trata de salvar vidas, pero que en ese instante no era médico, era hermana. Corrió sin preguntar, abrazó.

Se tragó las lágrimas tal vez.

Y luego, con ese temple que solo ella tiene, tomó el control.

Hablaba con los especialistas, revisaba informes, hacía preguntas técnicas..., pero bastaba mirarla a los ojos para saber que su alma temblaba, pues algo no estaba del todo bien.

Y el menor... ay, ese menor con quien tantas veces discute, con quien tiene una conexión visceral de hermanos que se aman incondicionalmente.

Se le descompuso el rostro al ver a su hermano así.

No sabía qué hacer, no sabía cómo actuar y en su desesperación solo supo decir: «¡Tráiganmelo a casa!».

Como si con tenerlo cerca pudiera protegerlo del mundo, como si en su presencia el miedo no tuviera permiso.

Ese momento, ese caos, ese miedo... a ella la desnudaron.

Le recordaron que por más fuerte que se sea, hay cosas que no se controlan.

Le mostraron que sus hijos son su talón de Aquiles, su motor y también su fragilidad.

Pensó en todas esas conversaciones consigo misma.

En esas madrugadas donde su única compañía eran sus pensamientos. En las veces que se preguntaba por qué todo le costaba tanto.

¿Por qué tenía que luchar el triple?

¿Por qué la vida parecía ponerle pruebas que a otros nunca les llegaban?

A veces lloraba sin saber por qué. A veces reía sin motivo.

A veces hablaba en voz alta para calmarse.

O para darse una palmada invisible en la espalda.

Porque así es ella, su mejor amiga, su psicóloga, su compañera de locuras, su consuelo.

De ahí nació *MI MISMA*. De esas charlas internas.

De ese diálogo constante con su niña interior.

De esa mujer adulta que ha vivido mil vidas y ha salido de cada una con un poco más de sabiduría, aunque también con más cicatrices.

Fue así, que entre jornadas de trabajo que nadie imagina, entre habitaciones que limpia como si cada rincón tuviera que brillar con la dignidad que ella no negocia, entre risas que lanzan sus compañeras al verla siempre tan enérgica, aunque por dentro le duelan hasta las pestañas…, ella sigue.

Porque tiene el alma cansada, ¡sí!, pero las ganas de vivir en plenitud siguen intactas.

Hoy, con la calma que ha aprendido a elegir, dice sin titubear que lo mejor que ha hecho en su vida, además de criar a sus hijos y no rendirse nunca, ha sido escribir su historia.

Porque la ha escrito por ella. Para ella.

Para *Mi misma*.

Esa mujer que tiene un cortometraje aún en YouTube, escrito, dirigido y hasta con un personaje hecho por ella, esa mujer clara, que tiene mil facetas y un camino por recorrer confiando que ya no será un sendero lleno de espinas.

Porque la vida no la ha vencido ni la vencerá incluso hasta su muerte, aunque lo haya intentado muchas veces.

Si el destino quiere asustarla, va a tener que ponerse más creativo.

Porque ahora, más que nunca, sabe que no está sola. Se tiene a ella.

Y con eso… es suficiente.

Mientras termina de escribir, piensa en todas las veces que la subestimaron. Que la miraron como una mujer echada *p'alante*, pero rota.

Que la juzgaron por su alegría escandalosa, por su forma de hablar con el cuerpo, por su manera tan suya de mirar el mundo con descaro.

Sí, descaro.

Porque hay que tenerlo para sobrevivir a tanto y, aun así, seguir siendo *sexy*, fuerte, libre… y con ganas de echarle ganas a la vida.

Se ríe sola de ver como tantas veces, al recordar que, con su edad, hay quien se atreve a decirle que ya está «vieja para ciertas cosas».

¿Vieja para qué?

¿Para comerse el mundo a bocados?

¿Para disfrutar un beso robado en un ascensor?

¿Para mirarse al espejo y decir: «mamita, estás buenísima y encima eres jodida»?

¡Por favor! vayan para atrás y a la cola quien quiera estorbar.

Vieja será la forma de pensar de quienes no entienden que las mujeres como ella florecen en cada etapa.

Que no necesitan permiso para nada.

Y que no les hace falta nada que las ayude a sentirse vivas, porque ya están completas… hasta con sus grietas a medio cerrar, inclusive.

Se siente plena.

Aunque tenga tantas cargas. Con noches que aún duelen.

Con días de calma y otros de euforia.

Aunque haya momentos en los que extrañe lo que no fue y ella siempre quiso que fuera.

Igualmente aprendió a quererse con todas sus versiones.

Con la que limpia habitaciones con ritmo de merengue en la mente y con la que lloraba frente al microondas esperando que se caliente la cena.

Ella sabe con certeza que lo mejor de su historia no es lo que sufrió, sino lo que sobrevivió.

Lo que aprendió.

Lo que convirtió en palabras.

Que si este libro llega a otras mujeres como ella, aunque sea a una sola, ya valió la pena.

Así que levanta la mirada, respira hondo y piensa en su próxima aventura, su próximo viaje, su próxima locura.

Porque lo que viene, lo sabe y será tan bueno como ella se lo merece. Si el destino tiene planes nuevos, que vengan.

Que no se asusten de encontrarla con las maletas listas, la risa fácil, el alma hambrienta y una nueva historia empezando a escribirse en la piel.

Porque esta mujer no conoce el significado de rendirse. Porque ella no se calla.

Porque esta mujer, «MI MISMA», es un volcán que aprendió a bailar entre sus propias cenizas, una mujer que se reinventa a diario, que no se limita y se exige como su única meta de triunfo y eso no lo logra cualquiera.

16

Ahora no lleva tacones
y tiene las uñas a medio hacer

No había un manual con instrucciones para enfrentarse a todo.

Ni un mapa, ni brújula, ni ninguna aplicación que indicara por dónde se empieza cuando la vida se va a pique.

Solo estaba ella en esos momentos; algunas veces rota, otras reconstruida, muy cansada, desordenada por dentro…, pero muy viva.

No tenía tiempo para hacerse la víctima, tampoco ya le gustaba parecerlo, ni ganas de quedarse llorando en un rincón mientras el mundo seguía girando.

Así que hizo lo único que sabía hacer desde que tiene memoria: vivir con estilo. Con las uñas rotas, ¡sí!, pero luciéndolas aún con más fuerza.

Era de esas mujeres que aprendieron a maquillarse las ojeras sin espejo y a sonreír cuando lo único que querían era lanzar la toalla por la ventana.

Se reconstruyó sola una y mil veces.

Con paciencia, con rabia en ocasiones, con noches en vela y alguna que otra carcajada medio histérica.

Y no, no fue bonito, pero fue su momento. Muy suyo.

Porque mientras otras pedían ayuda, ella se hablaba a sí misma en voz alta, como si con cada conversación pudiera entender el porqué de tanto esfuerzo siempre, ¿cuándo le tocaría lo sencillo?

«¿Hasta cuándo?», se preguntaba.

«¿Y ahora qué?», se respondía.

Y sin saber cómo, terminaba poniéndose de pie otra vez. Con el alma arrugada…, pero con el culo bien puesto.

Salir adelante siempre no fue una elección. Fue una necesidad.

Porque o se levantaba o se quedaba en el suelo, viendo cómo la vida le pasaba por encima.

Y ella no había nacido para arrastrarse.

Había nacido para recorrer grandes caminos... aunque fuera con los pies hechos trizas.

Era de esas mujeres que limpiaban su casa llorando mientras se iba transformando, que siguen trabajando aun con dolor de la vida; porque si en ocasiones le llegó a doler la vida, sonreía mientras el alma se tambaleaba porque no había más que seguir adelante.

Pero nadie lo notaba.

Porque su fuerza no venía del exterior. Venía de sus entrañas.

Y no había dolor que lo apagara.

Era fácil juzgar desde afuera.

—Que si siempre está de buen humor, que si se ve entera, que cómo puede con todo...

¡Ay, si supieran!

Si tan solo por un segundo pudieran asomarse al torbellino que ha llevado por dentro...

Pero ella no lo contaba, ni se quejaba. Ella actuaba y ejecutaba.

No en modo víctima.

Sino como protagonista de su propia novela, con tintes sin drama, pero con humor negro y escenas subidas de tono... como a ella le gustaba.

Su fuerza no venía del gimnasio ni de los libros de autoayuda. Venía de lavar platos con lágrimas en los ojos.

De hacer camas con la cintura que no sabía cuándo quedaría allí sin más.

De calzarse ahora unas zapatillas porque ya no podía llevar los tacones, no por vieja, sino por la falta de utilidad y por su comodidad.

¡Y pensar que esa mujer no caminaba con tacones! Ella volaba con ellos puestos.

Desde que salía de casa para trabajar en la oficina, como lo que es, aunque no lo ejerza: «la Doctora», hasta que volvía a su casa propia, en su adorado país de origen.

Antes de que todo cambiara.

Porque así llegan los grandes giros, sin avisar.

Ella simplemente salía, aunque el alma le pesara toneladas.

Era esa mujer que, después de haberlo perdido todo, todavía encontraba razones para pintarse los labios y decir: «Ahí vamos otra vez». Muchas veces iba andando, aunque tenía su coche, pero es una locura no encontrar dónde estacionar en un país del primer mundo.

También había noches en las que no dormía del cansancio, pero igual escribía sus vivencias.

No por inspiración solamente.

Sino por la necesidad de drenar todo lo que llevaba cargando por años, y no crean que su día a día era fácil, cuando vivía rodeada de serpientes, pero que ella como buena guerrera les sabía pisar la cabeza.

Porque escribir era su desahogo, su terapia más barata, su manera de no explotar. Se vaciaba en cada página.

Y mientras lo hacía, se llenaba otra vez; pero ahora de gloria y satisfacciones.

Con cada frase que salía de sus dedos se sorprendía: «¿De verdad esto lo escribí yo?».

¡Y sí!

Lo había escrito ella, claro, es que lo había vivido todo tal cual…

La misma que sobrevivió al caos.

Ella, la que tenía razones de sobra para rendirse…, pero nunca se rindió.

Y lo mejor es que cada cosa que escribía era el relato de su propia vida. Nada era inventado.

Eso le daba más fuerzas para seguir.

Aunque hay que confesarlo, muchas veces se sorprendía de cómo había salido de tantas cosas… y de cómo se permitió tantas otras.

Pero siempre llegaba a la misma conclusión: «Todo tenía que pasar» para convertirla en la mujer que es hoy.

Había descubierto que sanar duele, pero pesa menos que cargar con lo que callamos.

Que reírse de una misma es una forma de respeto.

Y que no hay mayor libertad que la de ser auténtica, aunque eso incomode.

¡Y ella incomodaba!

Pero no le importaba, ya no.

Porque ella la pasaba bien consigo misma, y eso era lo importante.

Porque decía lo que pensaba, aunque fuesen temas que para otros eran tabúes o que no correspondían a una mujer.

Porque hablaba de sexo sin culpa. De tristeza sin drama.

Y de sus pesares sin esconderlos bajo la manga.

Hablaba de su histerectomía como una liberación, mientras otras decían que estaba hueca, increíble cómo en estos tiempos aún haya tanta ignorancia; lo peor de todo es que la solidaridad femenina se fue a la mierda porque muchas son las mujeres que atacan a otras solo porque no pueden ver cómo alguna logre sus propósitos o destaque un poco.

¿Acaso son celos? No, amigas, es envidia, maldad, traición y soberbia. Así se llama, y ella se los dice.

Sabía que muchas veces había regalado su energía a quienes no la merecían, pero ya no.

Sabía que su verdadera historia tenía una sola protagonista.

Y esa relación consigo misma, aunque turbulenta, la mantenía viva. Ahí estaba, después de tantas caídas.

No como la mujer que lo logró todo, sino como la mujer que, aun sin tener todo resuelto, estaba aprendiendo a disfrutar lo que sí tenía.

Lo que había logrado construir por y para ella. Con sus días buenos y sus días oscuros.

Pero siempre con el mismo mantra: «Yo puedo... porque ya he podido».

Trabajaba duro, sí, siempre. En lo que surgiera.

Como si tejiera futuros. Alegre.

Siempre muy alegre y entusiasta.

Contagiando positivismo. Porque su lema era claro.

«El cansancio se calla con optimismo».

Algunas compañeras la elogiaban por esa actitud.

Por esa forma de transformar lo cotidiano en algo casi mágico. Ella no tenía trono..., pero tenía temple.

No tenía lujos..., pero sí dignidad.

Cuando regresaba a casa con el cuerpo adolorido, encendía la lámpara, abría el portátil y escribía.

A veces solo una línea. A veces cinco páginas.

Pero siempre dejaba algo de sí en cada texto.

Como si en esas palabras pudiera descansar de tanto peso y recordarse que estaba llena de vida, que estaba aquí en su presente, que había valido la pena no rendirse nunca.

Había aprendido a estar sola sin sentirse vacía.

A disfrutar de su silencio, de su cama, su comida, de sus viajes sola...

Porque sí, ¡se sabía disfrutarse sola ahora!

Se regalaba escapadas improvisadas, incluso hasta subió a un barco durante ocho días a pesar de llevar a locadia en algún espacio de su mochila.

En su edad madura, claro.

Porque nunca es tarde cuando el alma quiere aventuras.

Y al final del día, frente a cualquier espejo, con el delineador medio torcido y el moño deshecho, se miraba y decía:

«Puede que no tenga todo resuelto, pero qué bien me siento... siendo yo. Siendo MI MISMA».

De tanto ser para otros, su prioridad se aclaró y era siempre ella.

Fue así, con el alma remendada a mordiscos de realidad y besos propios, se eligió una y las veces que eran necesarias.

Se elegía cada día para demostrarse cuánto se amaba y respetaba ahora por esa mujer que es.

Porque ya no vivía esperando ser la antagónica de ninguna historia ajena. Ahora era la autora.

La editora.

La directora.

Y claro... la actriz principal de su propia película.

De superación, suspenso, y hasta de comedia realista.

Ahora sus recuerdos la llenaban de gloria porque solo saboreaba lo bueno que dejaba cada experiencia vivida.

Tenía tantos sueños aún por cumplir, que, al despertar, se peinaba con picardía, miraba al sol y decía:

«Ay, pero qué rico es soñar sin sufrir».

Y ella, con esa sabiduría que dan los años y los desamores bien digeridos, ya no se castigaba por sus errores, ahora bien corregidos, caminaba con pasos firmes, aunque en ocasiones tambaleara, y es normal y aceptable de igual manera.

Había aprendido a darse su lugar, incluso cuando nadie se lo daba.

¡Era generosa, sí, y mucho!

Aunque ahora era más exigente para todo.

En ocasiones la vida a veces la dejaba al descubierto porque de momentos podía verse vulnerable, cansada, con la espalda quejándose y el cuerpo pidiendo tregua, su esencia no se apagaba.

Al contrario, en cada gesto, cada palabra, cada broma que soltaba mientras hacía una cama o escribía una nueva página, dejaba claro que la verdadera riqueza era haber sobrevivido con dignidad, sin perder la chispa… y más que todo su naturaleza.

¿Hoy con las uñas rotas y a medio hacer?

¡Sí!

Pero bien pintadas.

Siempre pintadas con ese buen gusto y *glamour* que la caracteriza.

Porque, al final, lo más importante era que se convirtió en una mujer sin antifaz, sin miedo a que se supiera quién era.

Desde lo más triste, hasta lo más sabroso. Desde lo más roto, hasta lo más atrevido.

Porque ella era así, un cóctel de fuerza, ternura, locura y sensualidad que no se anunciaba para ser contada.

Mucho menos iba a pedir perdón a estas alturas de su vida, ni de coña. Y tú, lector curioso que llegaste hasta aquí…

No te confundas; ella no era una sobreviviente. Ella es la restauración de una obra de arte.

Porque tenía el arte de seguir siendo divina… aunque limpie mierda como muchos le dicen.

Y siempre fue así.

Una mujer de esas que se arreglaban, aunque no tuviera a quién impresionar, pero ahora lo lucía sin temor a una pelea infundada, a escenas de celos que no tenían sentido.

Ahora lo disfruta porque cada prenda le ha costado mucho esfuerzo tener, porque es de las que se compra todo ella o se lo regalan sus hijos.

«Mi misma» es de esas que se perfuman para sí mismas, que se pintan los labios, aunque el destino del día fuera una jornada agotadora de trabajo, entre toallas sucias, camas revueltas, baños por limpiar o mesas por atender según sea el lugar.

Porque para ella verse bien no era un lujo. Era una forma de respeto. De dignidad.

De amor propio.

Y sí, eso levantaba suspiros… también lenguas venenosas, porque no olvidemos que algunas pollas también se levantaban, unas solo al verla y desearla mientras otras de recordarla.

Los hombres, claro, se deleitaban.

Bastaba con que pasara cerca para que el aire se impregnara de ese perfume envolvente, ese andar seguro, ese «aquí estoy».

Algunos bajaban la mirada con timidez. Otros la seguían con descaro.

Pero todos, absolutamente todos, la notaban. Las mujeres, en cambio… ay, las mujeres.

Algunas la elogiaban.

En su país incluso la usaron de ejemplo.

«Mira esa mujer, siempre impecable, siempre de punta en blanco…».

Las jóvenes la admiraban, preguntaban qué cremas usaba, cómo hacía para mantenerse así.

Pero otras, oh por Dios, esas otras, la criticaban con saña, esas eran las inseguras, pero ella no tenía la culpa; esas necesitaban terapia para sus complejos.

—¿Para qué se arregla tanto si va a limpiar?

—Mírenla, toda producida para ponerse un uniforme…

—Ay sí, mucha pose, pero trabaja limpiando habitaciones o atendiendo mesas, no es más que una simple camarera.

Era lo que decían…, pero todo a sus espaldas, porque de frente estaba a la orden del día para darse su lugar y poner a cada una en su sitio.

Como si por el hecho de estar en un trabajo considerado «de servicio», tuviera que presentarse como una pordiosera o indigente transmitiendo lástima.

Como si la dignidad tuviera algo que ver con el cargo que ocupas. Como si su autoestima tuviera que dejarse en la puerta de su taquilla.

Un consejo para esas mujeres sería que no la culpen a ella de sus propias inseguridades o de que algún marido ajeno la mire; recuerden que el respeto es de la pareja y ella solo existe, lo que produce no es su culpa.

Pero ella no se desmorona por esas situaciones, camina con la frente en alto y hacia adelante, siempre de frente al sol.

Ella jamás se dejó contaminar por ese pensamiento mediocre. Sabía quién era, de dónde venía y hacia dónde iba.

Sabía que su presencia molestaba a quienes no se atrevían a brillar por sí mismos. Porque ella era luz.

Aunque estuviera exhausta muchas veces, a pesar de que le dolía la vida en ocasiones, tenía los pies hechos polvo, la artrosis le devoraba los huesos y el alma a medio remiendo…, ella resplandecía igual.

Siempre agradecida con Dios, quien era su mayor pilar, su fuerza diaria, su motivo silencioso.

Así aquellas que solían criticarla se escondían detrás de la rutina, mientras ella seguía pintándose los labios cada día, se recogía el cabello con elegancia y salía a enfrentar el día con una sonrisa que gritaba:

«Estoy viva y soy hermosa… aunque esté fregando pisos y si estoy mejor exploto con purpurina».

Su autoestima había subido tanto, ¡pero esta vez sí era verdad!, que hasta el diablo temblaba si ella caminaba.

Su forma de vestirse no era vanidad, era rebeldía.

Era su manera de gritarle al mundo que no había caído, que solo estaba pasando por otra estación más en el tren de su vida.

Porque el *glamour*, la fuerza y la sensualidad no se negocian.

No se pierden con los años, ni se borran con el puesto que figura en la nómina, con eso… se nace, se educa y se pule.

Y así, con uñas rotas, pero con el esmalte fresco, con el uniforme planchado y las curvas intactas, seguía caminando entre pasillos, dejando una estela de perfume y una lección de vida.

«Que la elegancia, la clase y la actitud… no se manchan con nada».

Ni la lejía podía blanquear esa gama de colores en la que convirtió su rutina.

Ella se convirtió en una mujer tan emblemática que un día cualquiera, sin razón aparente… o con todas las razones acumuladas en el alma, se compró unos tacones.

No para salir porque ya no los manipula muy bien por la falta de uso constante como lo hacía en el pasado.

No para ir a una fiesta.

Ni siquiera para impresionar a nadie.

Se los compró para ponérselos en casa… y limpiar.

Sí, así era ella.

Además, le servía como otra forma de no olvidar quién fue y quién seguía siendo en su interior.

Así de loca.

Así de intensa.

Así de viva.

Los sacó de la caja como quien encuentra un tesoro olvidado.

Los miró con ternura, como se mira a un viejo amor que no se ha terminado de olvidar.

Se los puso con cuidado, con torpeza al principio porque, claro, después de tanto tiempo sin usarlos, el equilibrio se va… como algunas ilusiones.

Pero ahí estaba.

Caminando por la casa en tacones, pasando el paño por el suelo, riéndose de sí misma, recordando a esa mujer que subía y bajaba escaleras como una modelo, que caminaba con el mundo rendido a sus pies, aunque ahora lo sigue haciendo, pero en zapatillas.

Ahora le costaba.

Le dolían.

La hacían doblar los pies.

Pero no los usaba por comodidad.

Los usaba para honrarse y porque le daba la gana.

Pues vivir en un país donde se vive para trabajar y no al contrario hace que a veces una se olvide de esas cosas pequeñas que la hacían sentirse poderosa.

Las jornadas son largas.

El cuerpo se entumece por el agotamiento y el dolor.

La rutina empuja hacia lo práctico, lo cómodo y lo básico.

Encima, en una cultura donde lo común es andar sin mucho arreglo, sin prisas, sin tanto protocolo… ella era como una estrella fugaz en medio de un cielo gris.

No era común.

A veces, ni parecía real.

Y eso, precisamente eso, le daba vida.

Ponerse tacones para limpiar era un acto irreverente. Una declaración de principios.

Una forma de decirse a sí misma: «Sigo aquí.

Con la espalda molida y el alma reconstruida…, pero sigo siendo yo». Esa que brilla, aunque nadie la mire.

Esa que camina con estilo, aunque no haya pasarela».

Y al final del día, cuando se los quitaba y los dejaba al lado de la fregona, podía sentir nostalgia.

No por vanidad.

Sino por memoria.

Por respeto a la mujer que aún habita dentro de ella.

Esa que, aunque esté como soldado retirado de batalla que colgó sus medallas, nunca dejará de andar con tacones invisibles por la vida.

Porque hay mujeres que no se rinden.

Se ajustan los tacones, aunque sean del alma y siguen bailando entre escombro. Esa mujer es conocida como la Mi Misma.

17

Más fuerte que el café de las mañanas

Aunque la vida le ha pegado más veces de las que quería contar, tenía una fuerza interior que siempre lograba reponerse.

A veces no era solo por fortaleza, sino por terquedad también. Por lo indomable que era su espíritu.

Porque lo de levantarse después de caer lo tenía en la sangre.

Y cuando pensaba que ya no podía más, siempre le quedaba una dosis extra de energía… más fuerte que el café de las mañanas.

Si su vida fuera una bebida, sería un café cargado, de esos que te sacuden la modorra de un golpe.

Nada de esas tazas diluidas que sirven en las cafeterías modernas. ¡No! Ella era otra cosa.

Su café era con leche, espeso, sin azúcar, porque ahora usaba agave, no por hacer dieta, sino por no darle fuerzas a locadia para que altere su sistema nervioso que tanto le ha costado equilibrar.

Claro, y lo más curioso era que ni siquiera tomaba cafeína.

¿Se imaginan si lo hiciera?

Así ella, directa, sin florituras, capaz de despertar a un muerto con la mirada… aunque también supiera arreglarlos para su última morada.

Porque sí, como lo narro en páginas anteriores, también era agente funerario, aunque sin contrato formal ni oficina con letras doradas.

Una más de sus mil vidas con diploma, pero con entrega total. Si el día comenzaba torcido, ella se plantaba más firme.

Porque las horas de insomnio, los turnos interminables y las luchas internas se digieren mejor con un café caliente y la cabeza en alto.

Había días en los que la vida parecía desafiarla con ganas.

Como si el universo tuviera un pacto con el agotamiento físico y mental para fastidiarla.

Siempre llegaba eso en algún momento por mucho que ella intentara evitarlo.

Sus compañeras más cercanas lo sabían, ella era la que siempre llegaba con el ánimo alto y la mejor disposición.

Aunque por dentro estuviera hecha polvo en algún momento porque es válido y ella no es de piedra, pero su cara nunca lo delataba o al menos la mayoría de las veces solo si ella lo dejaba notar.

Su alegría era contagiosa, su energía inagotable. O eso parecía.

Porque a veces el alma se sostiene más por costumbre que por descanso. Es que, en el fondo, ¿qué otra opción tenía?

El café se acababa y las fuerzas no volvían mágicamente, pero si no se levantaba por sí misma, ¿quién lo haría por ella?

Entre tantas cosas que había aprendido era que la vida no espera a que te sientas lista.

No pregunta si tienes ganas ni si te duele algo, solo te empuja.

Así que ella, con su café más fuerte que cualquier excusa, no perdía el tiempo preguntándose por qué todo se ponía tan difícil o por qué a ella siempre le había costado tanto cualquier cosa.

Mejor dejaba de pensar y se ponía a trabajar.

Al fin y al cabo, como decía un viejo dicho que nunca olvidó:

«El café no soluciona los problemas, pero al menos te da la energía para enfrentarlos».

Los días no daban tregua.

Los problemas familiares, la lucha con su cuerpo y con su mente en ocasiones agotada… todo parecía gritarle que el universo le pedía más de lo que podía dar.

Pero cuando recordaba todo lo que había superado, la sonrisa irónica con la que desafía las vicisitudes del presente se le escapaba solita.

Porque había algo en ella que nunca se apagaba.

Algo que ni la tristeza ni el cansancio podían matar.

Ella era como ese café recién hecho, fuerte, aromático, lleno de vida.

Aunque su vida a veces era como una taza de café que se enfría con cada golpe del día, siempre encontraba la manera de calentar el alma una y otra vez.

Ya fuera con una buena charla, un libro o el simple hecho de sentarse a poner en orden sus pensamientos.

Sabía que no todo iba a salir bien siempre…, pero también sabía que ella era más fuerte que cualquier tormenta que la alcanzara.

Como ese café, caliente, intenso, poderoso y capaz de mantenerse firme aun cuando todo parecía perdido.

Porque, al final, la vida es eso.

Como un café recién hecho que te despierta, te sacude el alma, te hace sentir viva, pero si lo dejas enfriar, pierde el sentido.

Así que no se podía dar el lujo de esperar. Tenía que actuar.

Tenía que seguir.

Por ella, por su familia, por sus sueños.

Incluso cuando la incertidumbre le respiraba detrás de la oreja, sabía que había algo que nunca le iba a faltar y era su fe inquebrantable, su confianza en sí misma que muchas veces le faltó…

Porque ella era más fuerte que ese café de las mañanas.

Recuerda que hubo un momento en el que su cuerpo, ese que tanto había soportado, empezó a mandarle señales que ya no podía ignorar.

La ansiedad, ese monstruo invisible que le araña desde adentro, comenzó a hacerse presente con más frecuencia.

No venía con tambores ni grandes escándalos, pero se colaba silenciosa entre los días, disfrazada de insomnio, de taquicardias injustificadas, de ese nudo en el pecho que no se soltaba ni con cinco respiraciones profundas.

Fue entonces cuando tuvo que enfrentarse a una de sus decisiones más difíciles y pensó en dejar el café.

Sí, así como lo lees.

Ella tuvo que mirar su taza favorita y pensar en decirle adiós. No por falta de amor, sino por amor propio para cuidarse.

El café, ese compañero fiel en cada jornada, fue reemplazado por descafeinados e infusiones que prometían calma y por rituales nuevos que no tenían el mismo aroma, pero sí… autocuidado.

Al principio fue como traicionarse a sí misma.

¿Cómo una mujer que se sostenía tan fuerte como un café ahora iba a mantenerse en pie sin él?

Pero lo logró.

Porque cuando hay que elegir entre el corazón disparado por ansiedad o la paz interna, la decisión empieza a tomar forma sola.

Y no solo fue la cafeína.

También el azúcar, hasta el chocolate que era su delirio.

Esa dulce trampa que tanto consuelo le había dado en épocas difíciles terminó por convertirse en otro enemigo disfrazado de alivio.

Cambió el azúcar por agave, como quien cambia un amor tóxico por un cariño más sano.

Sin fuegos artificiales y con menos efectos secundarios.

El chocolate, lo limitó en raciones como quien ya no se da toda de golpe, sino que aprendió a disfrutar las pequeñas dosis.

Cómo cambiar un hombre que la desarma con tan solo un mensaje al móvil por un septuagenario jubilado y con dentadura postiza, aquí solo de imaginarlo se ríe a carcajadas.

Sus amigas se reían al verla con su bebida de avena o su café descafeinado con canela y unas gotas de endulzante, mientras ellas seguían con cafés cargados como si fueran a conquistar el mundo.

Y ella también se reía.

Porque sabía que no necesitaba esa taza para seguir siendo fuerte. Porque la fuerza ya no venía de la cafeína.

Venía de dentro.

Venía de todo lo que había vivido y superado.

De todas las veces que quiso rendirse… y no lo hizo.

Además, sigue pensando que todo es cuestión de actitud, pues si a ella la vida le da limones, ahora busca tequila y sal.

Ahora su sistema nervioso le agradece.

Las noches eran menos turbulentas, su corazón latía con más ritmo de calma que de sobresalto, aunque a veces la tentación del café volvía con su aroma seductor… ella sonreía y se recordaba: «No necesito nada externo para ser la mujer despierta y valiente que soy».

Era como recordar un buen polvo que ya no podría repetir, aunque el gusto lo conservara intacto en la piel.

La vida no la quería dormida, pero tampoco en alerta constante todo el día.

Ella había aprendido a fuerza de golpes, claro está, que estar despierta no siempre es lo mismo que estar alterada.

Y que cuidar de su cuerpo no le quitaba fuerza.

Al contrario, la afinaba, la enfocaba, la hacía más poderosa.

Porque, aunque la ansiedad la obligó a dejar la cafeína, nadie —¡nadie!— le iba a quitar el placer de su café de las mañanas.

Que lo cambiara no significa que no cumpla su propósito sagrado, seguir siendo su primer sorbo de vida antes de enfrentar el mundo.

Ella, con la audacia de siempre, simplemente cambió la fórmula.

Ahora su café es descafeinado, endulzado con agave y con un toque de canela en polvo. ¿Y qué?

Sigue oliendo a hogar, sigue sabiendo a esperanza y lo más importante es que sigue siendo parte de ella.

Es su forma de decir «aquí estoy, lista para todo…, pero primero, mi café». Porque hay cosas que no se negocian.

Y sus tazas, porque tiene colección, esas que han sido testigo de lágrimas, risas solitarias y monólogos frente a la ventana, no se reemplazan por nada. Podrá no tener cafeína, pero tiene historia.

A ella le gustan las cosas con historia… no con fecha de vencimiento.

La gente le preguntaba: «Pero si es descafeinado… ¿qué sentido tiene?».

Y ella respondía con un labio de medio lado: «El mismo sentido que tener un ex que te escriba "hola" sin intenciones reales, o sea, ninguno…, pero se disfruta el ritual».

Así, entre sorbos sin nervios y mañanas más tranquilas, sigue aprendiendo cada día algo valioso. Que no hay que renunciar a todo para cuidarse, solo adaptarlo y ella era una estratega nata.

Que el autocuidado no es una cárcel, es libertad con conciencia.

Que uno puede ser intenso, apasionado, lleno de fuego… y, aun así, elegir la calma sin perder la esencia.

Y ahí va ella cada mañana, con su taza en la mano como si fuera un trofeo. No por lo que contiene, sino por lo que representa.

Una mujer que se escucha, que se respeta, que se adapta sin dejar de ser ella. Porque para ella el café era más que una bebida.

Era compañía, muchos recuerdos bonitos, un ritual, una caricia caliente y reinvención líquida.

Con el tiempo, como todo lo importante, se dio cuenta de que el café y los hombres tenían más cosas en común de lo que a veces quería admitir.

Sí, así mismo, como lo están leyendo.

Porque hay cafés que huelen fuerte, que se ven oscuros y cargados, que prometen intensidad… y al primer sorbo, decepcionan.

Insípidos.

Aguados.

Promesas disfrazadas de aroma potente.

Igual que esos tipos que se creen demasiado intensos, pero no tienen sustancia más allá del envoltorio.

Y están los otros…

Los que parecen suaves, los que nadie nota en la barra de la vida. Sin adornos, sin poses.

Simples, incluso aburridos a primera vista.

Pero ¡ay, Dios!, cuando uno se los prueba… Despiertan hasta el alma y lo que está más abajo también.

Te sacuden desde adentro.

Te dan energía para todo el día.

Como esos hombres que no se pavonean, pero que saben exactamente dónde tocar para dejar huella.

Por eso ella, que ya había pasado por todas las versiones, del *espresso* intenso al instantáneo traicionero, aprendió a saborear más allá del empaque.

A oler con el alma.

Y, aun así…, el café les seguía ganando, ella lo prefería.

El café nunca le mintió.

Nunca le prometió eternidades ni desapareció sin decir nada.

El café no la bloqueó, ni volvió después de meses a escribirle «hola» como si no pasara nada.

El café estaba ahí.

Fiel.

Todas las mañanas.

Aunque ahora fuera descafeinado y dulce de otra forma, seguía dándole paz.

Ella, que había sido de esas mujeres que aman con toda el alma, con todo el cuerpo… y a veces hasta con el hígado porque sintió amargura, ahora elegía café que no le acelerara el corazón.

Y hombres que no le dieran taquicardia emocional.

Mucho menos se dejaba llevar por la taquicardia vaginal… porque esa la traicionó muchas veces, no con muchos hombres, pero sí con quien lo merecía.

Ya no quería amores que le quitaran el sueño.

Quería café que le acompañara a escribir, que le calentara las manos mientras el mundo aún dormía.

Quería silencios compartidos, no discusiones absurdas. Quería rituales, no dramas.

Entonces, ahí estaba ella. A las siete de la mañana. Parada en la cocina.

Con su bata, su moño alto y su taza preferida. No hacía falta maquillaje.

Ni música.

Ni compañía.

Solo ella, el café… y su voz interna que le decía: «Mírate, mujer. Despertando con café sin cafeína, delicadamente dulce y sin necesidad de nada más.

Más fuerte que antes. Más despierta que nunca.

Tan segura de ti misma como nunca lo estuviste».

Porque así como el café, ella también había evolucionado. Ya no necesitaba intensidad para sentir.

Ya no quería pruebas de ningún tipo… solo paz.

Si el café podía adaptarse a su sistema nervioso sin perder sabor, ella también podía adaptarse a la vida sin perder el alma.

Había aprendido a reírse de sus errores, de sus dramas, de sus antiguos gustos peligrosos.

Eran terribles.

Había aprendido a disfrutarse incluso en pijama, incluso en silencio, incluso frágil a veces.

Había aprendido que estar sola no era estar derrotada… era estar llena de sí misma.

Y ese café, esta taza que no tenía aditivos, era la prueba de que se puede cambiar sin perder el placer.

Que se puede soltar lo que daña, sin dejar de saborear lo que uno ama.

Que el verdadero gusto no está en lo que acelera… sino en lo que permanece. Como todo en su vida, terminó sacándole humor al asunto.

A veces se ponía seria frente al espejo, con la taza en la mano y decía en voz alta: «Entre un buen café y un mal hombre, yo elijo el café… al menos ese me calienta sin decepcionarme».

Porque si hay algo que no ha perdido, es esa capacidad de reinventarse sin traicionarse.

De tomar decisiones fuertes con argumentos certeros y muy bien explicados.

De empezar cada día con ese gesto simple, pero poderoso que le recuerda que, aun en los cambios, sigue siendo la misma… solo que más sabia, más poderosa y está tan orgullosa de lo que es hoy que nada ni nadie puede tumbarle la corona.

Más mágica que el destino. Y más despierta que nunca.

Porque sí, tal vez ahora toma café descafeinado… ella sigue siendo más fuerte que el café de las mañanas.

18

Los necesarios, mas no los suficientes

No fueron muchos, pero existieron y ustedes dirán de qué se trata. Existieron, para bien o para mal.

Lo que a ella no la hace menos honrada, pero sí más experimentada, eso le permite ahora elegir para que puedan acercarse… o para que pasen de largo.

Algunos pasaron de puntillas; otros entraron como un huracán con nombre propio y promesas prestadas.

Todos, a su modo, se volvieron parte del inventario sentimental que ella nunca pidió llevar, pero del que hoy saca lecciones con apodos para cada uno, hasta calificaciones según lo buenos amantes que pudieron ser o tal vez no, porque con una ceja levantada puede afirmar que hubo unos malísimos y lo siguiente.

Aprendió con cada uno que besar no es amar, pero qué bien se siente el autoengaño cuando uno tiene una ilusión y se cree que los domingos son para eternizarse en una cama que huela a champú y a futuro ficticio.

Un amor que no pasaba de llamadas telefónicas idílicas y que así como llegó, terminó.

Todos tuvimos ese amor de niño que soñamos y que sentimos que nos rompió el corazón en mil pedazos, pero eso no es más que una ilusión bonita de verano que ella aún conserva con el cariño de una linda amistad.

Ella es de las que cree que, cuando hay amor, no puede haber amistad porque duele, y mucho, también sabe que ese beso que te daban en los labios ahora no lo darán ni siquiera en la mejilla; eso duele aún más.

Pero el querer o el cariño son muy diferentes y prefiere dejar puertas abiertas a maravillosas amistades y no coleccionar recuerdos de malos amores.

En este capítulo, ella hace referencia a los distintos hombres que pasaron por su vida; algunos con mucho cariño, unos con pasión y otros circunstanciales que no se detuvieron.

¿Y el amor también llegó y le dejó huellas? ¡Eso, solo ella lo sabe! Y uno que otro… que aún está muy segura de que la recuerda.

Estuvo el de las promesas de papel reciclado, ese que venía con comida callejera cuando fallaba, lo hacía muy a menudo hasta que a ella solo le importaba dejar de cocinar, aunque supiera que le mentía.

Ese le enseñó a detectar las disculpas sin intención de cambiar y a entender que hay hombres que te regalan tiempo, pero te quitan años.

Hay amores hermosos… Ah, ese fue necesario e indispensable. Le demostró que todavía podía sentir.

Después del hielo vino el incendio.

Pero también aprendió que la pasión sin límites es como un *whisky* sin hielo, termina por quemar más que por calentar.

Ese fue impulso y aliento de vida, que hoy es uno de sus más preciados recuerdos. Y así, uno a uno, fueron pasando los necesarios.

No porque fueran valiosos, sino porque la empujaron sin querer al borde de sí misma.

Algunos la amaron mal, otros la usaron bien.

Y ella, con esa costumbre suya de romantizar hasta las migajas, se quedó muchas veces con hambre… y con el plato lleno de excusas.

Pero lo más revelador no fue quiénes eran ellos, sino quién era ella con cada uno. Se dio cuenta tarde, pero se dio cuenta al final de todo y eso es lo importante.

Aprendió la lección porque tenía el superpoder de transformarse en la mujer que ellos necesitaban, no en la que ella era.

Fue una terapeuta sin título. Una amante sin orgasmos. Una esposa sin anillo.

Una amiga con beneficios, pero sin juicio emocional.

Y cuando ya no quedó más de ella por moldear para gustarles, entendió que el amor no debía doler, ni adaptarse, ni llamarlo para que le desviaran las llamadas.

El amor debía ser correspondido o descartado.

Sin tanto trámite ni tanto preámbulo, era decir ya no más y se acabó. Porque sí, todos esos hombres eran necesarios.

Necesarios para abrirle los ojos, para cerrarle la herida con puntos invisibles, para decirle a gritos lo que ella misma se susurraba en las madrugadas.

«No necesitas un hombre, necesitas paz».

Ninguno se quedó en los días grises.

Ninguno supo qué hacer con su intensidad sin filtros, con sus ganas de más, con sus cicatrices habladas y sus silencios incómodos.

Pero, aunque fueran necesarios, no han sido lo suficiente.

Ninguno fue suficiente, porque ella ahora sabe que no es poca cosa como se lo hicieron sentir en ese matrimonio que más que una unión fue su sepulcro en vida por tantos años.

Pero era tan poco su autoestima, fue una mujer tan menospreciada que no creía que tenía opciones y su temor a la soledad o al desafío de tener que aferrarse a alguien la hizo parecer hasta accesible para ratos, cuando en realidad es una mujer que pocos tienen el lujo de encontrar una vez en la vida.

Ahora los mira en retrospectiva como se mira a un ex vestido con la misma ropa de hace diez años, con pena, con ternura y con un agradecimiento por no quedarse.

Los que se han atrevido a querer volver, ya no encontraron a la misma mujer; la verdad no sabe si eso les gustó o les dio morbo el desafío.

Fue ella quien les dijo «aquí no hay nada para darte», a cada uno con sus argumentos los cuales antes no se atrevía ni a mencionar para que no se alejaran, aunque alguno de ellos quisiera darse el capricho de decir lo contrario.

En especial ese que la retó a ponerse esos pantalones que lo volvían loco y que fue ella quien en muchas ocasiones lo dejó esperando en ese comedor donde tantas veces se encontraban y no para comer precisamente o, más bien, para comerse a besos antes que entrara algún compañero o incluso alguna otra de sus conquistas y los sorprendiera.

Ahora ella ya no es museo de lo que pudo ser. Es una galería en constante renovación.

En la puerta colgó un cartel invisible que dice: «Se agradece el interés, pero ya aprendí la lección y quien es… no deja de ser».

Antes de entender lo que merecía, aprendió a subsistir con lo poco que le daban. La verdad no era mucho.

Pero ella, que venía con tanta carencia emocional, convirtió cada gesto cariñoso en un banquete, cada ausencia en esperanza, cada maltrato en una supuesta prueba de amor.

Se entregaba sin pedir nada a cambio. No por gusto, sino por necesidad.

Necesidad de ser mirada, elegida, sostenida.

No sabía lo que era el amor, pero estaba convencida de que el sacrificio era parte del paquete.

«Quien ama, debe aguantar», se decía a sí misma como resignación a la vida que llevaba en esos años que, gracias a Dios y su entereza, no se repetirán.

Y ella… aguantó de más.

Ella fue experta en perdonar rápido, en olvidar mal, en quedarse incluso cuando ya no la querían ahí.

Porque confundía lealtad con condena y amar con perderse. Eso sí, siempre lo hacía con elegancia.

Con esa capacidad suya de aguantar como si no doliera, de callar mientras se tragaba las lágrimas y de seguir dándolo todo, aunque no recibiera nada.

Creía que el amor se demostraba aceptando. Y aceptó.

El silencio como respuesta. La indiferencia como rutina. La distancia como estrategia. Los celos como interés.

Y la falta de compromiso como «dame tiempo».

Se creyó fuerte para soportarlo todo, pero no era fuerza, era miedo.

Miedo a estar sola, a no ser suficiente para alguien más; a verse ella sin la validación de un «te quiero» ajeno.

Así que se adaptó.

Fluía como el agua.

Tomó la forma de cada recipiente que le ofrecieron.

A veces amante, a veces novia oficial, a veces «la otra» con disfraz de «mientras tanto».

Y mientras más se daba, más se perdía a sí misma.

¿Llegó a amar?

La respuesta es sí… ¡Una sola vez!

Aunque pensó por muchos años que habían sido dos, pero la primera fue solo una ilusión, claro eso lo aprendió con la experiencia que dan los daños.

Porque es de las que cree que el verdadero amor solo llega una vez en la vida, como esa oportunidad de triunfo a la que tenemos que aferrarnos.

Aunque se puede querer varias veces, claro que sí; incluso llegar a sentir atracción, que también estimula tanto al alma como al clítoris.

Pero amó a un hombre que la miró bonito, con pasión desmedida y que le regaló muchos de sus momentos más felices, aunque después todo cambiaría, porque ya no la veía con los mismos ojos con los que ella lo miraba a él.

Al menos, con el paso del tiempo.

Porque algo de lo que está segura es que ese hombre la miró con admiración, con deseo, con lujuria… y hasta con un amor que él quiso disfrazar de ilusión.

Los cuerpos no mienten, llegan a expresarse hasta mejor que las palabras.

Nadie lleva a una mujer un Año Nuevo a conocer a su familia ni la presenta como su novia así sin más, pero ya eso es pasado; por eso allí está esa historia donde debe estar y ahí se quedará.

Después, él solo la usaba como paño emocional, como plan de emergencia, como fondo de pantalla para sus días grises y como cajero automático; pero ella le permitió todas esas cosas y más.

Y ella, con su alma de rescatista, creía que con entregarse sin medida podía curarlo, salvarlo, completarlo.

Cuando ella estaba hecha pedazos y él la iba terminando de destruir en pausas.

Nadie le dijo que el amor dolía tanto.

Que quien te quiere, no te pone a prueba.

Que los afectos no se ganan, solo se corresponden.

Pero como nadie se lo dijo, tuvo que aprenderlo a los golpes… y como dolió.

Con el amor pisoteado y cansado, el corazón hecho trizas, la dignidad enterrada bajo excusas que ya ni ella ya creía.

Mucha gente le preguntó si no le daba vergüenza que la supieran enamorada sola y ella hasta el día de hoy responde con un rotundo «no»: «Porque amo con el alma y el corazón», se atrevió a expresarlo, a demostrarlo y, en especial, a decirlo.

Además, se enteró tiempo después, porque fue tan buena la jugada de ese seductor que le creyó el amor que nunca le dijo, pero que al principio le demostró para con ella.

Si alguien le pregunta, simplemente contesta con la veracidad que la caracteriza.

¿Por qué no hacerlo?

¿Dónde está escrito que manifestar amor es exclusivo de los hombres?

Así es ella, espontánea, auténtica y ahora sin ningún tabú ni restricciones es mucho más atrevida.

Aun así, cada vez que uno se iba por voluntad o porque ella dejaba de estar presta a servir, ella no pensaba: «Me falló».

Pensaba: «¿Qué hice mal ahora?».

Qué poca autoestima tenía en ese entonces, sonará repetitivo, pero es muy cierto. Porque así de profunda era su dependencia.

Así de grande era su vacío.

Y así de poco se valoraba.

Por suerte, aunque le costara años, al fin se dio cuenta de que el amor propio no llega cuando lo pides, llega cuando se necesita para no morir por dentro.

Pero antes de eso… llegaron ellos. Los necesarios.

Los que, sin saberlo, la arrastraron hasta el fondo para que ella pudiera impulsarse desde ahí y volver a resurgir.

Sin importar la edad, siempre hay un amor que llena el corazón de ilusión.

Ese que marca el inicio de una forma de amar ingenua, intensa… y destinada, incluso a romperse.

Ese mensaje de buenos días, ese «¿cómo estás?» y hasta un «¿cuándo nos vemos?», eran su gasolina diaria.

El motivo perfecto para arrancar el día con una sonrisa y el pecho encendido.

Ese amor, que, aunque se iba porque no sabía cómo quedarse, volvía más adelante. No para remendar nada, sino para recordarle sin darse cuenta de que el deseo no siempre viene con amor incluido.

No volvía con el mismo disfraz, pero sí con menos escrúpulos.

Ella lo miraba como quien reencuentra un viejo libro que valoraba. Él la miraba como quien hojea una revista en la sala de espera.

Ella le abrió la puerta de su casa y del alma.

Él se metió en la cama y se fue sin dejar rastro.

Esa fue la primera vez que pensó que para algunos hombres el sexo no significa nada. ¡Qué inocente era!

Que pueden desnudar el cuerpo sin tocar el alma.

Que pueden reír con ella en la noche y no saber cuál era su color favorito por la mañana.

Aunque él sabía más de ella de lo que quería demostrar a los demás, por eso esta mujer nunca comprendió su lucha por fingir indiferencia.

Pero esa historia, aunque antigua, ahora le quedó como un bonito recuerdo.

Porque ella se convirtió en esa versión de sí misma que solo se queda con lo mejor de lo que había vivido.

Ahora es más selectiva... hasta con sus recuerdos.

Y claro que hay una conversación pendiente, como se lo dijo él un día a la mejor amiga de ella: «Nosotros somos los protagonistas, el resto son actores secundarios»., pero solo el destino y Dios sabrán si algún día se dará.

Le costó entenderlo.

Ella, que venía de una escuela emocional donde «hacer el amor» era literal, donde creía que solo se follaba con quien se ama.

Qué ingenua era a pesar de su edad, pero la realidad es que cada uno da lo que tiene en su corazón.

Al descubrir que no era así, algo se le rompió por dentro.

Porque comprobó en carne propia que ella podía estar con un hombre y decir «te quiero»... sin sentirlo; solo por repetición, eso también lo aprendió.

Porque si él, su primera vez en todo, ese que alguna vez le hizo creer en las mariposas, podía tenerla sin quererla, entonces ¿qué podía esperar de los demás?

Fue ahí cuando empezó su batalla contra la infidelidad; pero de frente esta vez, porque siempre le habían sido infieles, aunque ella fingía no darse cuenta y hacía la vista gorda o se hacía la tonta por evitar controversias.

No sentía celos, sino más bien decepción.

No entendía cómo alguien podía estar con varias personas sin que le importara el alma de quien tenía en casa esperándolo.

No entendía cómo era posible desconectar el deseo del amor.

Ella no lo entendía… porque aún creía que amar era sinónimo de exclusividad emocional y física.

Pero ese hombre, el que volvía sin corazón, le enseñó que no todos aman igual. Que hay quienes solo desean, quienes solo toman, destruyen… y no dejan nada bueno ni siquiera para recordar.

Hasta ella terminó aplicándolo, se volvió indiferente, aprendió a dejarse llevar por el momento sin dejar huellas, pero tampoco quedaba en sí ningún rastro.

Porque si no aprendía a poner límites, iba a seguir regalando el alma cada vez que abría las piernas.

No fue su peor historia.

Pero sí fue la que le rompió la inocencia.

Después de él, dejó de creer en regresos con promesas. En los «es que no sé lo que quiero».

En los besos que saben a disculpa anticipada.

Él fue necesario.

Para abrirle los ojos y entender que no todos los cuerpos se tocan con amor. Y que no todas las primeras veces merecen una segunda.

Amó creyendo que debía sacrificarse.

Se adaptó creyendo que amar era moldearse.

Y se quedó muchas veces… creyendo que eso era lo que hacía la gente cuando quería, aunque a veces no amara de verdad.

Solo por miedo.

Miedo a la soledad.

Esa soledad de la que hoy está enamorada. Porque asimiló que no es su castigo.

Es su decisión.

Ella tenía una fe por sí misma que era inquebrantable. Heredada. Aprendida. Socialmente premiada.

Pasó por hombres que nunca supieron estar.

Hombres que llegaban cuando les daba la gana y se iban igual, que la deseaban mucho, pero la querían poco.

Hombres que la admiraban, pero no sabían sostenerla.

Ni hablar de esos, los peores; aquellos que intentaron aniquilar su esencia, porque no sabían lidiar con una mujer que no se disculpaba por ser auténtica o más bien apasionada.

Estuvo con hombres que hablaban bonito, pero no sabían escuchar.

Con esos que decían «eres única» y, aun así, repetían la historia con cada mujer que venía después.

Con los que juraban amor eterno con la boca, pero con el cuerpo hacían promesas en otras camas.

Tuvo relaciones que empezaron con fuego y terminaron en cenizas antes de que pudiera siquiera entender qué había pasado.

También están esas otras historias.

Las que se arrastraron por años en nombre del «hay historia», cuando lo único que había era costumbre, temor y la absurda esperanza de que él algún día cambiaría.

La mayoría de las veces se le rompía el corazón sin escándalos. Ya no era por amor.

Era por desgaste emocional.

Por la acumulación de gestos tibios, silencios injustificados y mensajes que nunca llegaban.

Hasta llegó a pensar: «Como no nací para el amor, entonces me haré más productiva».

Pero bastaba un mensaje sin respuesta, una cita cancelada, una indiferencia que se volvía rutina, para que ella diera la espalda y bloqueara no solo el contacto, sino también algún espacio en sus días.

Ya no alargaba agonías.

Otras veces, el dolor era explícito. Traiciones.

Mentiras.

Palabras que se las llevaba el viento antes del amanecer.

Ella, fiel a esa vieja costumbre de romantizar hasta la falta de respeto, porque seguía ahí.

Esperando que el amor todo lo cure. Todo lo salve.

Todo lo justifique.

Hasta que un día, sin un hecho puntual, sin gritos ni ruptura formal, asimiló que los hombres que había tenido en su vida no eran villanos.

Pero tampoco eran suficientes.

No porque fueran poco para ella.

Sino porque ella, por fin, empezó a ser demasiado para todos aquellos que no le daban lo que merecía.

Demasiado consciente. Demasiado clara.

Demasiado ella.

Entonces supo que no es que no mereciera amor. Es que no merecía amores a medias.

Sí, hubo hombres capaces de amarla, pero a sus maneras.

Y de esa manera ya a ella no le alcanzaba.

Porque dejó de aceptar lo mínimo. De negociar su paz.

De justificar ausencias.

Y de creerse culpable del desamor ajeno o la falta de hombría de muchos para asumir sus errores.

En esa nueva versión suya, sin culpas, sin ilusiones baratas, sin el deseo constante de encajar, empezó a recordar cada historia no con nostalgia, sino con gratitud.

Gratitud por todo lo que no fue.

Porque gracias a eso pudo comenzar a ser lo que es ahora.

Una mujer que se basta sola. Que ya no busca y que no tiene miedo de decir «Gracias por haber pasado, pero más agradezco que no se quedaran».

No todo fue malo, claro está, porque sería mentir y si algo ella no soporta es la mentira.

Porque ellos también tenían lo suyo. Estaban esos.

Los que no venían a prometer nada, pero se quedaban un rato largo.

Los que no hablaban de amor, pero leían su cuerpo mejor que muchos que decían «te amo» mirando al suelo.

Uno en particular tenía el poder de alterar sus hormonas con solo hablarle al oído. Una voz grave, medio áspera, como si cada palabra la acariciara por dentro.

No necesitaba excusas para buscarla. Ni razones para quedarse.

Le bastaba un roce, una discusión mal cerrada, una tensión en el aire para resolverlo todo como él sabía, sin palabras..., pero con la lengua donde sabía que a ella le gustaba.

Ella, que todavía en aquel entonces creía que el deseo debía ir de la mano con el cariño, se confundía.

Porque él no hablaba de sentimientos, pero la hacía temblar como si la amara con cada gemido.

Fue el mejor sexo oral de su vida. Sin rodeos.

Sin pudores.

Una entrega sin mapas, con atajos directos al centro de su placer. Y sí, fue adictivo.

Porque una parte de ella todavía creía que si alguien sabía tocarla así, también sabría cuidarla.

Él lo hacía.

Con esa caballerosidad y ese vandalismo que, al escribir estas líneas, le saca sonrisas pícaras y le hace temblar las piernas.

Ese era su cielo.

Un cielo tan azul como tormentoso, hecho de deseos improvisados, de encuentros que pasaron con los años..., pero que no concluyeron y aún están a la orden del día.

Cielo, así la llamaba él y aunque ella sabía que así las llamaba a todas, ella fue parte importante de esa constelación.

¿Habrá reencuentros?

Seguramente, la demora sería volver a verse.

Basta un viaje, un mensaje y llegará un buen orgasmo que estará siempre a la espera por ambos.

Por eso, todos y cada uno han sido necesarios.

Para entender que el cuerpo puede sentirse amado sin que el alma haya sido tocada siquiera.

Para descubrir que no todo lo que excita, construye.

Y que hay caricias que arden como fuego, pero terminan dejando solo humo.

Ella ya no idealizaba.

Recordaba cada vez que el silencio se hacía largo entre las sábanas.

Aprendió, en lugar de victimizarse, a ser agradecida con cada uno de ellos por saber que eso no era suficiente para ella.

Ahora sabe que es mejor estar sola que conformarse.

Hubo casos de casos.

¡Uf! Ese modelo de hombre…

El que se ahogó en sus propios prejuicios.

Quien no pudo con una mujer libre, porque su masculinidad débil necesitaba control, no conexión.

El que quería a una mujer «pura», pero no entendía nada de lo que realmente es ser mujer, que la vio como una fácil, nunca le dio la oportunidad de escucharla; pero que hoy por hoy fue la más difícil que se le ha presentado en su vida y que jamás volverá a tener.

Y claro, estuvo el que no sabía besar, pero tenía opiniones firmes sobre lo que era «una mujer decente».

Feo, sí, aunque con buen físico, así que eso nunca fue el problema, pero con una arrogancia que lo hacía aún más difícil de digerir.

Se creía pudoroso, conservador y hasta un hombre «serio».

De esos que quieren a una mujer que no se haya acostado con ninguno antes que con ellos…, pero que sepa hacerlo todo en la cama.

Una santa en la calle, una diosa en la cama y una virgen emocional que se deje moldear.

Pero este no pudo con ella.

Le molestaba su libertad, su experiencia, su forma de hablar sin miedo.

La juzgaba por saber lo que quería, por no agachar la cabeza, por no hacer reverencias a su ego frágil.

Decía que era «demasiado intensa», que no se dejaba sorprender, que «no lo dejaba ser hombre».

Como si ser hombre implicara que ella debía apagarse para que él pudiera destacar.

Este hombre, aunque formaba parte del mundo de las leyes, nunca pudo descifrarla a ella.

Porque le recordaba a la mujer que más había amado en su vida y eso lo asustaba… le asustaba que le volvieran a hacer daño, porque ellos también sufren.

Así que, según su honestidad, eligió a otra.

Una que no sabía lo que quería, igual que él, pero sí sabía callarse.

Una que no lo confrontaba, ni lo excitaba con controversias, tampoco lo retaba. Y él se sentía feliz o, más bien, cómodo.

Con su versión monótona del amor, una mujer que le hiciera creer que él mandaba.

Lo peor de todo fue que llegó a cuestionar porque según él y sus informantes ella no era una mujer digna porque sus hijos eran de padres diferentes, como si eso hiciera a una mujer menos valiosa.

Pues hay excelentes mujeres que han tenido un hijo y luego de esa ruptura encuentran un buen hombre con quien forman un nuevo hogar y la llegada de otros hijos, aunque este no sea el caso de ella.

Porque ella sí tenía un solo padre para sus hijos, pero también es cierto que no fue el mejor que pudo haber escogido.

Aunque irónicamente este hombre que sí tiene hijos con mujeres diferentes, ninguna de ellas solo han tenido hijos con él, al contrario, cada una lleva su paquete adicional.

Entonces qué quería ese hombre con nombre de papa, que ella lo venerara acaso, que le rindiera pleitesía, ¡sí, cómo no!

Mientras tanto, mi misma seguía en su aprendizaje y reestructuración donde entendía algo fundamental y era que ser juzgada por su deseo, por su historia, por su libertad… es parte del precio de no resignarse con lo que haya.

Que hay hombres que no buscan pareja, buscan que los idealicen.

Y si una mujer tiene historia, placer, pasado, cicatrices y orgasmos por voluntad propia, eso a muchos los pone nerviosos y saca de su zona de confort.

Porque no todos están listos para amar a una mujer sin miedo.

No todos soportan que ella se conozca, se toque, se haya amado antes.

Hay hombres que no toleran que una mujer elija estar y también pueda elegir irse.

Y si eso la hacía «promiscua» para él, entonces que se quedara con su santa de escaparate.

Ella, por su parte, prefería ser libre antes que decorativa.

Ahora, cómo olvidar a ese… El «irresistible».

El que parecía una fantasía hecha carne. Al menos en teoría.

Aquel que medio mundo femenino y hasta algunos gay del entorno codiciaban. El *sexy* símbolo local.

Disputado, deseado, comentado en muchas conversaciones como si fuera un trofeo viviente.

El que hacía suspirar a las que lo veían pasar y pelear a las que creían tenerlo.

Claro, ella, que no era de piedra ni de hielo, también probó.

Le gustaba desde siempre y se dio la oportunidad, pensó que ahí sí, que ese sí, que esta vez estaría tranquila y sería una explosión en su vida, o mejor dicho; en su cama.

La emoción.

Las expectativas.

La ilusión envuelta en papel brillante.

Todo estaba servido para que fuera una noche épica.

¡Y fue épica!

Pero por desgracia, menos mal que no tuvo que invertir dinero…

Porque ese «hombre de portada» resultó ser, en la intimidad, una estafa peor que esas páginas de venta por catálogo.

Un fraude carnal.

Un desastre anatómico. El peor polvo del mundo.

Cero química, cero pasión, cero técnica, cero ganas de repetir.

Una experiencia tan decepcionante que ni aunque le hubiese comprado un piso, un coche y una isla privada habría valido la pena.

Lo peor no fue el polvo, lo peor fue el golpe al ego y las expectativas de ella misma. Ese momento crudo donde el deseo que había acumulado por años, ese ideal que había construido en su cabeza, se derrumbaba en veinte minutos de incomodidad y bostezos internos.

Le tocó cabalgar sola cual *jocketa* para lograr terminar con esa tarea; porque este señor nadie le explicó que después de meterlo había que moverse un poco al menos. Es que mientras escribía estas líneas, repitió la angustia del momento.

No hubo fuegos artificiales. Ni conexión.

Ni mirada cómplice después.

Solo una inmensa, una profunda y dolorosa decepción de que no todo lo que brilla moja.

Que no todo lo que provoca guerra merece la paz del día siguiente. Que hay cuerpos que son lindos de ver, pero una pesadilla de sentir.

Y que el verdadero *sex appeal* no se mide en aplausos ajenos, sino en cómo alguien te hace vibrar desde adentro.

Ese, el supuesto *sex symbol*, no logró ni un pequeño temblor.

Se dio cuenta ese día, que a veces la expectativa es más placer que la realidad. Que no todo el que te gusta merece pasar de la fantasía a la experiencia.

Al final, lo recordó con ternura... y una carcajada, qué más podía hacer ella; porque tampoco se iba a enfadar.

Pues hay decepciones que con el tiempo se vuelven chistes internos y hasta conversaciones entre mujeres por solidaridad.

Es muy liberador poder reírse de quien alguna vez se creyó un Adonis en la tierra, pero ella, la verdad no vio ni una estrella fugaz.

Lo más increíble de todo, fue el hecho de cómo otras mujeres fueron las que más la cuestionaron.

Mujeres que se creen más «señoras» porque llevan toda la vida con el mismo hombre, como si la costumbre es una medalla, como si aguantar fuese un mérito.

Quizás lo es, ella no lo niega, pero no uno que merezca premios si te anula por dentro.

La juzgaron por cambiar de pareja. Por no quedarse donde ya no era feliz.

Por no hipotecar su cuerpo ni su alma a nombre de nadie.

A ver también están los otros hombres.

Los que la ven indecente por haberse acostado con más de uno. Como si el deseo fuera exclusivo de ellos.

Como si cada encuentro que ella tuvo fuera una marca en su expediente, mientras que para ellos eran trofeos y un aumento en su currículum.

Lo irónico es que muchos de ellos añoraban, aunque sea una primera vez con ella. Un momento único, íntimo, deseado.

Pero ahora que saben que no fueron los únicos y que además ella no los quiso dejar en su vida, prefieren llamarla puta y para lo que a ella le importa.

Como si el ego de ellos no soportara la idea de que ella también se permitía elegir. Ella también probó, disfrutó, se fue cuando quiso y follaba por placer, ya no por compromiso.

Ella sabe que algunos, al leer estas páginas, se escandalizarán y dirán: «¿Cómo? ¿También estuvo con alguien más?». Y yo pensando que era solo yo».

Y sí, fueron varios.

Porque su cuerpo no es de nadie. Porque su deseo no es una penitencia.

Porque no le debe pudor a quien solo quiso su cuerpo y nunca se interesó por su alma.

Ella no escribió este libro para gustarles, ni para que la perdonen y mucho menos para que la entiendan.

Lo escribió porque quería plasmar su historia para ella misma.

Porque ya no le da vergüenza que se sepa parte de su vida, porque aún tiene vivencias guardadas.

Porque si la van a recordar, que sea como una mujer que se atrevió a vivir sin pedir disculpas.

Ahora, por fin, ella sí es suficiente, lo es. Para ella misma.

Y sí, fueron los necesarios. Cada uno a su manera.

El que la hizo temblar, el que la hizo llorar, el que la decepcionó sin excusas y el que la encendió para luego dejarla a oscuras.

El que no supo besar, el que no supo quedarse y ese otro que no supo quererla sin reducirla.

Y no cuenten por estos calificativos como si fuese la cantidad de hombres, porque tampoco han sido tantos…

Fueron necesarios para enseñarle lo que no quiere.

Para que entendiera que amar no es sinónimo de aguantar. Que desear no significa idealizar.

Y que el sexo sin alma pesa menos, a diferencia de aquel que produce esas ganas de repetir después del placer sentido.

Fueron los necesarios para romperla.

Porque de esas grietas nació una mujer que ya no pide justificarse, que ya no limita su deseo, ni le teme a la soledad.

Una mujer que no se rebaja para encajar, ni se diluye para ser elegida.

Porque ahora, cuando le preguntan por los hombres de su vida, no los enumera, no los etiqueta, no los odia.

Solo la verán con esa cara de «ya lo viví» y dice con calma: «Sí, fueron los necesarios…, pero jamás los suficientes».

Y eso, queridos lectores, también es una forma de valorarse a través de cada historia, a no repetir guiones baratos ni a elegir por carencia, porque ella elige ahora con conciencia y respeto hacia sí misma.

19

Ella es de esas mujeres con las que todas quieren tomarse una cerveza

Ella… tiene ese magnetismo de una mujer que ha sobrevivido, sanado y ahora irradia vida.

Eso, aunque no quiera demostrarlo, se nota.

Hay cosas que no se aprenden.

No vienen en libros, ni en relaciones, ni en terapia.

Vienen con el fuego, con las caídas, hasta con las veces que alguien pensó: «no puedo más» y, aun así, pudo.

Es ese resplandor que ella tiene en los ojos y que no necesita maquillaje. Esa carcajada que no pide permiso ni mucho menos perdón.

Y una forma de hablar como quien ya entendió lo jodida que puede ser la vida, pero igual la vive con pasión y hambre de más.

Porque sí, tiene entusiasmo, pero no el ingenuo.

No el de «todo va a salir bien» dicho con voz temblorosa. El suyo es entusiasmo de trinchera.

Curtido, con cicatrices y con polvo bajo las uñas.

Es el entusiasmo de quien baila descalza sobre los restos de lo que un día fue.

Y eso, claro que se nota.

Lo notan otras mujeres cuando la ven llegar con esa actitud que dice «no vine a gustar, vine a ser yo misma».

Lo notan cuando la escuchan hablar con esa voz que huele a libertad recién lavada. Con ese «yo ya no me callo, ni adorno las frases con florecitas de *foami*» y una risa que contagia sin invitar.

Es esa mujer con la que todos quieren tomarse una cerveza. La que escucha sin juzgar.

Mira sin competir.

Y responde con verdades que incomodan a veces a algunos, pero sanan a muchos más y eso marca la diferencia.

Esa que te mira de frente y te dice: «Sí, mi reina, a mí también me pasó y sobreviví más fuerte que antes».

Mira cómo luce ahora mostrando sus fotografías antiguas, vive sin miedos, sin complejos y dispuesta a hacer todo por y para sí misma.

Tiene buena vibra.

Y no porque lo diga ella, sino porque lo confirman los demás, salvo escasas excepciones que no cuentan porque son peor que una nube negra.

Las que se cruzan en su camino y le dicen bajito, como si confesaran un secreto: «Gracias, me hiciste sentir menos sola; más valiosa aunque sea por un momento».

Porque sí, también tiene su club de fans.

No de seguidores, sino de hermanas, tanto las propias como las que le va regalando la vida.

Mujeres que se reconocen en su voz, en su historia, en sus heridas ya cicatrizadas. Mujeres que la empujan a seguir siendo ejemplo de lo que no se vende ni se finge: «la humildad después de la guerra».

El brillo que sale cuando ya no se necesita agradar. Cuando se elige conectar, sin máscaras, ni escudos.

Y por eso, aunque muchas a veces no lo digan, quisieran tener un rato con ella. Una charla, un consejo, un brindis.

O una noche de esas en las que se habla de ex, de cuerpos, de culpas ya superadas y de lo que se haría si nadie estuviera mirando… aunque igual lo harían, las miraran o no, porque de seguro ella las motiva.

Mujeres que anhelan libertad y buscan encontrar su amor propio que está en pausa. Ella se volvió contagiosa y no por su cuerpo sino por el alma.

Porque camina como quien ya no necesita que la escojan. Porque ya se eligió a sí misma.

Se siente cómoda en su piel, incluso cuando le aprieta. Ya no pide permiso para ser feliz, ni para equivocarse.

Y claro, también hay quienes no la soportan por las mismas razones.

Porque su libertad incomoda. Su entusiasmo confronta.

Esa, su forma de hablar sin miedo les recuerda que también podrían vivir distinto, pero no se animan. O más bien, no se atreven.

Recuerda especialmente una conversación que la tocó profundamente.

El día que una amiga le envió un mensaje que se le quedó tatuado en el alma. Hablaban de la transformación, de cómo sin darse cuenta estaba sanando a otras mujeres.

Y ese mensaje, tan simple y tan poderoso, decía:

«¡Claro que sí, preciosa! Ya te tengo bien calada… y te juro que da gusto escribir sobre ti. Porque eres de esas mujeres que, aunque lleguen cansadas, llegan con ganas. Que si te invitan a una cerveza, terminas dando terapia, soltando carcajadas y sacando confesiones que ni el *whisky* consigue. Y eso, mi amor, es magia sin filtro».

Y sí. Eso era ella, magia sin filtro.

Lo más curioso es que nunca fue su plan.

No va por la vida pretendiendo ser ejemplo de nada. Ni mucho menos *influencer* emocional.

O gurú de la resiliencia.

Mucho menos la heroína de Instagram.

Ella solo aprendió a ser ella. Con sus historias a cuestas. Con sus escándalos.

Con esas anécdotas que siempre empiezan con un «no vas a creer esto…» y terminan en abrazos, carcajadas y ojos brillosos.

Lo que provoca va más allá de las palabras. Es algo que vibra.

Que se siente.

Una energía que transforma el aire cuando se sienta a la mesa.

Un «qué rico es hablar con ella», que se queda flotando después de que se va.

Por eso, son muchas las personas que la buscan. La agregan.

Le escriben.

Le invitan un café y sin planearlo, terminan contándole lo que no le dijeron ni a su terapeuta.

Le dicen.

«Contigo me siento segura, no me juzgas».

O simplemente: «Gracias, me hiciste sentir mejor».

Ella simplemente asiente con la cabeza y esas palabras le llenan el alma, esa que muchas veces quedó vacía de tanto dolor.

Pero entiende que su mayor logro no es haber salido ilesa, sino haberse restaurado con las piezas de ella que otros fueron dejando tiradas.

Encima de todo, tiene esa luz propia, aunque por años intentaron apagarla y hasta dejarla sin voz.

Y es que… cuando ella habla, no lo hace desde el púlpito. Lo hace desde el barro que la formó tal cual escultura.

Desde donde dolió hasta respirar. Desde donde se cayó una y otra vez.

Desde donde se transformó con las uñas rotas, pero el alma encendida. Y eso, aunque no se diga en voz alta, inspira.

Ella no se anda con poses. Porque no finge tenerlo todo claro.

No habla desde el «deber ser», sino desde el «yo también me equivoqué… y aquí estoy porque he sido protagonista de todas las historias».

Ella dice las cosas como las siente.

Sin filtro, sin moldearse para no incomodar. Y sí… a veces molesta.

Molesta porque vivimos en un mundo que todavía premia la sumisión disfrazada de «buena mujer».

Un mundo que aplaude a la calladita, a la que no reclama, a la que se acomoda.

Y castiga a las que se ríen fuerte, las que gimen sin culpa, las que opinan sin miedo. Las que dicen, sin titubeos, que el sexo también es suyo.

No por promiscuidad, sino porque a las señoras, a las esposas o a las novias también les gusta que las hagan sentir vivas.

Que no es premio ni castigo; es placer, decisión, cuerpo y voluntad.

Pero a ella ya no le interesa gustar. Le interesa conectar.

Abrir espacios donde otras mujeres puedan por fin respirar hondo y decir:

«Gracias por decir lo que yo no me atrevía».

«Yo también me cansé de callarme».

«¡Salud, carajo! Que estamos vivas… y eso ya es motivo para brindar».

Así que sí.

Ella es de esas mujeres con las que todas quieren tomarse una cerveza.

Y después de la tercera, muchas quisieran ser aunque sea un poquito más como ella.

Quisieran ser más libres y espontáneas. Más reales sin culpas. Sin remordimientos.

Y con ese futuro en los ojos que no lo apaga ni el peor de los pasados.

Porque cuando una mujer aprende a hablar sin miedo, a gozar sin permiso y a caminar sin cadenas, se convierte en algo peligroso para quienes prefieren que sigamos rotas o en silencio.

Y así fue.

Ella lo había logrado todo. Porque lo suyo no era solo sanar.

Era contarlo y compartirlo; para ayudar a otras que tanto lo necesitaban.

Ponerle palabras a lo vivido, al caos, a las ganas, al cuerpo, a las cicatrices, al renacer.

Escribir para ella, se volvió un acto de justicia anticipada.

Una forma de organizar el alma, como quien acomoda cajones viejos y encuentra fotos que ya no duelen.

Descubrió que podía mirarse sin vergüenza. De reconocerse sin maquillaje ni disfraces.

Ya no lo hace para impresionar. Ni para ganar seguidores.

Lo hace porque al final del día, su historia importa.

Si alguna mujer en alguna parte del mundo se ve reflejada, se ríe, llora, grita o se sacude al leerla, entonces ya valió la pena.

Además, escribir también la salvó de esa tristeza muda, del cansancio que no se nota, de ese vacío que a veces se esconde entre jornadas dobles, personas que reclaman, cuerpos que pesan y corazones que siguen latiendo, aunque estén rotos.

Ahora escribe con la misma pasión con la que vive, sin tabúes, sin miedo, sin medida, desde lo más profundo de su ser, sin horarios ni planes; solo con muchas ganas. Pues cada capítulo es una pequeña victoria contra todo lo que intentó callarla en algún momento.

Escribir no le dio fama, ni *likes*, ni contratos editoriales por ahora. Le dio algo mejor: «su libertad».

Le dio el regalo de verse a sí misma y decirse: «Lo lograste, cabrona. Y lo hiciste sin pedirle el consentimiento a nadie».

Mi misma, está escribiendo un libro.

No sabe si se publicará o si se va a vender, si lo van a leer cientos o solo diez.

Pero lo que sí sabe es que, cuando lo termine, va a brindar con una copa en alto y decir: «Esto es mío enterito y fue escrito desde el alma, pero un alma sanada».

Y créanlo… eso ya es muchísimo más que suficiente.

Desde entonces, cada cosa que escribe tiene destinatarias reales.

Mujeres que quieren leerla, que se sienten representadas, que se emocionan, se ríen, se identifican.

Eso la impulsa aún más, porque ella sabe que no es solo su talento el escribir.

Su talento es vivir sin miedo y contarlo con verdad, sin ningún tipo de remordimiento.

Y eso, mis amores, no se aprende en ninguna academia.

Ella no busca fama, aunque si llega, lo merece.

No busca premios, aunque puede ganarlos si se lo propone.

No es portada de ninguna revista, aunque una foto y sus logros tampoco los rechazaría.

Solo quiere que, si alguien está pasando por lo mismo que ella vivió, abra su libro y sienta que no está sola.

Porque lo suyo no es solo poner en palabras su experiencia a través de un libro, es sacarlo desde las entrañas, con la misma pasión con la que ha vivido, amado, llorado y renacido.

Hay una mujer que ya pasó por ahí, que lo sobrevivió, que lo gritó y que ahora está más viva que nunca.

Ella pasó de ser no solo una mujer que inspira a otras, a convertirse en una mujer que se elige a sí misma como autora, voz y testimonio.

Una mujer con la que todas quieren tomarse una cerveza para desahogarse. Y muchas, después de leerla, quieren brindar por sí mismas también.

Fue así, casi sin darse cuenta, que escribir se volvió una necesidad. Una forma de no explotar por dentro.

Su catarsis, que no le pide nada a nadie, porque ella va sola reconstruyendo su camino.

Porque ahora, cada palabra que escribe no es solo para sanar, sino para dejar huella.

Este libro no es solo un proyecto. Es su declaración de existencia.

Una prueba viviente de que se puede florecer nuevamente desde el suelo, con todo derrumbado, y volver a levantarse sin perder la esencia con mucha más fuerza.

La motivación está ahí, latiendo fuerte cada mañana.

Ya no escribe desde la carencia ni desde la herida abierta.

Ahora escribe desde la mujer nueva que es, la que se reconstruyó sin instrucciones y con uñas a medio hacer, que aprendió a amarse en voz alta, la que ya no vive para complacer, sino para hacerse feliz.

La que quiere que este libro se materialice con la misma pasión con la que ahora hace todo en su vida.

Sin medias tintas, sin excusas.

Con el alma desbordada y el corazón encendido. Porque así es ella ahora.

Una mujer sin antifaz y totalmente entera.

Es libre y lo sabe, lo siente; su mayor recompensa es que se lo disfruta.

Con cicatrices cosidas que ya no esconde y un fuego interno que no se apaga con nada.

Este libro es suyo.

Es su grito envuelto en papel y tinta, su risa, su verdad.

Cuando lo tenga en las manos, sabrá que no importa si se vende, si se vuelve viral, o si lo leen cien o mil mujeres.

Lo importante es que lo hizo, lo logró, como esa primera cama de hotel que se le complicaba tanto, o ese primer cóctel que aprendió en la barra como camarera, esa primera ensalada con embutidos que ni conocía, como ayudante de cocina o esa exposición de su tesis de grado para su maestría como especialista en gerencia de impuestos, ella lo fue logrando todo.

Que lo escribió con toda su historia, con toda su sangre, con toda su pasión. Eso para ella, ya es un triunfo absoluto.

Es ella en carne viva, ahora con tinta en vez de sangre y palabras que le han dolido más que cualquier herida física.

No está escribiendo para agradar, ni para lucirse o para inspirar lástima.

Está escribiendo porque no le cabe dentro todo lo que ha vivido y tiene que contarlo.

Cada vez que se sienta a escribir no lo hace con técnica, lo hace con recuerdos e historias vividas.

A veces recuerda los momentos dolorosos; ya no llora, y eso para ella, después de tantas lágrimas derramadas, es un triunfo.

Ahora se ríe sola recordando cosas que parecían insignificantes, otras, en las que simplemente se queda en silencio mirando una página en blanco como si fuera el espejo más honesto del mundo.

Porque este libro no lo escribió una escritora de fama. Lo escribe una mujer que aprendió a sobrevivirse.

Que aprendió a no tragar palabras por miedo.

Que se cansó de disimular y decidió que si iba a contar su historia, lo haría con la misma pasión con la que ha vivido todo desde que decidió reconstruirse.

No quiere que sea perfecto, lo quiere real. Que duela donde debe doler.

Que sacuda donde haga falta. Que abrace a quien lo necesite.

Pero, sobre todo, que la represente tal cual es; sin maquillaje, sin simulacros, sin pedir disculpas por sentir demasiado.

Porque ella se hartó de ponerle corrector a sus emociones. De suavizar su historia para no incomodar.

De callar detalles para que no la juzguen.

Ahora escribe como vive; con esa verdad, con coraje, con humor cuando hace falta y con ternura cuando la vida se lo permite.

Sin adornos ni poses.

Y si a alguien le molesta lo que lee, que pase de página o cierre el libro. Porque este no es un cuento bonito.

Es un testimonio.

Es un grito de libertad encuadernado.

Es un espejo para quien se atreva a mirarse de frente.

Lo mejor es que ya no tiene miedo de ser leída. Ni de ser juzgada.

O de que otros descubran sus heridas, ni mucho menos sus vivencias, porque quien no estuvo para ayudarla que no joda tampoco.

Porque ahora sabe que sus historias no la manchan. La validan.

Hay escenas muy íntimas, poderosas, como si estuvieran espiando un momento sagrado; ella con una copa de vino tinto, buena música y la decisión firme de no callarse nada.

Aunque duela. Aunque la cuestionen. Aunque incomode.

Porque así es ella ahora, sin miedo y con la intención de hacerlo saber. Algunas palabras le costaron más que otras.

No por falta de ideas, sino por exceso de emociones.

Porque hay cosas que, aunque estén superadas, aún escuecen al escribirlas.

Como ese amor que dolió, que dejó grietas donde antes había ilusión, que la desfiguró emocionalmente y le enseñó a las malas que a veces amar duele más que cualquier golpe.

Escribió sobre eso.

Con la piel erizada y los recuerdos pegados a los dedos. Lo escribió porque callarlo era seguir cargándolo.

Ella ya no quiere cargar con nada que no le sume.

También escribió sobre sus intimidades. Sobre su cuerpo, su placer, sus noches.

¡Y sí! Sabía perfectamente que podía ser juzgada por eso.

Por hablar de sexo sin limitarse; contar que hubo días en los que quiso que la tocaran sin preguntar si era bueno lo que seguiría después.

Y otros en los que solo necesitaba llorar desnudando su alma.

Sabía que muchas personas, especialmente mujeres que aún viven encadenadas al qué dirán iban a levantar la ceja, a señalar, a murmurar.

«¿Y no le da vergüenza decir o hablar de eso?». Pero ya sabemos la respuesta de ella, ¿o aún no?

No, no le da ni un poco de vergüenza ni se abochorna.

Porque lo que se sobrevive, se cuenta. Y lo que se cuenta, ya no duele igual.

Vergüenza podría darle haber callado durante tanto tiempo.

Fingir que su vida había sido perfecta, solo para no desenfocar a nadie. Vergüenza era negarse a sí misma.

Ella ya no está para eso.

Así que un día cualquiera, con una *laptop* entre las manos, su música favorita de fondo y el corazón latiendo como tambor, lo escribió todo.

Sin temor. Ni censura.

Sin pretender que fue una santa, ni esconder que también ha sido un huracán.

Y cuando terminó ese capítulo respiró profundo. No lloró.

No dudó.

Solo afirmó que lo había logrado.

Porque lo había logrado. Había escrito lo más difícil. Lo más expuesto.

Lo más íntimo.

Y lo había hecho como todo en su vida desde que renació; con pasión, con coraje y ahora sin límites.

Porque ella no escribe para ser aplaudida.

Escribe para liberarse de todas esas cargas que mantuvo a lo largo de su vida, que la hacían sentir en el fondo del mar; aunque no dejaba de ver en esa profundidad la luz que reflejaba el sol de la superficie, pero en aquel entonces no sabía cómo salir, aunque le lanzaran un salvavidas.

Aunque muchas veces sintió que no lograría salir de donde estaba hundida, hoy no solo se broncea con esos rayos de sol, sino que respira el aire sin remordimientos. Porque es una escandalosa maravillosa.

Con cada página que termina, se siente más liviana. Más fuerte.

Más ella.

Más libre.

Si después de leerla alguien piensa que exagera, que inventa, que se expone demasiado… que lo sepan, a ella no le importa.

No escribió para agradar u homenajear a nadie más que a sí misma y poder ser pionera para otras mujeres que necesiten despertar.

Escribió para honrarse.

Porque durante mucho tiempo se calló por miedo. También por el señalamiento social.

Por no parecer insistente, muy liberal, o hasta demasiado sincera. Hoy entiende que ser «demasiado» fue su mayor acto de valentía. Si este libro le duele a alguien, que le sirva de espejo.

Porque todo lo que cuenta aquí, lo vivió, pero lo más importante fue que sobrevivió.

Lo transformó en letras para que nadie más crea que tiene que silenciarse para ser aceptada.

Este libro es honor y honra.

Si eso lo convierte en controversial… Bienvenido el escándalo y hasta la polémica.

Claro… por eso casi todas las mujeres quieren tomarse una cerveza con ella.

Porque tiene el descaro de decir lo que muchas callan, contagia la libertad de no pedir perdón por ser una mujer completa y porque saben que, entre trago y trago, se les va a olvidar el miedo y les va a empezar a gustar el coraje.

Muchas ven en ella lo que algún día soñaron ser, una mujer que no se esconde, que se nombra, que se gusta, que se escribe, se celebra, que les recuerda que no están solas y que todavía están a tiempo de crear la historia que merecen vivir.

Porque saben que con ella no hay tema prohibido, que las risas están aseguradas y que si se ponen intensas hasta les pasa el lápiz para que empiecen a escribir su propia desnudez emocional.

Es que ahora ella simplemente lo es todo para sí misma…

Por eso casi todas las mujeres quieren tomarse una cerveza con ella, porque habla como si no tuviera nada que perder, dice lo que muchas piensan, pero no se atreven, además, porque escribe su vida con esta pasión.

Este es el brindis que muchas estaban esperando.

Así que… ¡Salud por eso! queridas amigas. 🥂

20

Voces que sanan

Entonces, fue así cuando ella se sintió como ese susurro entre mujeres.

Como ese momento en el que después de reír o llorar juntas, alguien dice bajito:

«Gracias por decirlo… me ayudaste».

Es allí donde todo cobra sentido.

Jamás imaginó que su historia se convertiría en su propia herramienta para sanar. Mucho menos que al contarla, también ayudaría a otras a sanar la suya.

Pero sí pasó.

No una, sino varias veces.

Sin darse cuenta, al contar sus vivencias algunas le pedían que las escribiera para poder aprenderlas y salir adelante, ella jamás imaginó que estas líneas podrían favorecer a tantas mujeres a recuperarse y reestructurarse desde sus cenizas.

Y muchos se preguntarán, cómo pasó si el libro no se había publicado, ah, pero ella con esa alma y esencia que la caracteriza, se lo regaló a un grupo muy selecto que ella misma escogió; gracias a la tecnología, pudo compartirlo por correo electrónico para confirmar la magnitud de sus vivencias como proceso de apoyo, funcionó muy bien para la gloria de Dios.

Sin buscarlo.

Sin pretender ser terapeuta o pitonisa, ni ejemplo para nadie. Solo fue honesta, cruda y, sobre todo, fue real.

Transparente, porque hablaba desde el corazón.

De igual manera, otras voces empezaron a responderle:

—A mí también me pasó.

—Creí que era la única.

—Gracias por contarlo. Me ayudaste a entender algo que yo no sabía cómo nombrar.

Fue ahí cuando lo asimiló; pues lo que estaba haciendo tenía poder no solo para ayudarla a ella misma.

No eran anécdotas.

Ni simples desahogos.

Eran fragmentos de una cadena invisible de mujeres rompiendo silencios. Abriendo heridas que algún día serían cicatrices.

Compartiendo dolor… y también orgullo.

Voces que no se conocían, pero que sí se reconocían.

Ella siempre fue de las que hablaban sin miedo. De las que incomodaban con verdades.

De las que soltaban lo que muchas pensaban o querían decir, pero callaban.

Y ahora, por primera vez, sentía que sus frases escritas se convertían en un puente. Sí, un puente.

Un gran enlace que conecta. Eso es en lo que se ha vuelto.

Un puente entre ella y tantas otras mujeres que se acercan con la excusa de una cerveza, una charla o una risa… pero en realidad vienen buscando algo más.

Una palabra que las abrace.

Una historia que les devuelva la fuerza.

Un espejo en el que verse reflejadas y no sentirse solas.

Porque cuando una mujer se atreve a hablar desde su verdad, no solo se libera ella, les da permiso a otras para hacer lo mismo.

Es entonces cuando entre todas lo comienzan a entender. Con asombro.

Con ternura.

Se ha vuelto inspiración sin haberlo buscado, simplemente por ser transparente y auténtica.

Sin disfraces.

Ni poses planificadas.

Mucho menos con estrategias.

No se considera ejemplo de nada.

Jamás se sentó a escribir con la intención de convertirse en referente. No tenía un guion que le indicara el camino.

Ni una fórmula mágica.

Solo tenía heridas, recuerdos y de vez en cuando una copa de vino.

Tenía rabia, aunque creía que estaban del todo superadas, pero que supo convertir en palabras.

Risas que todavía no entiende cómo sobrevivieron al caos. Y, aun así... ahí están intactas, frescas.

Están las mujeres que le escriben. Que la buscan.

Que le dicen con ojos brillosos entre lágrimas contenidas o a través de mensajes larguísimos:

«Es como si hablaras por mí».

«Nunca te lo dije, pero escucharte me salvó en días oscuros». «Eres esa amiga que todas deberíamos tener».

Ella no puede evitar emocionarse.

Porque sí, es fuerte, pero también se conmueve fácilmente cuando siente que su historia está tocando otras almas, pero sobre todo al saber que las está ayudando.

Muchas veces se repite, «Mi misma, necesitabas a una amiga como tú, que te aconsejara y te motivara de esta manera».

Ha descubierto algo precioso, que las mujeres no necesitan salvadoras. Necesitan reflejos.

Necesitan historias reales. Sin moraleja perfecta.

Solo otras mujeres que se atrevan a contar lo que aún duele y lo que ya no duele tanto y hasta lo que ha dejado de doler.

Ahí, entre esas conversaciones que nacieron en noches solitarias, ella encontró compañía.

La compañía en cada mujer que se le acercó a agradecer, en cada «me ayudaste», en cada «yo también he pasado por eso».

Entendió que su voz, su descaro, su manera de vivir sin pedir disculpas, también era medicina.

No la que venden en las farmacias. De la otra.

La que no cura heridas, pero las acompaña a sanar poco a poco. La que no viene en cápsulas, pero sana desde el alma.

Por eso, sin proponérselo, se volvió esa mujer que muchas quieren tener cerca.

La que invita a hablar sin prejuicios, a reír, a llorar, a brindar por lo vivido, incluso lo más jodido es que lo hace sin ningún tipo de restricciones.

La que no juzga, pero tampoco se calla.

La que con un relato erótico te arranca una carcajada y con una confesión dolorosa te obliga a cerrar el libro para respirar hondo.

Porque así es ella. Porque así se escribe.

Con letras bañadas en rojo sangre y el alma desnuda.

Entonces, mientras más la buscaban, ella entendía que «las voces que sanan no siempre gritan».

A veces solo cuentan relatos de sus propias historias. O solo existen y llegan sin avisar.

Ella no cambió para enseñar. Cambió sin olvidarse quién fue.

Al hacerlo, ayudó a otras a recordar quiénes son y lo más importante en quiénes podrían convertirse para su bienestar a futuro.

Su historia no es ejemplo. Es su testimonio.

Si al contarla otras se animan a romper su silencio… entonces valió la pena cada letra.

Por eso tantas quieren una cerveza con ella; porque se dan cuenta de que sanar no siempre es sinónimo de llorar.

A veces es reírse con otra que ya pasó por ahí y no se avergüenza de contarlo.

Cada mujer que le dijo «me pasa igual», fue una prueba más de que contarlo duele…, pero cura.

De que nunca estuvo sola en esto de sobrevivir, siendo tan auténtica que parece una revelación.

Fue así, como una a una, las voces empezaron a sanar también. Porque ella habló sin rodeos.

Llamó a las cosas por su nombre, aprendió que poner límites no la hace mala; al contrario, la hace libre.

Es tan jodidamente selectiva, que eligió su soledad con gusto, aunque tenga cariño de sobra rodeándola.

Entonces se plantó frente al mundo y retó a su pasado. Frente a los juicios.

Dijo con la voz firme de quien ya no se esconde: «Ahora en mi vida solo mando yo».

Lo que nadie vio venir fue que un día su yo interior se hartó del caos.

Se levantó del rincón donde la tenían callada como castigo y con la furia serena de una mujer que había llorado demasiado, tomó el control de su vida por primera vez y para siempre.

Donde antes hablaba la ansiedad, ahora habla ella.

Esa mujer que escucha su intuición como quien escucha a una amiga sabia.

Esa que no corre cuando algo duele, pero tampoco se queda donde no quiere estar.

Esto está siendo un manifiesto.

Un libro que no se lee, sino que se vive desde las entrañas para poder entenderlo. Se siente como un golpe de realidad, como un abrazo entre mujeres con muchas cicatrices emocionales, como esa voz interna que por fin se atreve a gritar lo que llevaba años susurrando.

La misma que antes mendigaba atención, ahora elige con lupa quién merece su energía.

Ya no hay espacio para fingir comodidad.

Ni para encajar en moldes que siempre le quedaron estrechos.

Aprendió que una puede estar rodeada de afecto y, aun así, preferir la paz de su soledad.

Porque hoy se dio algo que antes no se permitía, su exclusividad emocional. Para escucharse, respetarse y para no volver a traicionarse jamás.

Con ese poder que tiene ahora, prefiere su bebida según le apetezca y su *playlist* favorita, a tener que soportar conversaciones forzadas y abrazos que no la reconfortan.

No es arrogancia.

Es saber lo que vale.

Es haber caído mil veces y seguir en una sola pieza.

Con cicatrices, con ojeras, con historias que harían temblar a más de uno y, aun así, manteniendo la frente en alto.

Por eso, tantas mujeres le escriben.

Porque saben que ella no aconseja desde la herida, sino desde la experiencia.

Aunque sea la protagonista de todas sus historias, nunca se deja arrastrar por el dolor o la frustración, ni se victimiza, ya no más; porque lo hizo millones de veces… y eso es lo peor que puede hacer un ser humano.

Ella no le pone cortinas de humo a la vida. Habla sin medias tintas. Ama sin manuales.

Y vive como quien ya entendió que no le debe nada a nadie.

Tiene sus deudas saldadas con su vida, está ligera de cargas por fin.

Durante años habló bajito.

Se anuló entre la soledad que sentía a pesar de estar rodeada de gente, se dejó manipular por la ansiedad que la saboteaba y la necesidad de gustar siempre a los demás.

Hasta que un día, sin gritar, sin patalear, decidió hacerse escuchar.

Lo hizo con la calma firme de quien ya no necesita aprobación.

Tomó el control y las riendas de su destino como se toma una decisión inevitable, con fuerza, con certeza y con hambre de paz.

Ya no era la mujer que se deshacía por agradar, ni la permisiva por llevar la fiesta en paz.

Tampoco la que aguantaba lo inaguantable por miedo a quedarse sola. Era otra.

Una versión de sí misma que no se explica con palabras, pero que se nota en la piel.

En su forma de mirar.

En cómo ya no pregunta si puede, simplemente lo hace.

Donde antes hablaba la ansiedad, ahora hablaba su instinto.

Donde antes se escondía tras risas nerviosas, ahora soltaba verdades con voz clara, sin decoraciones.

La vulnerabilidad ya no era una debilidad; era una bandera.

Una que ondeaba con orgullo, porque había aprendido a mostrarse también rota, intensa, cambiante, auténtica y eso es triunfar porque no siempre se tiene que poder con todo, también se permite ser frágil como una rosa en medio del viento.

Ya no buscaba aceptación.

Ahora se elegía a sí misma con una certeza que nadie podía arrebatarle.

Ese amor propio tan bien ganado, tan excelentemente transformado se convirtió en su criterio de selección más certero porque solo se quedaba con lo que vibraba bonito, lo que sumaba, lo que no drenaba su energía.

No fue un cambio de un día para otro.

Fue un renacer silencioso que le costó muchas amarguras y maltratos.

Uno que se gestó entre insomnios, conversaciones honestas, también es cierto que tuvo su hermoso como motivación, decepciones necesarias y una que otra cerveza donde juraba no rendirse.

Y no se rindió.

La mujer que era hoy no se medía por logros, ni títulos, ni salarios, o cuerpos perfectos, mucho menos por amores validados en redes sociales.

Se medía por la paz con la que dormía después de tantos trasnochos provocados por el dolor.

Por la coherencia entre lo que sentía y lo que hacía. Y por la alegría de vivir con propósito.

Sí, ella ahora estaba rodeada de afecto.

Pero entendió que el verdadero poder no estaba en no sentirse sola… sino en no temerle a la soledad.

Era muy feliz sola.

No porque no pudiera compartir su vida con alguien, sino porque ya no necesitaba a nadie para sentirse completa, eso no es solo en relaciones de pareja sino en un entorno social.

Fue así, como se volvió un torbellino o más bien recobró las fuerzas, porque es cierto que, en ocasiones, aunque muy pocas, su esencia se notaba y eso asustaba al opresor.

Pero no es un torbellino de esos que arrasa por ego, sino por autenticidad.

Capaz de tantas cosas que ni su edad, ni su cuerpo cansado, ni el juicio de otros podían detenerla.

Su motor era interno.

Su fe en Dios y en sí misma era inquebrantable. Su pasión es más que contagiosa.

Y su historia… no lleva libretos mal elaborados, solo sus experiencias, sus vivencias, sus pesares bien contados desde la verdad más absoluta.

Ella simplemente es mi misma. Así sin más.

Se alegra de que tantas mujeres quisieran tomarse una cerveza con ella. No porque fuera perfecta, sino porque se atrevía a ser real.

Y eso, en un mundo lleno de apariencias, es distinto, ¡y ella lo es!

¿Quién iba a imaginarse que se volvería una mujer así cuando ni ella en ocasiones lo cree, si por muchos años fue pesimista, inconforme con todo, resignada a seguir viviendo en ese infierno en el que transcurrían sus días?

Siempre buscando algo más, sin saber por qué estaba incompleta y tan insatisfecha.

Aunque desde fuera parecía una mujer fuerte, capaz, valiente y decidida; tan segura de sí, la verdad era que no se escuchaba, solo aprendió a camuflar o disimular su dolor.

No se escuchaba cuando su cuerpo le gritaba que parara.

No se escuchaba cuando su intuición le susurraba «ahí no es».

No se escuchaba porque había aprendido a vivir en función de lo que los demás esperaban de ella.

Fuerte, siempre lo fue, pero a costa de sí misma.

Es impresionante cómo tuvo que venir la vida a abatirla una y otra vez para que despertara.

Para que se hartara.

Y que por fin entendiera que si no se valoraba, nadie lo iba a hacer.

Que si ella no ponía límites, el mundo entero la iba a pisotear con la mejor de las ironías.

Ella lo entendió.

Lo entendió tarde, tal vez.

Pero lo entendió viva y eso es una victoria para una mujer como ella.

Ahora mira con otros ojos a esas mujeres que se inventan un mundo perfecto, uno en el que se convencen de que todo está bien «porque así debe ser» mientras por dentro están rotas, apagadas, perdidas sin saber lo que realmente quieren en la vida, aunque vayan con tacones y los labios pintados.

No las juzga.

Porque ella también lo hizo.

Ella también fingió estabilidad mientras se derrumbaba por dentro.

Defendió relaciones insostenibles solo por no aceptar que se había equivocado. El orgullo era esa trampa tan elegante, pero también fue su cárcel por años.

Pero un día, decidió salir y terminar con esa toxicidad en la que consistía su vida. Y desde entonces, no hay marcha atrás.

Solo se repite a diario como terapia de superación:

«Me acostumbré a escucharme, ya no retrocedería ni aunque lo quiera. Porque cuando mi voz interna despertó, se hizo tan fuerte, tan clara, tan mía… que ahora sé que esas son las únicas voces que sanan».

21

Entre cadáveres y sueños

No cualquiera puede caminar entre la muerte sin que se le muera algo por dentro, pero ella, sin embargo, aprendió porque era su patrón, seguir mientras estaba muerta en vida.

Aprendió a mirar de frente cuerpos que ya no respiran y, aun así, seguir soñando con una vida intensa, vibrante, completamente suya.

La muerte se convirtió en su compañera silenciosa, mientras los sueños, esos que nunca quiso enterrar seguían latiendo con fuerza dentro de ella.

Ahora, su nueva profesión le exige temple, precisión y una capacidad brutal de separar el alma del cuerpo, al menos por unas horas.

Pero ella no se separa de nada.

Ella siente.

Ella absorbe.

Ella se transforma.

Porque incluso allí, entre paredes frías y rostros apagados, mientras hacía sus prácticas, ella sigue siendo una mujer que colecciona sueños como otros coleccionan monedas o postales, con respeto, con pasión, con una ternura que roza lo poético.

Dicen que la muerte te vuelve más realista. A ella la hizo más salvaje.

Más honesta.

Más terca con sus metas.

Más amante de lo vivo, de lo espontáneo, de lo que no se puede repetir. Con más ganas de vivir.

A veces salía de sus prácticas en ese tanatorio con las emociones pegadas a la piel, con ese olor que no se quita con agua ni con perfume, con la mirada cargada de historias que nunca se contarán.

Pero basta una canción, una carcajada, una página escrita para recordar que aún le queda camino por recorrer y propósitos por cumplir.

Porque está llena de sueños que ni sus cincuenta y un años ahora la limitan.

Se convirtió en una mujer tan optimista y positiva que su lema de cada mañana es que mientras haya vida, habrá sueños.

Porque, aunque muchos lo ignoren, ella sigue soñando con el empleo de sus sueños, a ver no está mal en su actual trabajo porque ha encontrado a personas maravillosas, aunque también las que no pueden faltar; como la mala, la chismosa, la traicionera y la astuta, esa que quiere ayuda, pero no ayuda a nadie, la que le falta vivir desgracias para que valore lo que tiene, para que deje de quejarse por todo y por nada.

Unos jefes humanos y cálidos en comparación con los que había tenido, una encargada maravillosa a quien quiere con ternura y defiende con arraigo, una compañera con nombre de piedra preciosa más dulce que su tamaño y miren que es grande.

Su compañera de batallas diarias con la que comparte sudor y de vez en cuando algún chisme entre gaseosa y un bollito de chocolate, la recepcionista tan dulce y sentimental que se convirtió en sus charlas favoritas, así todos y cada uno.

En una faena dura, pero con un ambiente tranquilo, sacando algunos bichos malos que nunca faltan, pero bueno, con ignorarlos ella tenía, porque todo tiene valor según de quién viene y ella eso lo aprendió a sobrellevar, aunque no tenía por qué tolerarlo.

Lo ejecuta con la misma pasión que cualquiera que le toque hacer en el presente, con escenarios donde contar su historia, con mujeres que la escuchen y se vean reflejadas, con las ganas intactas de transformar lo crudo en arte.

Ella es coleccionista de sueños, ¡sí! Incluso entre cadáveres.

Porque si algo confirmó trabajando tan cerca de la muerte es que lo único verdaderamente urgente es vivir a plenitud.

No eligió esta profesión por morbo ni por necesidad desesperada.

La eligió porque creyó profundamente que tenía algo que aportar, incluso en un mundo donde todo parecía ya perdido.

Aunque pareciera irónico, trabajar entre cuerpos inertes era una forma de apostar por la vida.

La suya.

La de los que aún están aquí y no valoran lo que tienen.

La de quienes necesitan respeto hasta en su último suspiro.

Era empática hasta el tuétano.

Respetuosa con todo el mundo, hasta con quienes no lo merecían.

Aunque cuando se hartaba era dinamita esta mujer, ¡y quién no, después de soportar tantas injusticias!

Y esa manera suya de mirar a los demás sin prejuicio, con compasión y con una humanidad intacta, la hizo pensar que tenía que haber un trabajo donde eso se valorara.

Donde su forma de ser no fuera una debilidad, sino una virtud.

¿Lo encontrará?

¿O tal vez el trabajo la encuentre a ella?

Porque el universo tiene esa extraña costumbre de poner a cada uno justo donde hace falta.

Y alguien como ella hacía falta, solo necesitaba el lugar y el momento justo.

Aunque muchos huyen de lo que ella hace, permanecía fiel a sus principios. Porque sabe que su energía deja huella.

Que su presencia serena puede acompañar el duelo más silencioso.

Y su forma de tratar a los cuerpos habla del amor que tiene por la vida.

Siente que puede triunfar. ¡Sí! De eso no tiene dudas. Incluso en este mundo aniquilado de oportunidades, pero ella aprendió a fabricar las suyas.

Ella no necesita que el mundo le dé permiso para triunfar.

Porque donde otros ven límites, ella ve una rendija por donde colarse y dejar su huella.

Aunque viva rodeada de muerte, su esencia grita vida. Y eso no hay uniforme ni delantal que lo apague.

Es inevitable sentir la frustración de haber estudiado tanto siempre, de haberse preparado, de tener el talento y la vocación, entonces ver cómo al final pesa más un apellido, un padrino o una posición económica reconocida. Hasta unas buenas tetas o un culo joven.

Lo que más la asombra, lo que aún le revuelve el estómago de vez en cuando, es la falta de valor que este mundo le da a la preparación académica.

Horas de estudio, desvelos, sacrificios tanto de tiempo como de dinero, porque ella es una asalariada y, aun así, lo invertía, años de formarse, de especializarse, de ganarse el respeto con mérito propio.

¿Y para qué? Es la gran pregunta.

Para terminar viendo cómo, en muchos casos, importa más tener un conocido poderoso que tener talento real.

No es resentimiento.

Es lucidez.

Es estar cansada de ver cómo el que hace bien su trabajo debe demostrarlo cien veces, mientras que al recomendado de turno le basta con una palmadita y un «yo lo conozco».

Y, sin embargo, ahí sigue ella. Sin apellidos rimbombantes. Sin nadie que la apadrine.

Sin favores detrás.

Solo con su ética.

Su entrega.

Su respeto por lo que hace y por quienes atiende, independientemente del lugar en el que esté.

Con algo que la caracteriza, su buena actitud, su agradecimiento por la vida.

Porque, aunque el sistema está contaminado, ella sigue apostando por hacer las cosas bien.

Aunque a veces duela, aunque a veces cansa, ella se prometió no dejarse contaminar.

Su mérito más grande no está en un papel colgado en la pared.

Está en su manera de tratar a los demás, en esa pasión que le pone hasta lo más rutinario.

Está en no rendirse en un mundo que parece diseñado para que lo haga. Y por eso, aunque duela… ella sigue hacia adelante.

Claro que no todo es color de rosas, ella también padece.

Porque no solo se reestructuró, sino que ahora es más humana que nunca.

Aún cree con la tozudez de los que sueñan despiertos que tarde o temprano el mérito encuentra su lugar.

Aunque la educación, en muchos casos, dejó de ser una herramienta para formar personas y se convirtió en un negocio redondo para unos pocos.

Mientras tanto, la mayoría sigue atrapada en trabajos que matan el alma mientras intentan sobrevivir.

Lo que alguna vez soñó como una vía para crecer, para avanzar, para aportar terminó siendo otra industria más, llena de mentiras por parte de grandes formadores.

La educación se ha mercantilizado.

Ya no se trata de formar profesionales capaces, sino de llenar aulas y bolsillos ajenos.

Mientras los dueños de institutos se hacen más ricos, los egresados coleccionan títulos y frustraciones.

Los hay que no ejercen lo que estudiaron; como ella, por ejemplo, otros que se conforman con empleos que apenas cubren lo básico y algunos que simplemente, dejan de soñar.

Ella lo ve.

Lo vive.

Y no lo calla.

Porque no es de las que se da por vencida.

Mientras son pocos los que se benefician, la mayoría subsiste.

Y ella, que no nació para simplemente sobrevivir, sino para vivir intensamente, no acepta que la vida se le vaya en trabajos que le quiten el alma, aunque paguen las cuentas.

Sabe que no es la única que pasa por lo mismo.

Conoce personas brillantes que han tenido que conformarse, que hacen malabares entre lo que desean y lo que el sistema les permite.

A todas ellas les dedica su lucha diaria, su entrega feroz y este libro, que es también una forma de resistencia.

Porque los sueños no deberían archivarse como un papel más. Deberían vivirse.

Transformarse en reales cuando se lucha tanto por ellos. Cumplirse, porque es lo justo.

Cuando se han fabricado con esfuerzo y sacrificio, pero sobre todo, con el coraje de una guerrera incansable.

«Eres una excelente profesional, pero tengo las vacantes llenas. Pensaré en ti si sale algo…».

Sí… esa frase la han escuchado tantas personas como ella, que son preparadas académicamente, con ganas, con talento, con vocación de servicio que incluso no se les ve a muchos que tienen la oportunidad de estar dentro de este oficio, porque no lo valoran, lo critican así, sin más; son más las horas que pasan jugando con el móvil que valorando, que respetando el lugar con ética y decoro o cumpliendo con su trabajo.

Y duele.

Porque no solo es el descaro con el que la dicen, es el sabor amargo de la ilusión inútil, del tiempo que no regresa, de una esperanza que ya viene con fecha de vencimiento.

Ella ya no se indigna. Ni se ilusiona.

Solo escucha con la misma resignación que uno pone cuando le dan el pésame.

Porque sabe que esa frase es el nuevo protocolo del descaro elegante, la manera educada de salir del paso sin comprometerse y para colmo dejar masticando una ilusión que no va a llamar nunca.

Ha salido de las oficinas con una sonrisa congelada y un nudo en la garganta, caminando cuadras enteras repitiendo esa frase en su cabeza como un eco sádico. Ha llegado a casa una y otra vez, con la sensación de que no fue suficiente, pero que algo bueno vendrá.

También ha pensado a veces que no importa cuánto se prepare, cuánto se esfuerce, ni lo humana, empática y profesional que sea si no conoce a la persona correcta, seguirá siendo una coleccionista de sueños y ni hablar de las profesiones y títulos engavetados.

¿Y saben qué es lo peor?

Hay quienes tienen el descaro de llamarla «afortunada» por tener un trabajo, una doble nacionalidad, un carné de conducir y hasta un coche propio, pero no piensan en todo el esfuerzo físico, mental y económico que ella ha invertido en tierras ajenas.

Si es mejor salir a trabajar que a buscar trabajo eso está claro, ella está agradecida con Dios por eso, pero el desempeño marca la diferencia entre un buen trabajador o uno mediocre, al igual que un gran líder o un simple jefe, que solo saben ordenar y que confunde el mandar con maltratar a sus trabajadores.

Aunque sea demoledor, aunque la consuma, aunque no le permita mayores lujos, sino apenas cubrir los gastos.

Esta es la realidad de los trabajadores actuales, ¿con qué pueden comprarse una casa? Eso no pasará.

Pero ella no pierde la esperanza y sabe que lo logrará; entonces ese día celebrará como otra más de sus victorias.

Por ahora ella está a gusto en su trabajo, aunque hay días de días; porque las malas vibras no se aniquilan del todo, pero es pecado acaso querer algo para lo que se ha formado, invertido tiempo y dinero, además de desempeñarse con ética, sentido de pertenencia, valores que se han perdido.

Como si las mujeres como ella debieran agradecer cualquier cosa.

¿Acaso es pecado aspirar a más?

Aun así, ella insiste.

Sigue perfeccionándose, sigue apostando por sus talentos, porque no nació para implorar oportunidades, sino para crearlas.

Por eso no se da por vencida jamás.

Por eso escribe, estudia y se sigue proyectando hacia un futuro mejor.

Por eso continúa mirando hacia adelante con sus pies cansados y su espalda a más no poder, pero su dignidad regia y erguida.

Porque algún día, cuando esas vacantes se abran, ya no las necesitará.

Entonces la frase será otra y saldrá de sus labios: «Gracias..., pero ya no estoy disponible, porque tengo algo mejor».

Ella, entre cadáveres y sueños.

De un lado, vive la crudeza de una profesión donde la muerte tiene rostro, donde el silencio es ley y el respeto, un deber.

Del otro, ese torbellino de ilusiones que se niegan a morir, ese fuego que no se apaga, aunque la realidad lo sople con fuerza.

Se reinventa porque no sabe cómo conformarse.

También duele en ocasiones porque es una lástima que una mujer con tanto para dar esté infravalorada por muchos.

No tiene padrinos.

No tiene atajos.

¿Pero saben qué sí tiene?

Tiene agallas, metas y propósitos.

Eso le basta, porque si su destino es limpiar váteres será la mejor *limpiapocetas* del mundo, porque es ambiciosa y no se conforma, es exigente y metódica con sus quehaceres, hasta competitiva, pero consigo misma.

Sabe que el mundo no es justo, que el talento no siempre abre puertas y que la meritocracia muchas veces es un mito bonito para adornar discursos vacíos.

Pero también sabe que ella no es cualquier mujer.

Ella es Mi Misma; la que siempre ha marcado la historia con sus iniciales.

Aunque aún no tenga todo lo que sueña, camina seductora con pasos firmes, decidida, porque ya no pide, ahora lucha por sus convicciones.

Ya no se postula para ser aceptada.

Ahora se perfila para triunfar así sea con la fregona y un plumero.

Porque incluso en medio de la muerte, ella sigue como un volcán en calma, pero siempre se espera esa erupción.

Y mientras muchos coleccionan cargos o conexiones, ella colecciona sus sueños, pero no para guardarlos, sino para vivirlos y hacerlos realidad.

22

Sola por decisión,
no por falta de opciones

Ya tiene su vibra clarísima, pues nada de repetir la historia, nada de aceptar afectos disfrazados de amor o amistad.

Esta es su nueva etapa.

Elegida desde la calma y la decisión consciente.

Una mujer que antes creyó temerle tanto a la soledad, pero que con la madurez de los años descubrió que la disfruta; eso solo habla de una superación personal indescriptible.

Que no está clausurada a las emociones ni sentimientos, pero tampoco los necesita como salvavidas.

Aprendió que no todo lo que llega hay que aceptarlo y mucho menos si viene en forma de ruleta de la fortuna y dejarlo todo a la suerte.

Hubo un tiempo en que la sola idea de llegar a ser mayor, un poco más de lo que es ahora, se refiere, sin un compañero le erizaba la piel y le aniquilaba la vida.

No por romanticismo, porque ese ya lo había bajado del pedestal hace rato, sino por miedo, sí, y muchos se sorprenderán porque ella no lo demostraba.

Miedo a los silencios injustificados.

A las noches frías que suelen ser muy largas.

A la mirada social que siempre pregunta con juicio encubierto: «Y tú, ¿para cuándo tendrás marido? ¿Por qué no te buscas un novio?».

Como si buscar una pareja es estrictamente obligatorio cuando la mayoría de la gente aún no entiende que el amor no se busca, él nos encuentra así, sin más.

Le aterraba imaginarse con canas, rodeada de plantas o libros y ahora esa es su vida, pero le encanta, en cambio antes prefería que un hombre le dijera «buenos días» con voz de dormido, ¡qué absurdo! Pero es el pensamiento de quien no tenía amor propio, porque la falta de pareja en su vejez le parecía un camino desolador.

¡Otro fracaso!, se decía a sí misma.

Pero esa versión de ella, la que temía a la soledad, quedó atrás.

Fue enterrada con honores en algún rincón de sus recuerdos, junto con las ilusiones mal invertidas y los «quizás cambie» que nunca llegaron.

La mujer que hoy es, ya no se pregunta si encontrará a alguien. Se pregunta si ese alguien será capaz de seguirle el ritmo.

Aprendió a golpe de decepciones, con las uñas a medio hacer y llenas de intriga por tanto escarbar verdades, que estar sola no es lo mismo que sentirse sola.

Que el vacío más brutal no viene de una cama sin otro cuerpo, sino de estar acompañada por alguien que no llena a plenitud, sino por el contrario nos deja más vacíos con cada encuentro.

Alguien que agota. Que oprime.

Que apaga.

Que roba la esencia con cada suspiro sin sentido… Que aniquile.

En su pasado fue una mujer que necesitaba tanto sentirse amada que, aunque no lo menciona, se permitió un segundo matrimonio, pues sí, uno más falso incluso que el primero, del que poco habla porque relativamente se dio cuenta de que no fue importante. Incluso pudo haberlo anulado declarando locura temporal, porque en sus cinco sentidos jamás lo hubiese hecho, pero de allí derivan sus carencias las cuales aún arrastraba.

Uno tan lleno de mentiras, interés y cansancio porque le tocó cargar con el peso de un hombre cuyo tamaño no era compatible con sus responsabilidades y es que nunca creció en ese sentido. Y es que, aun escribiendo estos párrafos, siente ese peso que le eriza la piel, no por pasión o tristeza, más bien por el agobio de lo vivido.

Un nuevo matrimonio dañado antes de comenzar a afianzarse y ella ya no perdona traiciones, por el contrario, las cobra de igual manera, pues sí, como lo leen, saquen sus propias conclusiones.

Pero al final quien más se dañaba era ella, por lo tanto, tal cual actriz de cine, se volvió a divorciar sin ningún luto, porque no llora lo que nunca tuvo.

Ahora, disfruta su espacio con una intensidad que jamás imaginó. Se acuesta a la hora que quiere.

Cocina lo que le provoca, o no lo hace si no quiere.

Se baña sola, pero tranquila, porque ya no tiene que satisfacer sin ganas bajo la ducha que quería darse sola, a ese hombre que invadía su espacio solo por quitarle cinco minutos de su tiempo.

Baila en ropa interior con la música en alto.

Se hace feliz sola.

Habla con sus plantas, con su casa y hasta sola porque le da paz, aunque para otros sea de locos.

Entonces se declara una loca divertida.

Pues tiene conversaciones profundas consigo misma mientras conduce, haciendo vídeos graciosos o reflexivos, según sea el caso.

No tiene dramas innecesarios.

No hay guerra de egos porque no compite con nadie y menos con quien debía ser compañero.

Ni hay promesas sin cumplir con escenografías disfrazadas de amor.

No está cerrada al amor, como se repite en varias ocasiones. ¡Qué va!

Le encantaría estar enamorada, pero de un amor bonito y tranquilo. Que no le haga ruido en el alma.

Uno que no tenga que perseguir, ni rogar, ni justificar.

Un amor que llegue sin pedirle que renuncie a su paz o a su esencia.

Pero como esos no aparecen en cada esquina, no anda buscándolos con linterna en mano, ni bajando estándares en nombre del «por lo menos esta/este, porque peor es nada».

Porque ya la vida y sus desamores le mostraron que el amor no se trata de tener pareja.

Se trata de no traicionarse a una misma.

De no aceptar cualquier compañía por miedo a ser cuestionada por la sociedad.

De no aceptar lo primero que aparezca por no quedarse sola y tener que conformarse.

Si pensar ahora de esta manera la deja soltera, qué bendición. Muchos la miran y piensan que está sola porque no tiene opciones.

Pobres ilusos, si supieran que puede tener a quien quisiera si lo decide.

Lo que ella tiene son muy buenos filtros para catarlos y descartarlos que es lo esencial en estos momentos.

Tiene exigencias emocionales, tiene claridad, mucha claridad La lucidez de quien ya no juega a los dados con el corazón.

Ha elegido estar sola de momento, ¡sí!

Pero no desde la tristeza.

Ni desde la resignación. Lo hizo desde el poder.

Desde la paz que tanto le ha costado lograr.

Desde ese punto exacto donde una se sabe completa y ya no le da a nadie el poder de completarla.

Estar sola, para ella es un acto radical de amor incondicional para sí misma el no tener que esperar mensajes que no llegan o si llegan es a destiempo, silencios que no entendía por parte de alguien que no sabe lo que quiere, porque si fue ella quien eligió mal y repitió patrones, era a lo que estaba acostumbrada.

Ahora duerme sin sobresaltos, porque no espera. No tiene que explicar por qué no quiere salir.

Es decir «no» sin culpa y «sí» sin miedo.

Es tenerse.

Y eso, amigas… no es poca cosa.

Porque ahora sabe que su vejez no será gris ni solitaria, como la imaginó mientras estuvo acompañada.

Será libre.

Llena de amigas, de historias que contar, de viajes pendientes, de libros abiertos por gusto, de charlas con vino y tardes sin reloj.

Porque fue tan oprimida que, por su tranquilidad, usaba el reloj sin baterías, es que le contaban el tiempo para cada cosa y eso no era vida. Ahora lo usa de diferentes modelos, pero la hora para ella ya no pasa con sobresaltos.

Si algún día llega alguien que no venga a estorbar, pues bienvenida sea la compañía.

Pero si no llega, ella igual será feliz. Feliz y sola.

Sola, porque así lo decidió. No porque no tenga opciones.

Llegó a confundir presencia con amor.

Hoy sabe que hay ausencias que alivian y presencias que enferman.

Antes se conformaba con migajas emocionales; ahora se sirve banquetes de tranquilidad, de una libertad elegida.

Se preocupaba por agradar y verse bien para un hombre; ahora le interesa no traicionarse, aunque no le apetezca pintarse el cabello, cuando se arregla lo hace para ella.

Eso lo entendió una noche cualquiera, sentada en su cocina, con la taza de té aún humeante entre las manos.

Solo el sonido de su respiración y un pensamiento claro:

«Prefiero esto mil veces antes que otra conversación fingida con alguien que solo me oye, pero no me escucha».

Tiene la cama entera para ella. Las decisiones no se consultan.

Si se equivoca, al menos lo hace por elección propia y no por seguirle el ritmo a alguien que jamás entendió su melodía.

Ella elige.

Ya no espera, no se anula para complacer a otros.

Ya no piensa en excusas para justificar comportamientos mediocres.

Aprendió a detectar banderas rojas, sin necesidad de ponerle gafas al alma. Y no, no se volvió fría.

Se volvió sabia.

Tampoco es que perdió la fe en el amor, como le dicen algunos que quieren intimidarla o desafiarla, como si ahora cayera en ese juego.

Perdió la paciencia para las tonterías.

No dejó de creer en el amor. Dejó de apostarle al azar.

Porque ya no quiere juegos.

Quiere a alguien que sepa a dónde va y con quién.

Con un poco de baile los viernes, charlas honestas y, ¿por qué no?, alguien que no confunda su independencia con desinterés.

Que no tema a su fuerza.

Que no intente apagarla, sino admirarla; que comparta sus sueños, que festeje sus logros; no competir con ella al punto de prohibirle cosas para que no destaque.

Que no la use como bastón, pero tampoco como alfombra. Alguien que camine a su par.

Porque si algo merece esta reina… es un verdadero rey.

Cuando le preguntan si no extraña el amor, se encoge de hombros y contesta con una sonrisa peculiar:

«Extrañar, a veces. Volver a resignarme, jamás».

Caminó por senderos donde el eco de un «te quiero» sonaba bonito, pero muchas veces no era sincero.

Entregó su tiempo, su energía, sus sueños y su cuerpo por tan poco, que le costó mucho ese autocuidado que hoy defiende como una leona.

Tampoco la pasó del todo mal, excepto cuando le tocó ese mal polvo que la dejó loca y sin interés en repetir.

Porque los hombres, muchas veces, quieren un refugio con forma de hogar, pero no traen más que tormentas arrastra.

Muchos miran con deseo, pero sin respeto y más cuando ven a una mujer madura y sola.

Inmediatamente piensan: «Este será un polvo fijo», como si la vagina estuviera en la frente.

Lo afirma con serenidad o con esa frialdad que aprendió a usar. Antes vivía queriendo rescatar lo que ya estaba hundido.

Tenía una vista pésima para elegir, porque parecía que le soltaban a todos los desgraciados para ella solita y ahí estaba con esa mala puntería para escoger el más desgraciado de todos.

No asimilaba que no todo lo que brilla es oro, ni todo lo que llegaba merecía la pena quedarse.

La soledad, al principio, le llegó como castigo —o eso pensaba—, con tanta frustración y tan poca autoestima. Sentía una cama fría, una mesa con un solo plato y se preguntaba: «¿Por qué a mí, si yo hice todo para que funcionara?».

Ese era su principal error: siempre era ella quien hacía todo para que las cosas, las relaciones, las amistades, los trabajos funcionaran y estuviesen contentos los demás. ¿Y su propia felicidad?

Esa la fue postergando durante tantos años, sin darse cuenta de que estaba vacía por dentro y cansada, al punto de no poder dar más porque nada le quedaba: estaba destruida, al límite de la conformidad.

Pero, con el tiempo, esta misma soledad se volvió un obsequio valioso, de esos que no se esperan, pero sorprenden para bien.

Silencio sin gritos —¡qué delicia!—, tranquilidad sin incertidumbre, libertad sin excusas.

Y nada de sexo si no le apetecía —sobre todo, eso—, porque no hay nada más horrible que a una mujer la insulten, la humillen y la golpeen para, después, querer arreglar todo en la cama. ¿Dónde quedaban esas heridas que se convertían en rencor?

Porque sí, hay que decirlo: a veces no apetece, y había que fingir el orgasmo.

Mucho menos cuando querían «hasta el chiquito», como si su placer fuera una obligación y no un derecho.

El chiquito se gana, señores; no se exige. Por eso, amigas, ¿cuántos hay que exigen tanto esfuerzo, ardor y hasta dolor… creyéndose dignos de un servicio *premium*? Qué falta de respeto.

Descubrió que sola también podía reírse, y su risa no molestaba a quien no quería verla feliz.

Ahora todo lo hacía sola, gozaba a lo grande y, la verdad, ¡qué bien se siente!

Salvo cuando trae bolsas del súper, pero para eso tiene a sus hijos: los llama por teléfono y van a su encuentro al *parking* cuando llega con su querida «potra», esa camioneta que compró con orgullo —otro logro suyo—, con sacrificio y constancia, porque así es ella, de las que no se dan por vencidas aunque el corazón quiera salir por la boca.

Muchos aún creen que está sola porque no tiene a nadie que la busque, la invite o le envíe mensajes de vez en cuando. Y si ella mostrara su móvil… Ujum.

Qué equivocados están.

Es mejor comer en silencio… por si apetece repetir.

Claro que hay hombres tocando su puerta y que quisieran tocarla a ella, pero qué va: eso no lo permite, porque no es cajero automático que, solo pulsando una clave, esté disponible las veinticuatro horas. Ya no.

La mayoría son más de lo mismo: buscan cuerpo, consuelo o una madre emocional.

Y ella ya no está por costumbre ni por miedo al vacío.

Prefiere mirar qué nuevo juego sexual se compra por internet —ya tiene varios— y en su casa nunca faltan las baterías de repuesto.

Porque ahora ni el cuerpo lo entrega sin ganas, ni el alma sin respeto, ni su tiempo sin reciprocidad.

Aprendió que la soledad no le quitaba nada: al contrario, la protegía.

Si un día aparece ese hombre que de verdad valga la pena, ¿sabrá ella reconocerlo? No lo cree.

Porque no pega una en esa elección.

Y, como no tiene suerte en el amor, prefiere ver series de suspenso: al menos ahí, si alguien muere, no es ella la que termina rota.

Aunque se siente tan viva, ahora más que nunca. Y le encanta sentirlo.

Mientras tanto, de momento se queda con lo mejor: ¡consigo misma y con su adorada *yorkshire*!

Porque estar sola no es estar incompleta. Es estar tranquila.

Después de tantos intentos fallidos, por fin entendió que prefiere elegirse mil veces antes que buscar compañía «porque no hay de otra».

«Sola, sí; pero jamás mal acompañada.

Que para eso ya tuvo suficientes temporadas con reparto de baja calidad».

«Temió a la soledad durante años… hasta que entendió que estar sola era la mejor forma de no volver a traicionarse».

«No es que no pueda tener a alguien.

Es que, por fin, aprendió a no aceptar a cualquiera».

«No es soberbia, es claridad. No es frialdad, es experiencia.

Y no es por falta de amor —porque aún hay quien la ama, la recuerda y quisiera tenerla—, pero ella ahora tiene exceso de amor propio y no hay cabida para pequeñeces».

El amor pasó por su vida.

Entró; incluso se quedó un rato largo.

Aunque también mintió, jugó a sus anchas y se disfrazó de lo que no era.

Ella lo conoció en sus peores versiones.

Sin embargo, ya sin expectativas —más allá de las que le dan sus años—, dejó de remendar pedazos de hombres rotos que llegaban sin herramientas ni para arreglar sus propias ruinas.

Era increíble cómo intentaban inventar un mundo cuando ni siquiera tenían intención de fabricar un hogar.

Sus cimientos eran frágiles, sus estructuras tambaleantes y, al final, era ella quien tenía que reforzarlos.

Porque no sabían qué hacer con una mujer que podía con todo, aunque estuviese rota a trozos.

Imagínense ahora.

Ahora que ya no necesita demostrar nada. Ahora que no arregla a nadie.

Ahora que entendió que no se puede salvar de hundirse a quien se niega a nadar.

Cada incendio fue apagando su ingenuidad. Cada despedida la volvió más precisa.

Ahora es tan perspicaz, tan sabia, que a veces hasta ella misma se asusta.

Es una señora.

Una dama.

Con una gran dignidad.

Porque ya no tiene edad ni paciencia para amores que no la sostienen y, mucho menos, la encienden.

Las propuestas están a la orden del día, pero ya no tolera repetir historias ni coleccionar rupturas.

Su soledad no fue culpa ni accidente. Fue decisión.

Fue su elección.

Porque, al final, ninguna mujer viene a este mundo para resignarse a la limosna de afecto ni para ser el horno microondas de cualquier iluso que aparece solo para calentar su ego.

Ella se convirtió en su propio refugio. Su calma.

Su hogar está en su pecho y la paz con la que vive ahora no la cambia por un «te extraño» a medianoche ni por un «te quiero ver» sin compromiso.

Prefiere tener su nevera llena, su casa limpia y su ropa lavada puesta al sol. Ya no busca.

No insiste.

Mucho menos intenta cumplir roles donde no entra ni siquiera a empujones. Porque, si bien no ha cerrado la puerta al amor, ya no permanece abierta del todo.

Es una mujer reconstruida de sus escombros.

Y eso, queridos lectores, no lo sabe manejar cualquiera.

Quien venga, deberá traer una madurez emocional a su altura.

Y sí, eso hace que el trabajo sea más complicado para ellos, pero ella lo merece y, si la quieren, luchen. Tampoco es imposible.

Bastará con que sepan cómo hacerlo y tengan lo que hay que tener para que ella esté complacida.

Hasta entonces, aquí está. Entera.

Serena.

Y, para quienes preguntan si no le hace falta un hombre… la respuesta es simple: «Falta, no le hace».

¿Un buen amante? De vez en cuando, sería genial.

¿Una buena compañía? También, en ocasiones.

Porque, como buena alumna, superó a sus maestros: hace el amor con pasión, con entrega, con conocimiento.

Sabe lo que hay que hacer y cómo.

Si alguien lo duda… se quedará con la intriga.

Si alguien la recuerda —y claro que sí la recuerdan—, ella es tan mujer que aprendió a complacerse sola.

Quien ha probado su cuerpo, su piel, su alma, la lleva tatuada en el deseo: la buscan en otras bocas.

La escuchan en una canción y vuelve a sus pensamientos como un suspiro que oprime el pecho.

No lo dice por vanidad —eso sería inmadurez—; lo dice porque esos mismos que tanto la alejaron con sus acciones se lo han dicho, con nostalgia de lo perdido.

Como buena abogada, todo lo fundamenta con evidencias; y, bajo confesión de parte, relevo de pruebas, ha logrado muchas confesiones —hasta en reiteradas ocasiones—.

Entonces, ¿cómo va a preocuparse por estar sola? Si está hecha una *mamasita* y más mujer que nunca. Así lo decidió, no porque le falten opciones, sino porque, por fin, aprendió a elegirse a sí misma como su prioridad.

23

Ahora que tiene tiempo, se tiene a ella y eso la reconforta

Hubo un tiempo en que vivía a mil: corriendo, cumpliendo, agotándose.

El reloj marcaba sus días y la rutina le devoraba los anhelos.

Porque ella anhelaba una noche libre. Una copa sin reloj.

Una conversación que no se interrumpiera por el cansancio.

Quería salir, reír, bailar, sentarse en una terraza a mirar el cielo sin sentirse culpable por no estar produciendo.

Pero ese tiempo siempre se le escurría.

Y ella, sin decirlo, se lo negaba a sí misma.

Trabajaba demasiado. Se entregaba entera.

La vida se le escapaba entre los dedos como el agua.

Cada vez que soñaba con un ratito para ella, se decía: «Ya habrá tiempo».

Sin darse cuenta, ese tiempo llegó.

No de la manera que había imaginado.

No fue un viaje, ni una salida en tacones, mucho menos una noche de tragos. Fue el cambio de rutina que tanto la agobiaba.

De ritmo.

De prioridades.

Fue el cansancio acumulado el que le pidió una pausa.

Fue su cuerpo el que dijo basta y su alma la que susurró: «Ahora sí, es tu turno». Entonces, al fin, lo encontró.

No necesitaba una fiesta para sentirse bien.

No necesitaba una mesa llena de gente para sentirse acompañada. No necesitaba llenar los vacíos con ruido.

Solo necesitaba tiempo. Tenerse a sí misma.

Hoy se encuentra en un punto donde las noches tranquilas le saben mejor que cualquier viernes lleno de promesas.

Donde leer un buen libro con una copa en la mano es un lujo que antes no se permitía, con la tranquilidad de no mirar el reloj ni tener que salir corriendo.

Donde su serie favorita la espera sin celos, sin reproches, sin necesidad de dormir sin ganas para cumplir jornadas que sus pies ya no podían ni arrastrando.

Ahora que tiene tiempo, se disfruta.

Se sienta en su sofá con el alma en calma y piensa:

«Esto es lo que soñaba cuando creía que la libertad era poder salir a la calle».

Pero ahora entendió que la verdadera libertad es elegir quedarse en pausa. Y ella elige.

Su casa.

Su música.

Su espacio.

Y su silencio, que se ha convertido en su arma más poderosa de sabiduría.

Hay quienes creen que está aislada. Que se volvió aburrida.

Hasta que está apagada.

Ingenuos. ¡No saben nada de ella; es que no la conocen!

No la ven encenderse sola, sin necesidad de reflejos ajenos. No la escuchan reírse con sus propias ocurrencias.

No la ven caminar descalza, libre, con el corazón sin sobresaltos.

No la escuchan decir: «Hoy no salgo, gracias, porque tengo una cita conmigo». Y esa cita… es sagrada.

Ha aprendido que no hay vino más sabroso que el que se toma sin prisas, sin máscaras, sin compañía obligada.

Que no hay plan más valioso que estar en casa y no necesitar escapar.

Que no hay mejor compañía que la suya, cuando se trata con amor, paciencia y respeto.

Ahora que tiene tiempo, no corre.

Ahora que tiene tiempo, no se lo entrega a cualquiera.

Ahora que tiene tiempo, se lo dedica a ella, a salir con su hija y sus nietos adorados.

Y qué delicia saberse suficiente.

Los fines de semana ya no son para recuperarse del cansancio acumulado ni para fingir entusiasmo en planes que no desea.

Después de llegar de su trabajo agotador, claro, ¿cuál no lo es?, ella está muy a gusto entre sus habitaciones, sábanas con ajuste y toallas para doblar, hasta que su encargada —una mujer maravillosa y tierna, pero con el carácter y la energía de un huracán— dice: «Cambiaros e iros».

Con las tardes y un día por semana libres, ahora ese tiempo es todo suyo.

Puede amanecer sin poner la alarma, quedarse en pijama hasta que el cuerpo se lo permita, preparar su café favorito y beberlo lentamente mientras la vida, por fin, no le exige correr.

Le fascina ese ritual de silencio: sus tazas, la luz entrando por la ventana y ella, con la mirada perdida hacia la inmensidad del mar, pero el alma bien ubicada.

A veces se ríe al recordar cómo antes pensaba que una vida así sería aburrida. Hoy entiende que eso no era aburrimiento.

Era paz.

Y la confundía… porque no la conocía.

A veces le escriben: «¿No sales? ¿Otra vez en casa?».

Y ella contesta, con la mejor expresión dibujada en el rostro: «Estoy en el mejor lugar del mundo… y conmigo».

No es que haya renunciado al mundo: es que ya no se pierde en él. Sale cuando le apetece, no cuando se siente obligada.

Brinda cuando hay algo que celebrar, no por costumbre.

Se arregla para sí misma, no para provocar miradas ajenas.

Aún recuerda cuando soñaba con que alguien la sacara de la rutina.

Ahora se saca sola de allí cuando quiere, sin tener que negociar su libertad. Lo que antes parecía egoísmo, ahora se llama autocuidado.

Lo que antes parecía soledad, ahora es presencia.

Y lo que antes le parecía un lujo inalcanzable, hoy es su día a día.

Y no habla de dinero ni de metas. Habla de calma.

De la dicha de poder elegir.

Porque ahora que tiene tiempo, se prioriza. Se cuida.

Se mima.

Aprendió a no dejarse para después.

Si alguna noche le apetece un trago, se lo sirve. No espera invitaciones.

No necesita testigos para disfrutar.

Ella sola puede armar una velada mejor que muchos que conoció.

Hubo un tiempo en el que su casa era solo el lugar al que llegaba agotada a dormir y ducharse.

Ahora es su refugio.

Su templo.

Su hogar.

Porque no todas las casas se convierten en hogar y ella lo consiguió en compañía de sus hijos y su mascota amada.

Antes soñaba con escapar. Ahora sueña con quedarse.

Le cambió el sentido a las palabras: para ella ahora «salir» ya no es sinónimo de libertad y «quedarse» ya no es un castigo.

Aprendió a servirse bien cualquier bebida, pero también a llenarse de su presencia. Enciende unas velas porque sí, no porque venga visita.

Se perfuma antes de dormir porque le gusta.

Y se habla con tanto cariño, con tanto respeto, que da gusto verla. Después de tantos años de exigirse, por fin se trata como merece.

Ya no se juzga por no hacer, por no correr, por no cumplir expectativas ajenas.

Se celebra por detenerse. Por descansar.

Por no tener que demostrar nada a nadie.

Aunque hubo días en que la soledad pesaba, hoy le resulta tan ligera… porque no le teme: la habita.

Porque no le duele: la disfruta.

Porque no la llena con cualquiera: la honra con su propia compañía.

Si la llama alguien —a excepción de su hija—, que no crea que viene a salvarla, ni a entretenerla, ni a prometerle domingos con cenas.

Que venga a sumar. A respetar su silencio.

A no arruinar la paz que tanto le costó construir. Ella tuvo muchas tormentas para lograr esta calma.

A veces se acuerda y se impresiona de cómo antes temía envejecer sola.

Hoy le asusta más la idea de envejecer con alguien que la agote o le quite vida.

Porque aprendió que no hay edad para el goce.

Pero sí hay madurez para no tolerar lo que uno no merece.

También se permitió algo que antes parecía un lujo escandaloso: perder la noción del tiempo frente a la tele, cambiar de canal sin apuro, dejar que una serie la atrape sin pensar en que mañana madruga o que tiene que salir volando a otro lado.

Antes, mirar televisión era un acto de culpa. Hoy, es un ritual sagrado.

Se tira en el sillón, se arropa, se sirve algo rico y se deja llevar.

Porque ahora que tiene tiempo, aprendió que el ocio también es medicina.

Si no quiere cocinar, pide un *delivery*: es una mujer que aprendió a disfrutar la libertad y a darle al cuerpo lo que le apetezca.

No solo eso.

Ahora puede salir a hacerse las uñas sin tener que agendarlo como si fuera una misión imposible: ya no es un lugar al que va corriendo entre obligaciones, es un espacio donde se sienta, respira, charla un rato, se mira las manos y piensa: «Me merezco esto».

Antes pasaba frente a las tiendas suspirando por un par de zapatos o una blusa bonita que no compraba —no porque no tuviese dinero, que gracias a Dios se lo puede permitir—; su gran problema era la falta de tiempo. Hoy no solo entra, no se la prueba —nunca le ha gustado—; lo deja a la suerte, se ríe y compra lo que le dé la gana.

Porque ya no se convence de que todo es «para después» o «cuando tenga tiempo». Y ni hablar de su cabello.

Hubo años en los que su pelo era lo último de la lista.

Un moño apurado, una coleta rápida y a seguir. Hoy va a la peluquería con tiempo.

Pide lo que quiere, no lo que puede.

Se sienta, cierra los ojos y disfruta de que la consientan, porque durante mucho tiempo, ella fue quien sostuvo todo… sin que nadie la peinara ni la mirará con ternura.

Ahora que tiene tiempo, se da permisos. Permisos que antes sentía egoístas.

Permisos que ahora defiende como actos de amor recompensado.

Y, mientras muchas aún corren detrás de todo, ella aprendió a no ir detrás de nada que la agote.

Porque el reloj sigue teniendo veinticuatro horas, ¡sí!…

Pero ahora son veinticuatro horas que, por fin, incluyen a la persona más importante en sus planes: su cita exclusiva con ella misma.

Habla también de aceptación.

De gratitud por el cuerpo que habita.

Rompe sin culpa con esos viejos mandatos de belleza que solo agotan.

Porque también la ven con canas y piensan que se descuidó. No, se equivocan.

Esas canas no son olvido: son elección. Son comodidad.

Son gratitud.

Hasta orgullo de lo vivido.

Si no le apetece pintarse el cabello para esconder años, pues se deja sus canas —que no son falta de ganas, por cierto—, porque no tiene nada que ocultar.

No lo hace, así de simple; ya le apetecerá después. Lo hará cuando quiera.

Y si no, bienvenidas las canas.

Y, sobre todo, bienvenidas las ganas…

Ganas de tantas cosas que ahora hace sin informar ni justificar.

Prefiere llevar el paso del tiempo en la cabeza que arrugas en el alma por querer ser quien no es; o, peor aún, aparentarlo.

La vanidad ya no la domina.

No necesita disfrazarse de juventud para sentirse viva. Prefiere estar excelentemente tranquila.

Y eso, queridos cómplices, le sienta mejor que cualquier tinte.

Porque ahora que tiene tiempo, ya no se arregla para gustar: se arregla cuando quiere, como quiere y para sí misma.

Si un día no se arregla, también está bien. Porque no es su imagen lo que la sostiene.

Es su paz elegida.

Entonces, mientras muchos aún corren detrás del tiempo, ella lo mira de frente, con su mejor sonrisa, y le dice: «Llegaste tarde, pero, por fin, llegaste».

Es increíble cómo antes era juzgada por los cambios naturales de su cuerpo, y cómo hoy logró entender que no era que se miraba mal: se miraba con compasión.

Pero ahora se mira con orgullo.

Hasta con un poco de revancha elegante.

Es que no puede evitar recordar esas épocas en las que su cuerpo era territorio de críticas disfrazadas de «preocupación».

Cuando subía unos kilos por estrés o cansancio, ahí estaba él —ese pasado oscuro—, con sus frases envueltas en risa fingida.

Bromas que eran cuchillos afilados. Comentarios que no preguntaban, pero dolían.

«Te estás descuidando, ¿eh?».

«Mira esa barriguita… vas a tener que moverte más».

Todo dicho con esa ironía que nunca fue broma. Era juicio, puro y duro de un maltratador.

Y sí, su abdomen ya no era el de los veinte, pero tampoco lo era el de él.

Él, que le lleva cinco años.

Él, con una vanidad absurda que no combinaba con su espejo. Y, sin embargo, venía de él ese dedo acusador.

Ese que jamás se miró con honestidad, pero sí se permitía señalar.

Hoy, si lo tuviera enfrente, ella está segura de que él no resistiría ni su mirada ni su brillo.

Porque ahora ella lleva algunas arrugas…, pero también lleva mucha dignidad. Lleva canas…, pero también libertad.

Lleva curvas… con mucha historia, placer y aprendizaje.

Y no hay dieta ni gimnasio que le devuelva a ese hombre la posibilidad de volver a estar a su lado ni con una mujer como ella.

Porque si algo aprendió es que quien te ama no cuenta tus pliegues, te los acaricia. Y quien te critica mientras envejece contigo… en realidad, envejece contra ti.

Ella se mira y le gusta lo que ve.

No porque tenga un cuerpo perfecto, sino porque, por fin, tiene uno que no le pide disculpas a nadie.

Y si tuviera que compararse hoy con él, cosa que ni falta le hace porque al pobre la vida lo está golpeando donde más le duele, que es su ego y su imagen no es de lo más apetecible, solo se podría decir una cosa: ella mejora con los años.

Él… solo está envejeciendo y de la peor manera.

Pensar que antes logró hacerla sentir tan poca cosa a su lado. Hoy él no se atrevería ni a pedirle la hora.

Es increíble cómo una persona puede hacer tanto daño y fingir ser buena.

Hacerse la víctima, cuando en realidad pasó años enjuiciando, encasillando, desgastando, hasta aniquilar por un tiempo a esa mujer que compartía la vida junto a él y era su mayor apoyo.

Eso, sin duda, es el acto de un cobarde. De un inseguro.

De esos cuyos egos no soportan tener a su lado a una mujer que brilla, aunque quieran apagarla.

Que avanza, aunque le pongan grilletes.

Por eso, la decisión de romper con esa vida llena de tiranía emocional no fue fácil.

Fue una decisión silenciosa, personal y tan valiente como la agonía que la precedió.

Porque solo quien ha vivido la asfixia latente entiende lo que cuesta aprender a respirar sin pedir piedad.

Hay algo extraño en las cosas rotas. Algo que parece contradictorio.

Se cree que lo que se quiebra debe ser reparado, que lo imperfecto es inútil.

Que si un objeto, un corazón o una historia se rompe, ya no merece ser parte de nuestra vida.

Pero con los años, ella aprendió algo radical: «lo roto tiene su propia magia». Recordó aquel jarrón que se rompió hace años.

Un hermoso jarrón que le había regalado su madre, con flores pintadas a mano.

Cuando se cayó, se hizo añicos.

Quedó tan destrozado que nadie creyó que pudiera volver a usarse. Todos lo miraron como algo acabado.

Pero ella, que nunca fue amiga de tirar lo que alguna vez amó, lo recogió.

Entonces, como por arte de ternura, comenzó a unir las piezas. No con la intención de ocultar las fracturas, sino de hacer algo nuevo.

Lo reconstruyó con cintas doradas, resaltando cada grieta.

El jarrón ya no era el mismo, pero ahora era más hermoso, más valioso. Más verdadero.

Con cada fragmento que pegaba, entendía algo más profundo; el daño no elimina el valor.

Lo transforma.

Y así empezó a mirarse diferente. Su cuerpo, como ese jarrón.

Ya no era terso y joven como antes. Su piel llevaba marcas.

Arrugas, cicatrices y su cabello blanquecino.

Todo lo que antes le parecía señal de «ruina» era, en realidad, el mapa de su historia.

Cada cicatriz tenía una razón. Cada risa había dejado huella.

Cada lágrima caída, un nuevo matiz en su mirada. Ahora, esas huellas eran sus tesoros.

Y no solo en su cuerpo.

En su vida también hubo fracturas. Relaciones que se quebraron.

Promesas que se disolvieron como papel mojado. Sueños que se le escaparon entre los dedos.

En cada una de esas pérdidas, creyó que no volvería a ser la misma. Y tenía razón.

No fue la misma, fue otra.

Es ahora más segura y menos frágil.

Porque entendió que la rotura no es el final. Es una invitación.

Una posibilidad de rehacerse, de reinventarse, de encontrar belleza donde antes solo había dolor.

Cada vez que algo se rompe, una nueva oportunidad se abre. Y el arte está en saber unir los trozos sin miedo a lo perdido.

Ya ella no busca la perfección. Ahora busca autenticidad.

Verdad, luz, historias por vivir para anexarlas a las ya vividas.

Porque lo que se rompe y se reconstruye con amor, con paciencia, con aceptación, nunca es menos valioso.

Se convierte en único, inquebrantable e irrepetible.

Por eso, hoy ya no teme a las grietas. Al contrario.

Las honra.

Las muestra con orgullo, como quien exhibe una joya exótica, llena de historia, de vida, de ella misma, de su verdad y de esa vida que cada día es mejor.

24

Recuerdos de un futuro que nunca existió

Ese futuro que nunca llegó fue su ilusión durante mucho tiempo. Ella alguna vez soñó con una casa de dos plantas.

O un apartamento cerca del mar. Un perro, un jardín.

Un buen compañero de vida con quien compartir el café en las mañanas.

Imaginó domingos en pijama, desayunos en familia, viajes de aniversario y una vejez compartida, con mantas tejidas y una mano que le acariciara la espalda mientras veían películas repetidas.

Se lo creyó todo.

Tanto, que por años intentó construirlo, pero no tuvo ayuda. Pieza por pieza.

A fuerza de fe y sumisión, pero ese futuro nunca llegó.

Al menos no así.

No con esas coordenadas.

La casa en la que vivió por años se vino abajo, pero nunca la sintió suya. El perro lo tuvo, sí.

Pero también murió después de que ella tuvo que salir corriendo de esa vida que ya no era la que quería seguir viviendo.

El jardín fue reemplazado por una terraza pequeña, donde ahora toma café bombón sola al atardecer o con su hijo, ese compañero de tantas historias.

Y el café... más fuerte y más cargado. Como su carácter.

No siente tristeza.

Solo una extraña nostalgia por lo que alguna vez creyó que sería.

Una ternura silenciosa hacia esa mujer que pensaba que el amor venía con calendario, algunos roles definidos y una lista de logros con tilde verde al lado, como señal de haberlo logrado.

Hoy se siente bien a pesar de no haberlo logrado de esa manera, sobre todo. Porque ese futuro que nunca existió la obligó a construir uno nuevo, pero mucho mejor.

Uno donde la cama puede ser grande, pero no se siente vacía.

Está llena de libros, de sueños nuevos, de calma, de silencio elegido y de su fiel perrita.

Uno donde los aniversarios no son con un hombre, sino con ella misma, celebrando cada vez que logró no volver a donde no quería estar.

No hablando solo del amor de pareja, sino de cada cual que la utilizó o quiso aprovecharse de su buena fe.

A veces, mientras riega las plantas de su balcón, recuerda esos planes que no se cumplieron.

No con rabia.

Ni con frustración.

Sino con gratitud.

Porque si todo hubiera salido «como debía», jamás se habría convertido en la mujer que es ahora.

Y esa mujer, francamente, no cambiaría su paz por ningún plan perfecto que prometiera compañía, pero viniera con ruido que desestabilizara su tranquilidad.

Ese futuro que no fue (y menos mal).

Porque ella sí supo lo que fue amar hasta deshacerse.

Supo lo que era posponer su deseo por sostener a otros, lo que era perderse en un hogar que solo abría sus puertas cuando convenía.

Y supo también lo que es renacer cuando ya nadie lo esperaba.

El futuro que soñó nunca existió.

Y gracias a eso, hoy tiene uno del que no necesita ni quiere escapar.

Porque no hay nada más hermoso que mirar atrás y entender que el mejor destino fue haberse desviado.

Se lo creyó todo.

Tanto, que por años vivió intentando construirlo, aunque las piezas no encajaban, aunque el esfuerzo fuera solo suyo.

Quiso estar en esa postal, en ese cuento que le vendieron como final feliz.

Pero ese futuro jamás llegó.

Y no porque no lo mereciera, sino porque no era para ella.

El destino, con su ironía habitual, le tenía reservado algo distinto. Algo más crudo, más real, más suyo.

Al principio, le dolió.

Le dolió mucho.

Despedirse de lo que no fue y de lo que no será jamás.

Hacer el duelo de un futuro imaginado es como llorar a un fantasma; nadie lo entiende, pero ella lo sintió en cada rincón de su alma.

Sin embargo, con el tiempo, descubrió que perder ese futuro que ella tanto añoraba fue lo mejor que le pudo pasar.

Hoy vive otra versión de sí misma.

Una que no responde a expectativas ajenas ni a relojes sociales.

La mujer que antes soñaba con domingos en familia, ahora elige pasar el domingo sin apuros, leyendo en silencio, sin preguntas ni obligaciones.

Sin fingir que todo está bien cuando no lo estaba. Y eso, en su mundo, se llama «libertad».

Ya no necesita que le pasen el café.

Ahora se lo sirve ella misma, fuerte, con canela, sin azúcar, pero con agave. Y no le sabe tan amargo como los días que vivió para llegar hasta aquí.

Como esa verdad que ahora carga sin vergüenza alguna.

Ese jardín soñado se convirtió en macetas en su balcón, con plantas que revive una y otra vez. Igual que ella.

El perro también lo tiene ahora, es una pequeña *yorkshire* que la acompaña con dulzura y lealtad.

Como sus ganas de volver a confiar, aunque con más ojos, más límites, porque ha sido testigo de la maldad silenciosa de quienes prometen mucho, pero dan poco.

Ella elige a su perrita siempre. Y eso también es amor.

A veces, la asalta un recuerdo de ese futuro que no fue.

Y solo se queda allí dando gracias por lo que hoy tiene, pero más aún por todo lo que perdió.

Porque lo que hoy tiene, es cierto, no estaba en sus planes, fue construido con sus manos, pero a su medida.

Hubo un renacimiento.

No existió la luna de miel, pero sí tiene lunas solitarias con licor y paz.

Hubo una mujer que se transformó en poder.

Quizá ese era el verdadero destino y no el de encontrar a alguien que la hiciera feliz, sino más bien convertirse en alguien con quien valiera la pena estar sola.

Y vaya si lo logró.

Ahora, cuando alguien le pregunta por su futuro, ella no responde con fechas ni escenarios ideales.

Responde con sensaciones. De tranquilidad.

Muchas ganas de comerse el mundo.

Y con esa autenticidad que la caracteriza. Todo eso lo explica en una sola palabra:

«Calma».

El futuro que soñó nunca existió.

Y gracias a eso, construyó uno donde no se traiciona. Uno donde no se pide permiso para vivir a su ritmo.

Uno donde, aunque no todo está resuelto, hay algo que sí está claro, pues su historia no necesita finales felices.

Solo verdad.

A veces, entre todos esos recuerdos de un futuro que solo ella soñaba cuando aún tenía ingenuidad, también aparecen momentos que no estaban en ningún plan.

Como aquella vez en la que decidió entregarse. No por amor.

Ni por rutina.

Tampoco por obligación.

Lo hizo porque quiso. Porque su cuerpo se lo pidió.

Porque por primera vez, después de tanto tiempo sobreviviendo, recordó que también era piel, deseo y hambre de emociones.

Aunque no podía sostenerse del todo, porque sus cicatrices aún le ardían, eligió mirarlo a los ojos y entregarse.

Sin promesas.

Ni miedo.

Mucho menos máscaras.

Ella no le habló de sus heridas. No le pidió garantías.

Solo lo miró con esa mezcla de rabia y ternura que tienen las mujeres que han amado mucho y han perdido más.

Y lo besó como quien se despide de un viejo dolor.

Se permitió el temblor. La vulnerabilidad.

El pulso acelerado.

Se permitió sentirse viva.

Esa tarde no cambió su vida, pero sí su forma de habitarla.

Desde entonces, empezó a romper vínculos como quien se quita un vestido que ya no le queda.

Uno por uno.

Sin escándalos innecesarios. Sin melodramas.

Soltó a quienes solo sabían estar cuando les convenía.

Soltó la culpa que arrastró por años, el deber de cumplir roles ante una sociedad acusadora y la necesidad de explicar por qué ya no quería estar donde no se sentía bien, ya está.

Lo más importante fue que también soltó el miedo.

Porque hay un día, no se sabe cuál de tantos que le arrancaron la piel, en el que esta mujer dejó de mirarse con costumbre y empezó a exigir respeto, espacio, silencio, orgasmos deliciosos sin planificar y conversaciones que no la agobien.

Ese día llegó sin avisar, pero lo reconoció en su pecho y claro, porque ya no era la misma.

Ya no esperaba.

No se justificaba.

Ya no se esforzaba por quedar bien.

A quien formaba parte en su vida, le bastaba con una condición: no alterar su paz. Porque los recuerdos de un futuro que no fue no la amargaron.

La liberaron.

La volvieron más feroz, más equilibrada, más consciente.

Aunque algunos digan que se volvió fría, la verdad es que ahora está más cálida que nunca…

Solo que ya no quema por amor, sino que enciende por libertad.

También aprendió a aceptar lo que no pudo cambiar.

Porque tanta sabiduría no la llevó aún a ese lugar soñado, ni a la vida deseada por ahora, pero está trabajando en ello y está segura de que lo conseguirá.

Porque tiene vida y eso ya es un lujo. Tiene trabajo.

Gracias a Dios y su actitud donde sea que esté, ella destaca. Por su habilidad.

Por su disposición.

Sobre todo, por ese don de gente que siempre la caracteriza. No es vanidad.

Es el eco de tantas personas que la admiran y la respetan por las huellas que ha dejado en su andar.

Porque la vida, aunque le reconoce la fuerza, no siempre la premia con justicia.

Y ella supo, sin resentimiento, que madurar también es hacer las paces con lo que no se logró y no dejar que eso la limite.

Su cuerpo ya no responde como antes.

Se lo dice la espalda después de un día largo. Las rodillas al subir escaleras.

El insomnio que llegó sin invitación.

Los años no perdonan, aunque ella siga bailando bajo la lluvia como si la edad fuera solo un número que se ríe con ella y no de ella.

Y sí, a veces se ve al espejo y encuentra marcas nuevas, pero ya no se horroriza.

Ahora las acaricia, las valora y atesora como eso que un día pudo llegar a perder o, mejor dicho, pudo dejar de disfrutar por las circunstancias que vivió en algún momento donde la vida le pesó tanto que no sabía qué camino tomar o si valía la pena vivir.

Es la verdad, una etapa de su vida se convirtió en días de angustia desmedida, pero gracias a Dios logró respirar de nuevo, encontrando el regreso a su destino.

Ahora cada línea de expresión que pueda tener su cuerpo es un poema escrito por el tiempo.

Porque sus canas no son un descuido, sino gratitud.

También es cierto que ahora su fragilidad forma parte de su belleza. Y se ve divina.

No por lo que muestra. Sino por lo que emana.

Hay días en los que aún duele no estar en «ese lugar» profesional al que aspira, pero incluso hasta en esos días tiene café caliente, música que le acaricia el corazón y la certeza de que no está perdida.

Solo está tomando un camino más largo, pero mucho más seguro.

Si algo ha aprendido es que el éxito no siempre grita. A veces susurra.

Le susurra la tranquilidad de saber que ya no está donde no quiere. Que vale más la salud emocional que el reconocimiento ajeno.

Que estar bien consigo misma, incluso sin aplausos, es ya un éxito cotidiano.

Además, lo entendió como un portazo; porque su personalidad encanta a la mayoría, pero también incomoda a quienes quisieran hacer lo que ella hace si se atrevieran.

Porque ella no usa máscaras.

Tiene esa mezcla de seguridad, picardía y verdad que no todos pueden sostener frente a frente sin sentirse pequeños.

No es su culpa.

Nunca lo fue.

Ella no compite.

Y, aun así, gana.

Eso a personas cohibidas o de mala fe les incomoda.

Descubrió que la envidia se disfraza mejor que el afecto.

Que hay sonrisas que ocultan puñales y abrazos que pesan más de lo que podrían aliviar.

Que a veces no sabe si la halagan o la castigan, si la admiran o la miden con una vara torcida.

Pero ya no se quiebra por eso.

Porque al final el día siempre termina. En silencio o haciendo ruido.

Con los labios pintados o con la cara lavada. Entre multitudes o completamente sola.

Ella lucha por y para ella misma.

No por pretenderlo, sino porque su esencia no sabe hacer otra cosa.

Y si alguien viene a opacarla, se les olvida algo crucial, es que ella no es lámpara…, ahora es fuego.

Fuego que no pide permiso para arder, ni perdón por seguir viva después de cada intento de apagón, de cada cortocircuito emocional que intentó hacerla cenizas.

A veces, en medio de tanto avance interno, llega la pregunta más punzante:

¿Y entonces por qué todo le cuesta tanto?

¿Por qué, si se entrega con el alma para todo, tantas veces recibe engaños?

¿Por qué, si no hace daño a nadie, le han tocado traiciones tan frías, amistades que solo estaban mientras servía, amores que la vendieron como joya y terminaron tratándola como baratija?

¿Por qué, si solo quiere una vida tranquila, ha tenido que sobrevivir a estafas sentimentales tan crueles y absurdas?

Se lo ha preguntado más de una vez, con lágrimas contenidas y la mandíbula apretada.

Porque si algo cambió, es que ahora las lágrimas se volvieron su honra.

Entendió que ya no valía la pena llorar tanto y también es cierto que ahora le cuesta más.

Hasta ella misma se sorprende.

Ha sentido el hartazgo de reconstruirse una vez más, de levantarse con los codos cuando ya no tiene piernas mentales.

Ha sentido la soledad del «yo no te haría eso» repetido en silencio a quienes sí se lo hicieron.

Sin embargo, jamás cayó en la trampa de creerse víctima eterna.

Porque en su interior hay una dignidad que no se vende ni en días de descuento.

Una fuerza que, aunque exhausta, se niega a rendirse.

Y cuando la vida la revuelca, cuando cree que ya no puede más, se permite un pensamiento que la sostiene, sin soberbia, sin delirio… solo con fe.

«¿Acaso no sufrió más el hijo de Dios?».

No lo dice para dramatizar, ni para hacerse mártir. Mucho menos para compararse porque sería una gran blasfemia.

Lo dice como quien se aferra al ejemplo más claro de resistencia. Como quien sabe que el dolor no es castigo.

Que los tropiezos no son sentencia.

Que incluso las almas más nobles pueden ser atravesadas por clavos que no merecían.

Pero, aun así, resucitan.

Ella también lo ha hecho, no de la misma forma divina, sino en la imperfección terrenal.

Una, otra vez y las veces que sean necesarias.

Aunque no tiene aureola, ni alas, ni trono sagrado, tiene algo que para sí misma es valioso; como lo es la certeza de que sigue aquí y puede lograr lo que se proponga.

También hay algo que ya no se puede callar ni mucho menos tolerar. La falta de respeto.

La que ha sufrido por parte de personas mediocres, sin un ápice de cultura, sin educación, ni moral; mucho menos honor.

Gente que la miró con desdén solo por no poder igualarse a ella. No fue su inteligencia lo que les molestó.

Fue su sola presencia.

Esa forma tan suya de entrar en un lugar y no necesitar levantar la voz para hacerse notar.

Fue su preparación.

Su lenguaje.

Su capacidad de construir argumentos con la misma facilidad con la que otros apenas arman una excusa.

Usaron su conocimiento como si fuera un defecto. La tacharon de soberbia por hablar con propiedad.

La hicieron sentir «inservible», solo porque su luz les recordaba su propia sombra.

Y, aun así, cayó más veces de las que quiso. A veces por diplomacia.

Otras por su propia paz.

Por no desgastarse en discusiones vacías, pero ya no tienen valor en su vida.

Hoy tiene claro que no es su problema si alguien se siente menos a su lado. Ella no está aquí para disminuirse.

Ni para adaptarse a moldes baratos.

Si molesta o si incomoda, si su saber irrita, es porque hay quienes no soportan que una mujer como ella no se esconda entre frases mal elaboradas o comentarios con doble intención.

Porque hay personas, como ella, que tienen una esencia natural, mientras otras, aunque tengan dinero, no resplandecen ni con purpurina.

Por eso, hoy está tan centrada en su valor y su amor propio, que ya no teme decir lo que siente.

No es soberbia.

Se llama respeto por una misma. Y hasta tiene sus propios lemas:

«No vine a ser aceptada por quienes ni siquiera se aceptan a sí mismos. Vine a ser yo y punto».

«No me disculpo por haber estudiado más que otros, cuando tal vez ellos tuvieron más oportunidades y no las aprovecharon, porque el conocimiento enaltece el alma, aunque se esté fregando platos en un restaurante y eso se nota.

«Me disculpo, si acaso, por haber callado tanto para no herir egos frágiles».

«Aprendí que no es soberbia cuando lo que molesta es que no me humillo».

«De tanto querer caer bien, casi me pierdo. Hoy caigo donde tengo que caer… y si no, paso de largo».

«A quien le moleste mi presencia, siempre le quedará una opción: ignorarme. Aunque no pueda».

Es que se cansó. De ser diplomática para sostener una paz ajena. De ser la educada mientras con ella quisieron trapear el suelo.

Por eso, entre silencios incómodos y verdades que duelen, nació este presente.

Un presente donde solo se queda con los recuerdos que le sacan sonrisas, no con un futuro incierto que le pudo haber robado el hoy con el que vive.

Porque a ella, la calma y el silencio ya no le dan miedo. Logró que le supieran a gloria.

25

Lo que pudo tener si abría las piernas y cerraba la boca

Así, tal cual.

Sin adornos.

Porque muchas veces no se trataba de amor, ni de deseo real, mucho menos de una conexión profunda.

Era simple; tener a mano un cuerpo, una sonrisa, una mujer que no opinara demasiado.

Que se dejara querer a conveniencia. Que no cuestionara.

Que se dejara pagar las cuentas y a cambio, pagara con sumisión.

Ella lo sabía.

Sabía que, con un par de gestos, unas copas encima, una noche complaciente podía haber vivido cómoda, viajando más y trabajado menos.

Le ofrecieron eso tantas veces, envuelto en promesas y en lujos decorados de afecto.

Y no fueron pocos los que lo han hecho. Ni fueron sutiles algunos.

Eso sí, ¡muchos eran nombres destacados!, a los que ella se atrevió a decirles un rotundo «NO» sin ningún tipo de remordimiento.

Porque había algo en ella que no le permitía hacerlo.

¿Dignidad? ¿Orgullo? ¿Una autoestima que a veces parecía masoquista?

¿O una tonta convicción de que valía más que eso?

Porque, claro, a veces se lo pregunta.

«¿Fui digna o fui idiota?».

«¿Libre o simplemente necia?».

Porque el deseo, el sexo, la lujuria no le eran ajenos.

Los sentía en la piel, en las noches de insomnio, en los mensajes que nunca respondió, en las ganas reprimidas y en los cuerpos que pudo haber probado solo por placer.

Pero no quiso ceder; no bajo condiciones.

No por mantener una comodidad que costará su libertad.

No por escuchar gemidos fingidos mientras se le morían las ganas por dentro.

Pudo tenerlo todo.

Pudo haber sido la diosa en la cama de muchos, la mujer por la que cancelaran bodas, la que hacía temblar familias enteras con solo una mirada.

Pudo bailar sobre los egos de esos hombres, cobrar en caricias lo que el mundo le negó en monedas, manipular los hilos del deseo; como una bruja antigua que conoce cada rincón de la piel masculina.

Que, a ver…, es cierto que en ocasiones lo hizo y muy bien, habla de manipular como bruja encantadora. Dejando escapar una carcajada.

Pero sin permitir que se pudiera comprar su dignidad; lo hizo cuando le apetecía la compañía.

Porque sabía cómo encender el fuego y mantenerlo ardiendo hasta convertir la habitación en un altar.

Sabía cómo mirarlos, cómo tocarles el cabello, cómo arrastrar las palabras hasta que se derritieran frente a ella.

Tanto así que es una época hasta fue a clases de *pole dance*. Sabía cómo hacerlos suplicar, cómo elevarlos y luego dejarlos caer.

Pero no quiso.

La tonta, como le dijeron muchas veces otras mujeres, prefiere levantarse temprano, calzarse las botas, mancharse las manos de dignidad.

Prefirió aprender oficios, estudiar a medianoche, arrastrar el cansancio por las calles.

Prefirió el esfuerzo en lugar del atajo.

La independencia en lugar de la dependencia o la comodidad adornada de lujos y resignación.

No por falta de poder, sino por exceso de amor propio.

Porque, aunque el mundo le ofreciera reinos a cambio de sumisión, ella quería ser reina solo de sí misma; en su hogar, de su vida, con esa liberación femenina que al final nos ha destrozado los huesos con artrosis de tanto trabajar.

Y sí; aunque la carne se encendiera, prefería apagarla con consoladores antes que hipotecar su alma.

Ella entendió que no todo lo que se pudiera tener valía la pena y según de qué forma o de quién provenía.

Es una verdad muy grande el hecho de que ser deseada no es lo mismo que ser valorada.

La tonta; la independiente, la trabajadora, la que siempre elige el camino difícil.

¿Entonces va a morir siendo una guerrera? Ella también se lo pregunta a diario todavía. Ella todo se lo resuelve sola.

Pero duerme tranquila.

Aunque su cama no cruja en pasiones cada noche con otro cuerpo, su conciencia no lleva manchas.

Para algunos es una tonta, para otros una creída y ella deja que piensen lo que quieran porque no pierde el tiempo en explicaciones que no le debe a nadie.

La verdadera victoria es que nadie sospecha o se imagina que esa mujer que friega suelos, lava cuerpos sin vida o sirve platos podría, si quisiera, incendiar todo con su sonrisa y un «sí, acepto», porque hasta los anillos ya tuviera en su dedo.

Claro que hubo quienes le ofrecieron casas.

No en palabras bonitas, sino en llaves reales, en propuestas llenas de comas y condiciones con hijas insoportables imposibles de sobrellevar.

Pero al final, por extraño que parezca, era ella quien se daba cuenta a tiempo de que sería la que más aportaba, bien sea en ideas, en tiempo, en detalles, en todo eso que no se mide en dinero, pero que termina sosteniendo una relación y hasta un hogar.

Porque la que escuchaba, la que levantaba el ánimo y otras cosas sin pedir nada, era ella.

La que recordaba fechas y preparaba sorpresas, también era ella.

Y también era la que terminaba pagando hasta el café con tal de no deberle a nadie ni el azúcar de la taza.

Es una mujer jodidamente liberada, ¡es la única explicación! Lo más satisfactorio es que ella fue su propia libertadora.

También estaban esos otros…

Los que querían tenerla, pero no sostenerla.

Los que la deseaban en silencio, pero en público la trataban como una opción y hasta preferían decir que no existía.

Los que pedían cuerpo, entrega y complicidad, pero no estaban dispuestos a soltar ni su agenda ni su ego.

Y los peores.

Aquellos que confundieron su libertad con libertinaje.

Que pensaron que una mujer que no se arrodilla debía ser promiscua. Una que no llora, no siente.

Que una que habla claro, se regala. No entendieron nada.

No entendían que su deseo no se apaga, pero tampoco se reparte. Que su cuerpo no es una herramienta de negociación.

Al menos que ella lo decida.

Que el amor si lo volviera a sentir, entregaría todo; pero jamás lo volverá a implorar.

Ella tiene una dosis de descaro que merece ser narrada con la crudeza justa y ese tono suyo que no perdona, pero tampoco se victimiza, porque cuenta la verdad, aunque eso la expone.

Y no todos tienen esa entereza.

Además, a ella no le importan los juicios de valor de quienes no han caminado sobre sus pasos y mucho menos vivido sus historias.

Solo ha desnudado esas situaciones con elegancia y memoria afilada. Y cómo olvidar a los más audaces...

Aquellos que no solo prometían el cielo, sino que la llevaban al infierno con total naturalidad.

Hombres que vivían con sus esposas, que compartían techo y hasta hijos, pero, aun así, la invitaban a sus casas como si fuera un premio que mereciera exhibirse.

Le mostraban dónde pondrían la piscina, el jardín que sería suyo, la habitación que pensaban redecorar para ella.

Lo decían con tal convicción que casi parecían sinceros.

Lo que ellos no sabían era que esta mujer es ahora más astuta que mil de ellos juntos, ella solo se reía mientras le daba un negativo gigante restándoles poder y dándoles en su machismo.

Pero es que si no ha quedado claro ella no es una simple mujer, ella es Mi misma y está repotenciada gracias a las experiencias que con los daños, los cuales convirtió en aprendizaje en lugar de frustración y eso, queridos lectores, es liberación emocional sin rencor.

Hubo hombres que no se quitaban el anillo. Ni el perfume de otras sábanas.

Ni la cobardía de quienes quieren dos vidas sin renunciar a ninguna.

Ella los miraba en silencio.

No por ingenuidad, sino por estudio.

Porque aprendió a mirar y callar hasta tener todo claro.

Porque como diría una gran amiga suya, «no hay nada más eficiente que parecer tonta».

En ese silencio se daba cuenta de que le ofrecían una prisión disfrazada de lujo.

Una historia donde sería amante, adorno o consuelo, pero nunca protagonista ni prioridad, entonces para opciones ya ella no estaba dispuesta.

Porque no había nada más obsceno que un hombre casado prometiendo libertad a una mujer que ya era libre.

Ahí asimiló que el sexo ofrecido como soborno perdía todo su sabor. Que el deseo sin respeto no excita, más bien asquea.

Además, la lujuria sin verdad termina siendo un eco triste, un cuerpo más que se queda frío.

Fue así cómo pudo tener más de uno.

Más de uno dispuesto a pagar el alquiler, los caprichos y hasta las vacaciones.

Pero ninguno está dispuesto a pagar el precio de estar a la altura de una mujer como ella.

Porque una cosa era poseer su cuerpo y otra muy distinta merecerlo o poseerla a ella en toda su plenitud.

Es cierto que aceptó alguna propuesta, créanlo, pero fue ella quien puso las reglas, porque no lo hizo por negociar su libertad cerrando la boca y abriendo las piernas, aprovechó todo cuanto pudo y fue quien tomó la decisión de cuándo empezar y también hasta cuándo decir «hasta aquí».

Sin importar lo que perdería en cuestiones materiales, porque sentimentalmente, ya ella no se entrega, no sufre por ausencias ni extraña a ninguno.

Eso es agua pasada de una mujer que quedó atrás, sin saber dónde se extravió, para que diera paso a esta nueva versión.

La mujer de ahora es audaz, perspicaz y que responde sus propias preguntas; va un paso y hasta más que cualquiera que intente engañarla.

Por qué no decirlo, está tan equilibrada con su compañía, que de pronto pasó el indicado y ella lo dejó que siguiera sin detenerse; porque simplemente no esperaba nada.

Simplemente lo que ha de ser, será.

Prefiere sus viajes, sus comidas con los hijos, las noches de series y vídeos hasta que le dé la gana de dormir.

Esta parte merece ser contada con el dolor seco de quien ya no se sorprende, con ironía, pero también con dignidad.

Vamos a mostrar cómo jugaban a futuro con ella mientras se escondían en el presente.

Todo esto lo cuenta con esa voz que no se quiebra, pero tampoco se calla y ahora asusta con tanta verdad.

Cómo no recordar a esos otros.

Los que la llevaban a casa de sus padres en fin de año, entre abrazos y brindis, como si fuera la elegida.

Como si fuera ella la que ocuparía un lugar en la mesa y en el futuro.

La presentaban con orgullo; «mi novia», decían, le ofrecían servirle el plato más grande, le decían «ya eres parte de la familia», mientras los fuegos artificiales estallaban y la mentira también.

Después, claro, les entraba la confusión.

«No estoy listo».

«Todo va muy rápido».

«Me asusta lo que siento por ti».

«Será que te quiero como amiga o como mujer».

Por favor… ¡Qué falta de huevos, de verdad!

Y ella ahí… con la dignidad hecha trizas, porque todavía era ilusa en ese entonces y la decepción mordiéndole el estómago.

También estaban los que la llevaban a cumpleaños en casa de la que podría haber sido su suegra.

Compartía el pastel, risas y anécdotas familiares como si de verdad tuviera lugar en ese cuadro.

Hasta que un día, después de uno de esos almuerzos de domingo, le decían que era «demasiado sincera», que con ella todo se sentía «muy intenso», que preferían algo más liviano.

O sea, ella tenía que fingir quien no era porque él era un inseguro camuflado de próspero.

Sí, había otro que la quería llevar a los mercados, para llenar la despensa con el pretexto de cuidarla.

Pero no podía salir con ella un domingo al sol. No se atrevía a caminar de su mano por la calle.

Pero sí le quería tocar las nalgas como si fuera un trofeo y demostrar a otros que ese culo era de él.

Y no, a ella nadie la toca si ella no lo permite o lo propicia. En cada uno de esos momentos, ella no gritó.

No hizo escenas.

Pero sí que, en algunos momentos, esa mujer que fue y no se valoraba llegó a rogar explicaciones.

Pero solo fue sumando. Sumando decepciones.

Sumando pruebas de que su problema nunca fue ser «demasiado», sino que ellos eran demasiado poco para lo que ella merecía.

Las pruebas son las distintas realidades que viven estos señores actualmente. Aplauso por las que sí encajaron en sus vidas, porque ella la verdad no hubiese podido.

Y así, mientras otros jugaban a ofrecer, a ilusionar, a prometer; ella no pidió nada. No se trataba de necesidad.

No se trataba de llenar un vacío.

Se trataba de algo más simple; es que ella sabía que ninguno de ellos podría comprar lo que ella sola lograba hacer suyo.

Sabía que las promesas no valen si no se respaldan con acciones.

Que el amor no se mide por los regalos, ni por las palabras bonitas, o por las cenas elegantes.

El amor verdadero se demuestra en la presencia, en la entrega, en la sinceridad, en lo que uno está dispuesto a hacer por la otra persona, no solo a decir tantas cosas.

Entonces, aunque podría haber tenido todo lo que le ofrecían, decidió que no iba a pagar con su dignidad lo que la vida le quería dar con su propio esfuerzo y el mérito al final sería solo de ella misma.

No se trataba de ser «demasiado», ni «tonta».

Era solo, que ya no pensaba aceptar nada que no fuera verdadero, ni mucho menos volver a ser la opción para nadie.

Siempre terminaba por darse cuenta de que «la mejor compañía que puede tener una mujer como ella… es ella misma».

Pues ahí estaba ahora; la tonta que decidió no reinar.

La que se negó a ser la musa de esos hombres, a dejarse moldear por sus expectativas, a ceder solo para llenar los vacíos que otros no podían ni reconocer en sí mismos.

La que, en lugar de fingir, prefirió ser genuina en su deseo, aunque eso la dejara fuera del juego.

Porque, si le ofrecieron reinar.

Le ofrecieron ser la que recibiera el trato de «reina» a cambio de la sumisión y la aceptación de una vida sin pasión verdadera.

Una vida en la que el amor era un espectáculo vacío, como una caja de cristal; frágil y con fecha de caducidad, destinada a ser reemplazada cuando se agotara el interés.

Le tocó fingir tantos orgasmos que aún no sabe si fue por cobardía o conformidad.

Querían que se rindiera ante la idea de ser perfecta, de encajar en el molde, de ser la mujer ideal, esa que debía estar siempre callada, siempre complaciente y disponible.

Pero ella no aceptó.

No fue por miedo, ni por ignorancia. Fue irreverente e indomable.

Porque la pasión no se finge.

Su cuerpo, aunque a veces débil, no era una mercancía que se pudiera cambiar por una noche de lujos.

Entonces sí, eligió ser «la tonta».

La que no se dejó encerrar en una jaula de cristal, por muy dorada que fuera.

La que prefirió vivir libre, aunque a veces se aburriera y los recuerdos la quisieran tentar.

Al final, la verdadera libertad está en ser una mujer que no necesita que le digan qué hacer para sentirse completa.

Y esa mujer… nunca tendrá fecha de caducidad como un billete de lotería.

26

Con el uniforme del coraje, entre letras y fregonas

Los primeros pasos siempre son complicados. Más si son en tierra extranjera.

Porque es cierto.

Ella tiene el cuerpo rendido.

Pero su alma… su alma siempre la tiene en pie, cual soldado listo para la batalla. Ella tiene una fuerza que nace incluso en los oficios invisibles.

A pesar de sobrellevar un día a día extenuante, pero para qué seguir hablando del cansancio que cala hasta los huesos; eso ya lo sabemos todos, además de la presión que ya tiene por tener que dejar relucientes habitaciones que no eran suyas, pero le pagaban por eso; ella siempre encontraba tiempo para sí misma.

Aclaremos que no era tiempo libre. Era tiempo prestado.

Prestado al sueño, a los ratos de descanso, a las pausas del café que, a veces, ni tomaba para disfrutar unos minutos más.

Allí, entre el sonido del carrito de limpieza y el eco de puertas que se cerraban, ella soñaba.

Pero nadie la veía sin su sonrisa en los labios, esos labios que no dejaba de pintarse, ni siquiera en sus días más oscuros.

La veían con su uniforme, que cada día le quedaba más grande por la pérdida de peso causada por la rutina diaria.

Y muchos pensaban que ella solo era eso; un uniforme.

Una simple camarera más, a la que a veces ni responderle el saludo merecía la pena según el maleducado de turno.

La mujer que limpiaba. Hacía camas.

Que fregaba suelos y limpiaba mierda de otros.

Algunas que estaban en su mismo oficio, llegaban con la espalda erguida y la voz cargada de arrogancia, como si fueran jueces de una competencia silenciosa.

Sin embargo, al final demostraban la falta de empatía y el poco compañerismo que prestaban, cínicas y descaradas tal cual villanas de telenovela; ella solo se reía de ver cómo se unían las que al final eran idénticas, quienes en un momento eran puras risas y al otro se querían sacar los ojos entre ellas como aves de rapiña.

Ella las observaba sin alterarse algunas y molestándose en ocasiones, aunque a veces provocaba darles una hostia tal cual niñas de colegio.

Entendía que no era eficacia lo que mostraban, sino una batalla de egocentrismos, falsedad y maldad que seguramente usaban como estrategia para disimular sus propias inseguridades.

Pero ella no jugaba ese juego.

Mientras alguna medía capacidades, logros o desempeño, porque eficacia y velocidad ninguna.

Ella cultivaba profundidad y se hacía más sabia.

Porque mientras pulía baños, ella también pulía palabras. Mientras retiraba el polvo, sacudía recuerdos.

Cada habitación se convertía en un escenario invisible para su imaginación. Cada jornada, una página en blanco esperando ser escrita.

En medio de ese oficio que muchos miran por encima del hombro, ella escribía su historia basada en su verdad.

Así nació su libro.

Su tan anhelado proyecto.

No desde una oficina elegante.

Ni desde un retiro espiritual como tal vez lo hagan los grandes escritores.

Sino desde la trinchera. Desde el cansancio.

Desde la lucha diaria por encontrarse y reconstruirse. Desde su vida misma.

Desde el silencio que pocos comprenden, pero que ella tanto defiende.

Un libro que no necesitaba adornos, porque ya estaba hecho de realidad pura. De vivencias que dolían y sanaban al mismo tiempo.

De fuerza transformada en letras.

Mientras otros creían que ella era solo una más, ella estaba construyendo algo mucho más grande.

Su legado, lo que no todo el mundo puede lograr y ella lo logró.

Tampoco era su primera vez en este oficio de la limpieza, pues la migración no solo le ha dejado estragos, también le enseñó el arte de reinventarse.

Ya había pasado por otro del mismo rubro, donde el trato era peor que en un cuartel.

Allí no existía la empatía, a diferencia de ahora que el entorno desde los jefes hasta la mayoría de sus compañeros eran amables, salvo alguna excepción de intolerancia que ella pasó a ignorar cada día.

En el otro lugar la figura de encargada tenía una maldad en mayúscula, alimentada del miedo, de la humillación, del desprecio hacia sus empleadas.

Era un entorno áspero, frío, donde la dignidad se deslizaba por las escaleras junto con el agua del mocho.

Sin embargo, esta vez era distinto.

Donde estaba ahora, a pesar del agotamiento físico y del desgaste, encontró algo que en otros sitios parecía un lujo, y fue humanidad.

Una encargada que sabía escuchar sin juzgar, que ofrecía un abrazo sin que hubiera que pedirlo.

Unos jefes que trataban con respeto, con empatía y con reconocimiento, daban las gracias cada vez que sabían que el trabajo estaba hecho, hasta se quitaban los zapatos si la veían fregando para no ensuciar el suelo, lo cual ella valoraba.

Que no negaban un saludo, ni una charla amena de vez en cuando.

Era lo que ella siempre había querido, un trabajo que no le robara la paz, aunque por un momento sintió la necesidad de dar la espalda debido a la mala vibra que se originaba por los conflictos diarios provenientes de la misma persona, a lo cual no veía solución.

Las compañeras… algunas verdaderamente valiosas, se convirtieron en apoyo en tiempos difíciles, en una fraternidad de lucha, en cómplices del aguante.

Otras seguían atrapadas en su propia agonía, incapaces de ver el mundo espléndido que las rodeaba.

Pero ella ya sabía; pues quien no suma tampoco que esté cerca. Porque la energía también se defiende.

En la recepción, los saludos eran sinceros; las miradas, cómplices. Las charlas nacían solas, como si se conocieran de toda la vida, aunque el trabajo no permitiera extenderlas como se deseaba.

Allí sentía que su presencia era vista, apreciada, valorada.

Porque si algo aprendió en ese lugar, es que a la mayoría su esencia les gustaba. No por lo que hacía, sino por lo que era ella.

Su mente no descansa.

Mientras limpia y organiza, incluso cuando intenta acostarse a descansar, las palabras le bailan en la cabeza, como si su vida misma exigiera ser contada.

Incluso tenía una disciplina para escribir que cuando no podía porque el cansancio la sobrepasaba o simplemente no le apetecía; se cuestionaba y hasta se decía: «Mi misma, vamos atrasadas, eh».

Es esa mujer que entre lo cotidiano y lo agotador sigue soñando despierta, escribiendo todo en su cabeza, construyendo escenarios que tal vez no ha vivido, pero que sí los ha sentido.

Mientras frota el suelo incluso el de su propio hogar, no solo limpia; ella desentierra recuerdos.

Las rodillas, sus piernas le duelen, ni hablar del resto de su cuerpo; pero su cabeza arde de ganas por lo mejor que puede traer un porvenir próspero, ganas de salir adelante con metas y propósitos por cumplir aún a su edad, aunque para muchos eso ya sea un límite.

No hay escoba que le barra las ideas, ni trapo que le limpie la imaginación a esta mujer.

Cada gota de lejía le inspira una metáfora.

Cada mopa torcida se parece a una historia que aún no está escrita.

Porque sí, aunque sus días estén llenos de sábanas que doblar y horarios que cumplir, su mente va a otro ritmo.

Mientras sacude el polvo ajeno, sacude también sus propias telarañas. Y en medio de la rutina, ella crea.

Sueña.

Se rebela.

No vive en una serie romántica, ni en una película de superación. Vive en una realidad que a veces, la ignora.

Que la subestima, pero no la detiene.

Entre cada jornada, se plantea un escenario distinto, una mujer poderosa, otra con la cuenta bancaria llena, una que escribe desde un ático con vistas al mar.

Escenarios que no se parecen a su día a día, pero que porque aún no los viva no son imposibles, y menos para alguien que nunca se rinde.

Porque aspirar no es delirio. Es resistencia.

Y conformarse, para ella nunca es una opción.

A veces, mientras enjuaga el último cubo del día, se pregunta si vale la pena exigirse tanto.

¿Para qué tanto esfuerzo?

¿Para qué tanto empeño en seguir creciendo en aprendizajes, si al final del día apenas puede sostenerse en pie?

La respuesta no siempre llega, pero la incomodidad sí; también llega en momentos la frustración; no puede negarlo.

Y no es la incomodidad del cuerpo cansado. Es la del alma inquieta.

La de una mente brillante encerrada en una rutina que no le hace justicia. Porque sí, las satisfacciones personales son gratificantes, lo sabe.

Pero también sabe que ha pagado un precio muy alto toda su vida y aún no ha recibido lo que le corresponde por justicia y mérito propio.

Aunque nunca se ha declarado la víctima en ninguna de sus historias, sí ha sentido que algunos entornos en ocasiones le quedan chicos, no lo dice por vanidad, lo dice porque sabe y está segura de que puede dar mucho más.

Desea un cambio de vida.

No uno fácil. Sino uno justo, porque lo ha trabajado y ella es de las que cree que el esfuerzo debe ser recompensado.

Una vida donde no todo dependa de su fuerza física, donde su intelecto valga más que su espalda adolorida.

Una vida donde no tenga que contar las monedas ni los días. Donde pueda elegir si trabajar o no de cierta manera.

Sueña con una existencia holgada. Tranquila.

Donde su tiempo no esté a merced del desgaste.

Sueña con ver su nombre en la portada de un libro.

En la boca de quienes no la conocen, pero ahora la leerán.

También sabe que será cuestionada, criticada y muchos arremeterán en su contra, pero ahora pregúntenle si le importa, sabe que si no trabaja no come y las opiniones de quienes no estuvieron en las malas, que no rechinen ahora que está en la buena, o al menos ya encaminada.

Porque, aunque le ha tocado doblar sábanas ajenas, escribir con la mente mientras friega suelos y levantar su historia entre silencios… Ella sabe que no vino a este mundo para pasar desapercibida. Ella está hecha para que la recuerden. Para aparecer en los libros de historia.

No por compasión, sino por virtud y la proeza con la que enfrenta cada situación. Porque a pesar de todo nunca deja de luchar para superarse.

Ella es esa, la mujer que ríe fuerte, pero también piensa en lo inevitable.

La que brilla de optimismo, pero se enfrenta a la muerte con los guantes puestos. Literalmente.

Existen días en los cuales también llegan pensamientos oscuros. No es porque esté triste.

No siempre hay que estarlo para sentirse apagada.

Aunque ella no se lo permite por mucho tiempo tampoco, no se deja hundir en esas arenas movedizas que producen la ansiedad o locadia como ella la llama; que no deja de aparecer cuando menos la espera.

Pero es humana.

Es una mujer de verdad.

Hay otros días en los que el alma se le resbala un poco del cuerpo.

Y aunque su risa suene en ocasiones estruendosa, aunque su humor parezca invencible, también tiene sus bajones, pero también es válido y se lo permite.

¿Cómo no tenerlos si ha estado en contacto con la realidad cruda más de una vez? Si ha preparado cuerpos que ya no tienen historia por contar.

Si ha sentido el frío de las camillas, ese que no discrimina entre el rico, el pobre, el arrogante o el humilde.

Si ha vivido en sus propias carnes el maltrato desolador que da la indiferencia de quien debía haberla amado.

Ahí, en ese silencio que pesa más que un discurso, se le cuela una pregunta saboteadora.

¿Para qué joderse tanto, si al final no nos llevamos nada? Es por eso, que de vez en cuando se detiene un poco.

No en el trabajo, sino en su pensamiento.

Porque sabe que nada material se carga en el ataúd.

Pero también sabe que hay cosas que sí trascienden, como la dignidad, la coherencia, la huella que deja quien no traiciona su esencia, el legado que honra a quien vive con humildad y principios éticos y morales.

Aun así, duele mucho. Cansa.

Confunde.

Porque mientras otros viven fingiendo vidas perfectas, ella va recogiendo pedacitos de la suya en cada jornada, en cada esquina que limpia, en cada historia que escribe con la mente, mientras demuestra que solo trabaja.

Si, a veces le cuesta mantener el optimismo, sabe que esa risa que regala no es falsedad.

Pero si es fuerza.

Es resistencia.

Y una fe intacta; la cual le asegura que algo bueno está preparado para ella.

Porque lo merece.

Nadie le ha regalado nada.

Todo se lo ha ganado trabajando como una máquina, demostrándolo con hechos, no colgándose medallas de plástico ni repartiendo halagos propios.

El brillo de su personalidad no es una máscara, es su escudo.

En un mundo donde muchos pisan para subir, ella ha aprendido a resurgir sin perder el alma, cada peldaño que ha escalado se lo ha luchado como una campeona.

A veces, se asombra de su propio coraje. De cómo, aunque se haya roto una y mil veces, sigue adelante con la frente en alto y la dignidad intacta.

Como si ser fuerte fuese una condena elegida. Ella fue condenada a ser valiente y lo sabe.

Como si la vida no le diera tregua, pero ella igual decidiera seguir bailando con las rodillas raspadas y el corazón en silencio.

Está segura de que no todo puede ser luchar. No todo debe ser aguantar.

Porque también es de carne y hueso.

Los humanos, aunque a veces se nos olvide, merecemos un respiro.

Una tarde sin preocupaciones.

Un momento para respirar profundo sin tener que sentirse culpable por no estar produciendo dinero a cada rato.

Y, por qué no, un recuerdo bonito que se cuele entre los pensamientos, aunque ese recuerdo haya arrancado lágrimas cuando aún dolía.

Ella ya no le teme a eso. A recordar.

O a llorar.

Ni a detenerse tampoco, ahora todo es válido.

Porque sabe con certeza, con orgullo, que no hay debilidad en sentir, que no hay derrota en tomarse un descanso y que seguir viva con dignidad a pesar de todo, ya es una forma heroica de ganar.

Es asombroso cómo en ocasiones, el ser humano lucha por escalar, aunque sea empujando y pasando por encima de quien ayer llamaba compañero o amigo.

Cómo la maldad se disfraza de ambición y la envidia se cuela bajo el nombre hipócrita de «sana competencia».

Ella lo ha visto.

Lo ha vivido en sus entornos. No solo una vez.

Pero es justo ahí entre el cansancio, el desengaño y la lucidez que solo da haber tocado la muerte con las manos cuando se repite su mantra.

«Ya está, mi misma, vivo hoy y ya se verá después».

Ya no se pudre de ansiedad por un futuro que nadie tiene garantizado. Porque ha comprendido que lo urgente es estar bien en su presente.

Dormir con la conciencia tranquila, aunque el cuerpo duela. Sonreír sin tener que fingir, aunque haya lágrimas escondidas. Escribir su historia, aunque nadie más la lea… por ahora.

La vida la ha llevado a fregar suelos, a escribir mentalmente mientras trabaja, a soñar mientras plancha, a reír mientras ha maquillado la muerte de cerca.

Pero nada de eso la ha vencido. Nada la ha doblegado.

Ella es de esas mujeres que lo tienen todo: coraje, vulnerabilidad, verdad y poesía.

Como diría Frida Kahlo: «Enamórate de ti, de la vida. Y luego de quien tú quieras».

Una frase perfecta para una mujer que eligió su dignidad antes que rendirse por algunas horas de cariño.

Es cierto que, aunque parezca invencible, también hay momentos de vulnerabilidad que solo se permite en silencio.

Instantes donde el paso del tiempo se le mete hasta la médula como un invierno inesperado.

Hay días en los que la energía le dura menos que antes.

Aunque su risa sigue allí intacta, aunque menos sonora y su carácter permanece firme, es en ese momento cuando el cuerpo empieza a contar verdades que la mente aún intenta disimular.

Pero ella no se resigna.

No está dispuesta a conformarse con un «así es la vida».

No quiere una existencia reducida a rutinas que la dejen vacía, ni un futuro donde cada día se parezca al anterior como fotocopia sin alma.

Ella quiere algo más.

No son lujos.

Ni promesas infladas como castillos de aire. Quiere plenitud.

Una vida donde su intelecto tenga valor, donde su esfuerzo se transforme en posibilidades reales y donde no tenga que elegir entre estar viva o sentirse viva; porque no es lo mismo.

Aunque duela.

Aunque a veces cansa más de lo que debería… Ella insiste.

Porque sabe que fue hecha para más. Para dejar huellas.

Para no pasar por el mundo como una sombra, sino como una gran historia. Su propia historia, además, qué mejor que contada por ella.

A veces, mientras friega el suelo y camina de regreso con los audífonos puestos y la mente en vuelo, se pregunta cómo habría sido su vida si hubiera aceptado ciertas propuestas.

Quizás tendría un anillo caro en el dedo, un chofer en la puerta, pero seguramente el alma dormida por dentro.

Pero no.

Ella eligió sudar por trabajo, vivir y disfrutar con lo suyo.

Eligió no abrir las piernas por estabilidad, ni cerrar la boca por comodidad.

Aunque a veces la cama esté fría, su conciencia arde, porque cada noche duerme con la certeza de que no fue un decorado de nadie, ni adorno de hombre ajeno, ni un aplauso comprado.

Ella eligió ser fuego.

Aunque a veces se queme por dentro. Aunque en ocasiones se asuste.

Aunque no todos sepan qué hacer con tanto que tiene para dar.

Y si alguien la ve con el uniforme, piense que lo lleva puesto con coraje; porque aprendió que su verdadera victoria es nunca soltar la dignidad.

27

Le apetece, y con eso a ella le basta

Se acabaron los permisos invisibles.

Ya no pide explicaciones, ni da razones sobre nada. Lo que le apetece, lo hace.

Y si no le nace, no se obliga, ¡ya no!

Antes, cada movimiento debía estar justificado, como salir con amigas, comprarse un vestido, hacerse las uñas, incluso el simple acto de descansar.

Vivía entre horarios impuestos y opiniones prestadas.

Pero un día entendió algo tan simple como poderoso y era que la libertad empieza cuando dejas de pedir permiso solo para existir.

Ahora, si se levanta tarde, no se culpa ni se disculpa.

Recuerda entre sus remembranzas menos apreciadas cuando ese pasado oscuro le exigió que tenía que levantarse temprano; incluso le impuso un horario para que el desayuno estuviera preparado antes de que él se levantara, tal cual mujer de servicio.

Ahora si se maquillaba es para sonreírse en el espejo, no para gustarle a nadie o para ser juzgada.

Si no responde un mensaje, no se justifica, simplemente se da su tiempo.

De igual manera, si un viernes por la noche quiere quedarse en pijama en el sofá, con una cerveza y la serie que le gusta lo hace.

Sin más.

Sin compañía.

Sin miedo a parecer solitaria, porque la soledad, cuando es elegida, no pesa. Al contrario, libera.

Ya no quiere justificar su gozo. Ni explicar su silencio.

Mucho menos disfrazar su erotismo con romanticismo barato.

Le gusta el buen sexo, claro que sí, ¿y a quién no? No se puede ser hipócrita., pero no a cualquier precio.

Porque también le gusta su cama sola, su almohada sin discusiones y su piel sin etiquetas que la reduzcan.

Le encanta bailar sin tener que dar explicaciones a celos injustificados por el ritmo de sus caderas.

Y le fascina poder elegirlo todo, sin tener que preguntar: «¿Te parece bien?».

Aprendió a decir «no», eso la hubiera salvado de tantas lágrimas y agonías. A decir «esto no me hace feliz».

A decir «hoy no me da la gana».

Y lo más revolucionario fue que aprendió a decir «sí» sin que la tachen de atrevida, porque ser mujer y desear un hombre no es pecado.

El pecado es fingir que una no desea, es callarse la sed, por miedo a los comentarios.

Ella ya no tiene miedo.

Ni de vivir su vida, ni de la que le han inventado.

Ahora vive en su tiempo.

En su casa, su hogar sagrado. En su cuerpo.

Ahí solo manda ella.

Sin consenso.

Sin disculpas.

Sin remordimientos.

Su deseo ya no pasa por la selección o la aprobación externa.

Y su vida no necesita aplausos, porque basta con vivirla como le apetece.

A veces, cuando el día baja el volumen y la ciudad duerme, ella se permite cerrar los ojos y recorrer con la memoria esos encuentros que alguna vez le arrancaron el alma del cuerpo.

No por nostalgia, sino por deleite.

Porque su mente es traviesa y su cuerpo conserva el eco exacto de lo que es un buen momento; de esos que comienzan con una conversación inteligente y termina con los cuerpos hablando su propio idioma sin censura.

Se muerde los labios cuando recuerda ciertos reencuentros, los dedos que sabían dónde ir sin que ella tuviera que guiar, la mirada que la desvestía antes de tocarla, las bocas sin prisa y ese temblor delicioso que solo se siente cuando alguien te desea tanto como tú te deseas a ti misma.

Sí, su cama está vacía de otro cuerpo., pero no su deseo.

No duerme con nadie, pero su erotismo está más despierto que nunca.

Porque entendió que la lujuria no necesita compañía. Solo libertad.

Su deseo no se abre por insistencia, ni sus piernas por soledad. Hace tiempo que no hay urgencias.

Ni necesidad de probar lo que ya sabe que no alimenta.

Está en paz con su cuerpo, con sus fantasías, con su derecho a encenderse sin llamas prestadas o chispas que se apagaban tan solo con un soplido.

Es que, aunque le llueven propuestas, ella solo se moja cuando le nace. Aunque la inviten, no siempre asiste.

Porque si va, va con ganas.

Y si no, no se finge dispuesta.

Le encanta coquetear con el recuerdo, masturbarse con una escena que nadie conoce y terminar riéndose de placer, sabiendo que hay hombres que juran haberla tenido cuando no tienen idea de lo que es tenerla de verdad.

Se siente erótica, aunque nadie la toque. Porque su erotismo no depende de terceros.

Se viste por y para ella, se desnuda de igual manera.

Si un día decide invitar a alguien a ese ritual, será porque el deseo se lo ordenó. No la soledad.

En ocasiones se sorprende de lo mucho que disfruta su propia compañía. No es arrogancia.

Es experiencia, selectividad.

Es haber probado el sabor amargo de acostarse por costumbre.

Es haber sentido el asco sutil que viene después de fingir placer para no herir egos ajenos, ni pollas que merezcan ser recordadas.

Es haber entregado su cuerpo como quien ofrece una cerveza fría y darse cuenta tarde de que el otro solo tenía sed.

Ahora no cede, no disimula, no se excusa.

No se trata de castidad o como diría un viejo conocido «celibato», se trata de exigencia.

Porque su cuerpo no es campo de entrenamiento, ni premio de consolación.

Es un templo.

Y a ese templo no entra cualquiera.

Puede que no duerma con nadie; pero hay noches en las que su cama tiembla de memoria y otras en las que su cuerpo se enciende solo con una canción.

No está seca, es exclusiva de su compañía.

No está sola, está sobrada y hasta con depilación láser, para que entiendan los hombres, pero, sobre todo, las mujeres, que no hay que consentirse solo para mostrar, sino para nosotras mismas por amor propio.

No necesita que la toquen cuando ya aprendió a tocarse el alma y el clítoris con la misma devoción.

Y si algún día decide volver a gemir con otro cuerpo encima, que sea por decisión, no por ausencias.

Que sea porque el otro sabe leerla con los dedos y escribirle orgasmos sin faltas de ortografía.

Ella está clara, a su cama no se entra por insistencia, de hecho, no se entra porque es solo suya, entra por mérito a la que sea invitada, si así lo decide.

Quién no entiende eso, que siga hablando de ella mientras se corre con otras. Mientras tanto, ella se correrá cuando le apetece.

Seguramente saldrán escandalizadas cuando lean estas líneas; pero a ella dejó de importarle la etiqueta moral porque esas quisieran atreverse a ser como ella y a usar un vibrador.

Con eso… Se basta y le sobra.

Le sobra ese fuego desde el placer, la autonomía y el recuerdo. Su piel no se comparte por aburrimiento, se explora por privilegio.

Porque si algo le queda claro, es que su cuerpo la ama, su esencia la admira y su ímpetu la emociona.

Ella es un enigma, un acertijo de esos que nadie puede resolver ni con años de estudio.

Porque su alma no se mide con reglas, ni su cuerpo se devela con fórmulas.

Es un caos tan bien ordenado que ni siquiera ella misma sabe si es una pregunta sin respuesta o una verdad imposible de encontrar.

No habita en las expectativas de nadie.

No se define por lo que esperan que sea, sino por lo que eligió ser.

Es la contradicción perfecta, porque es más libre y cautiva, más fuerte y vulnerable, más apasionada y distante.

Le llaman impredecible, pero en realidad no es difícil de entender.

Solo que nadie tiene el coraje de entrar en su universo, de deshacer los misterios con los que se envuelve, de tocar lo que realmente importa.

Porque el que lo intente tendrá que ver más allá de la superficie… y ahí es donde todos se pierden.

Ella no es un libro abierto.

Es la página que nadie sabe leer.

Aunque crean conocerla, lo que no saben es que ni ella misma se reconoce del todo ahora en su nueva versión.

Es un acertijo que ni el mejor de los detectives logrará descifrar. Porque la respuesta está en su sombra y esa; es solo suya.

Ella es de las que se prenden con hechos comprobables, no con falsas expectativas de esas que exigen que se abra de piernas.

Ella es fuego selectivo, placer sin culpa, lujuria con conciencia. Ella es un laberinto con piernas.

No se puede descifrar. No se puede etiquetar.

Ni se puede repetir a menos que ella así lo quiera.

Muchos han intentado entenderla, algunos se frustraron, otros huyeron y los valientes se quedaron a medias, preguntándose en qué momento se volvieron parte de esa encrucijada de la que ya no quisieron salir.

Porque ella es eso; una incógnita sin respuesta, la fantasía sin manual y la tormenta que si te toca, no te mata, pero tampoco te deja igual.

No acepta a quien no entienda que su cuerpo no es un premio, su mente no es una caja de sorpresas al azar y su alma no es un rompecabezas para dejarla desarmada y en piezas sueltas.

¿Misteriosa? Sí lo es.

¿Indescifrable? También.

Pero, sobre todo, inolvidable e irreverente.

El mundo la ve desde la mujer libre que hace lo que le apetece, no solo en el amor, sino en la rutina, en los días comunes, en la vida que ha elegido vivir sin pedir autorización.

Ella no solo vive en los sentimientos como le da la gana. Vive su vida entera así.

No hay despertador que la arranque de la cama sin que su cuerpo esté listo. No hay rutina que le imponga un ritmo si no lo ha decidido.

Ella aprendió a disfrutar el café sin apuro, la ducha sin prisa, el silencio sin angustia.

Eso, aunque parezca poco, es un lujo reservado solo para las mujeres que ya se hartaron de correr detrás de todo, menos de sí mismas.

Ahora camina a su ritmo.

Si un día no quiere hacer nada, se lo permite y ya está.

Puede pasar horas viendo en la televisión programas que ya se sabe de memoria, irse a arreglar las uñas como si fuera un acto revolucionario, o entrar a una tienda solo para probarse un vestido que no necesita.

No lo llama ocio, lo llama premiarse.

Si hay días en que no se pinta los labios o se deja ver al natural, no es descuido también es gratitud.

Es comodidad.

Es decirle al mundo que ya no tiene que disfrazarse de juventud para seguir siendo deseable.

Porque su atractivo no está en la piel que brilla, sino en la que resiste.

Hay quienes aún la juzgan por no tener una agenda repleta, por trabajar de sol a sol, por no tener pareja, por no forzar la risa en una cena que no le interesa.

Pero ella ya no se explica.

Ella decide elegirse una y mil veces.

Elige quién la va a acompañar, lo que come, lo que quiere leer, a quién bloquea o simplemente ignora de su móvil.

Y lo hace con una paz tan suya, tan auténtica, que molesta a los que aún viven según la mirada ajena.

No, ahora ella no se guarda para nada, mucho menos para nadie, simplemente se reserva para quien pueda con todo lo que es, porque ella es una mujer que no se alquila ni se explica.

El simple hecho de hacer lo que le nace, le motiva; genera su deseo y es suficiente razón para simplemente hacerlo, refleja una actitud de autonomía y autenticidad.

Habla de la persona la vida transformó, que no necesita justificar sus decisiones ni buscar la aprobación externa.

Ella es una declaración de libertad personal, de vivir sin ataduras al «qué dirán» o a las expectativas de otros.

Ella encierra un matiz de autoafirmación, porque no se trata de un antojo vacío, sino del hecho de reconocer que sus emociones y deseos son válidos por sí mismos.

Hay quienes necesitan razones para todo, ella solo necesita sentirlo.

Le apetece y con eso le basta, porque aprendió que la vida no siempre se explica; solo se vive a plenitud.

Su brújula dejó de ser el juicio ajeno y empezó a ser su propio latido.

Entendió que sus deseos más puros no nacen de la lógica, sino del alma que se sabe libre. Y en esa simpleza radica ahora su vida.

Así es ella, Mi misma.

Una mujer con mil facetas y un camino por recorrer.

28

Ella es su mejor secreto
aunque a veces decida exponerse

Hay mujeres que caminan en silencio, pero su eco resuena mucho después de que hayan pasado.

Mi misma es una de ellas.

La que no necesita anunciarse para hacerse sentir, ni validarse para resistir.

La que se sienta a solas y se reconoce en sus propias cicatrices, cosidas como si fueran bordados de resistencia.

Durante años, fue un enigma incluso para sí misma.

Se envolvió en rutinas, roles impuestos y amores forzados que al final no supieron a nada.

Es madre, fue esposa, es una trabajadora incansable…, pero se olvidó de sí, de ser mujer.

Hasta que un día, se atrevió y dijo «ya no más».

Fue así como decidió que contaría su vida con la mayor parte de su historia y claro también pensó que se expondría demasiado; ¡sí!, pero a su modo.

Sin gritar, sin pedir nada y sin renunciar a lo que se guarda solo para ella.

Sus secretos no son oscuros ni culpables.

Son tesoros de vivencias, dolores y verdades que el mundo a lo mejor no sabría leer con claridad.

Es su momento para abrir esa puerta, asomar el alma y dejar que otros vean lo que ella ha vivido, no por necesidad de atención, sino por decisión y elección, lo hizo por su voluntad.

Porque su historia, contada desde su esencia, puede ser refugio para otras.

Ella es su mejor secreto. La que escribe sin miedo. Ríe sin permiso. La que aprendió a volar con el peso de lo vivido.

Aunque decida exponerse, como ahora, lo hace con la certeza de que hay belleza en mostrar la verdad, pero también dignidad en guardarse lo sagrado, al menos por un tiempo mientras escribe otro libro; porque su intención no es quedarse solo con este.

Porque ser su mejor secreto no es esconderse... es haberse descubierto.

Hay cosas que ella no cuenta, aunque lo escriba, porque es de esas mujeres que, pese a que se desnude en palabras, sigue siendo un misterio difícil de descifrar.

Ella es un ejemplo.

¿Ha contado mucho de su historia? Sí.

Ha hablado de su cuerpo, de sus heridas, de los orgasmos que fingió y los que aún recuerda con un mordisco en los labios.

Ha dejado al descubierto partes de su vida que otras esconderían bajo la alfombra del pudor y, aun así, sigue existiendo algo que nadie ha podido descifrar.

Dicen que cuando una mujer habla demasiado de sí misma es porque necesita atención.

Ella se ríe de eso.

Si necesitara atención, bastaría con entrar a cualquier lugar o simplemente entablar una conversación de esas que solo ella mezcla con anécdotas y saca sonrisas.

Pero lo suyo no es una vitrina, es un espejo, habla para verse, para reconocerse, para no perderse.

En ese acto, quienes la leen, la oyen o la observan, terminan viéndose también. Y a veces les gusta, así como otras veces les duele.

¿Se expone? Sí, tal vez.

Porque aprendió que el pudor también puede ser una jaula.

Pero ya no se regala en ningún ámbito de su vida, ni como amiga, como pareja o compañera.

A su intimidad se entra con invitación, con respeto y con el riesgo de no salir ileso.

Porque ella tiene ese don extraño de hacer que todo parezca posible; hasta que uno se da cuenta de que no podrá quedarse si ella no lo quiere así.

Muchos han creído conocerla porque le leyeron la piel o le escucharon una confesión entre chistes.

Ella es tan impredecible que pocas personas pueden darse a la tarea de conocerla tal cual es, con sus debilidades porque claro que las tiene; pero sobresalen en ellas sus fortalezas porque no aprendió más que a luchar.

No saben que su verdadero yo está en lo que no dice. En lo que calla cuando escribe.

En lo que solo el silencio puede traducir.

En esa contradicción deliciosa entre ser fuego y ser templo, entre mostrarse al mundo y seguir siendo un acertijo.

Ella se ha hecho a sí misma como una obra inacabada, con trazos de pasión, pinceladas de cansancio y un fondo de rebeldía.

Cambia de piel, pero no de esencia.

Permite que la toquen, pero no que la dominen.

Y, sobre todo, ha aprendido a disfrutar del placer de ser quien es, sin la necesidad de ser comprendida del todo.

¿Quién dijo que una mujer debe ser fácil de descifrar?

Ella, en cambio, eligió ser un libro raro, de esos que no están en todos los estantes y que huelen a verdad, de esos que provocan subrayar frases con el dedo, no con un lápiz.

Y, aun así, no hay quien aún pueda leer su último capítulo. Porque ese… ni ella lo ha escrito.

Puede ser la más encantadora de la sala.

Tiene esa habilidad de iluminar la conversación con una carcajada, de hacer sentir cómodos hasta a los más torpes.

Tiene una palabra dulce para quien la necesite, una mirada cómplice, un abrazo con olor a hogar.

Muchos la ven y piensan «qué suerte tenerla cerca». La escuchan y creen «qué vida tan bonita debe tener».

Pero nadie sabe cuánto le ha dolido todo por dentro, desde sus entrañas.

Hay otro grupo, pero muy reducido, que no la soporta por lo mismo, pero esa minúscula población es nula e inexistente para ella y no es por arrogancia; solo que ahora no permite que nadie le robe su paz.

Ella aprendió, desde muy corta edad, a vestirse en silencio cuando el alma iba empapada en llanto.

No por hipocresía ni por orgullo, sino por instinto.

Porque hay dolores que no tienen traducción y tristezas que solo ella puede acompañar desde su interior.

Aunque la ternura le brote sin esfuerzo, ha dejado de ofrecer su alma como refugio. Hoy se abraza primero a ella antes de consolar al mundo.

Puede parecer frágil cuando se quiebra en soledad, cuando apaga las luces y se permite recargarse bajito.

Pero no lo es.

Es valiente sin pancartas. Es fuerte sin testigos.

Puede que solo pocos lo sepan, pero sí; hay días en los que todo le cuesta más de lo que muestra, luchando para no dejarse ver.

Pero lo hace todo sin dejarse caer del todo, ni quejándose; al contrario, lo hace todo desde el agradecimiento.

Siempre lo hace, ni ella misma sabe cómo.

Porque tiene ese misterio inexplicable de poder dar amor sin pedirlo, el de calmar tormentas ajenas cuando aún arrastra la suya.

Pero, aun así, jamás ha perdido la elegancia. Incluso rota, camina con gracia.

Incluso herida, sigue dando belleza.

Quizás sea eso, por esa mezcla que tiene de ternura y entereza, por esa sonrisa que sobrevive a la lluvia y por ese carácter que no se disculpa ni se explica, es que nadie logra borrarla de su memoria, es que no lo dice ella, se lo repiten tantas veces.

Algunas veces para bien y otras, para mal.

Hubo un tiempo en que verla molesta era presenciar cómo cuando una bomba activaba su cuenta regresiva.

Bastaba una palabra mal puesta, una injusticia evidente, un gesto condescendiente, para que explotara con una fuerza que pocos se atrevían a frenar.

No era agresiva por naturaleza; era consecuencia de una vida donde tantas veces le callaron la voz, le minimizaron las heridas, le exigieron fuerza mientras la rompían por dentro.

La impulsividad no era un defecto.

Era la defensa de quien tuvo que tragarse el orgullo para sobrevivir, de quien se acostumbró a que el dolor se disfrazara de silencio y la frustración se transformara en rabia contenida.

Y claro, cuando estallaba, no medía consecuencias.

¿Cómo hacerlo, si había aprendido a defenderse sola, sin red de apoyo, sin consuelo, sin tregua?

Decían que era exagerada, intensa, desproporcionada.

Pero ninguno de esos juicios venía acompañado de una sola pregunta.

¿Qué tanto ha soportado esta mujer para reaccionar así?

Hoy, con más calma y sus cicatrices convertidas en mapas, ha aprendido a medir su energía.

Ya no responde a todo, porque entendió que no todo merece su guerra.

Pero no se confundan, porque sigue siendo un estruendoso volcán, solo que ahora sabe cuándo arder y cuándo observar en silencio mientras otros se queman con su propia mecha.

Con los años, desarrolló una estrategia silenciosa, pero poderosa; la de mantenerse ecuánime.

Lejos quedaron los días en que reaccionaba de inmediato, cuando el impulso ganaba y la voz se le volvía cuchilla.

Ahora, respira.

Espera.

Observa sigilosa.

No porque haya perdido el estallido, sino porque ha aprendido a encenderlo solo cuando de verdad vale la pena, eso sí; sabe darse a respetar y marcar límites.

Es una señora que sabe lo que quiere, pero, en especial, está segura de lo que no quiere ni volverá a aceptar en su vida.

Descubrió que no todas las batallas merecen su atención, ni todas las personas su desgaste.

Que hay conflictos que por más que le escupan en la cara, no son su guerra y no puede seguir siendo abogada del diablo.

Porque ella no sabe desenfadarse y eso es una forma de honestidad emocional; lo avisa, lo anuncia y hasta lo advierte, pero también un riesgo que puede dejarla sin paz por semanas.

Así que decidió proteger su calma como el bien más valioso, ese que tanto le ha costado construir.

No fue fácil.

Le costó lágrimas tragadas, silencios estratégicos y muchas ausencias necesarias.

Le costó aceptar que no todo necesita respuesta, que no todo puede resolverse cuando ella quiere.

Al fin entendió que cuando las cosas no suceden es porque aún no es su tiempo y en lugar de frustrarse, lo acepta, aunque inconforme en ocasiones.

Porque sabe que lo que le corresponde, llegará. Y lo que no, se irá.

Así de simple.

Así de liberador.

Ahora ve siempre el vaso medio lleno. Si no hay vaso, se lo inventa.

Porque si algo sabe con certeza es que la vida no se trata de esperar a que pase la tormenta, sino de aprender a bailar con las zapatillas mojadas, sin perder el ritmo ni el delineado en sus ojos, eso jamás se lo permite.

A veces, la mirada de quien la observa se pierde en su aparente calma, sin notar el constante movimiento interior que pueda estar dándose en ella.

Nadie sabe que dentro de esa serenidad tan estudiada hay decepciones aún frescas, que aún duelen, porque estas siguen siendo un plato servido, repetido y no solicitado.

¿Y quién las sirve?

Aquellos a quienes ella dio su apoyo, su cariño, su compañerismo sincero, su solidaridad infinita.

Es fácil quererla cuando es luz, cuando es energía positiva.

Pero los que no la conocen bien, los que no han estado cuando ella ha bajado la guardia, no ven que no es solo el amor lo que tiene para ofrecer.

Es también su fragilidad, esa que se reserva para quien la merece.

En ocasiones, se siente como un saco de paciencia que otros usan y luego abandonan con la misma rapidez con la que se cuelga una chaqueta en el perchero.

Esos mismos que la abrazan con la esperanza de aprovechar su calor, para luego dar la vuelta y olvidar que ella también ha tenido frío.

Porque, es la mujer que siempre estuvo ahí, pero que cuando ella necesita, rara vez encuentra ese «aquí estoy si me necesitas» de vuelta.

Se pregunta, como si de una broma del destino se tratara. ¿Por qué siempre termina siendo la que se entrega, la que ofrece, la que siempre puede?

Sin embargo, aunque el dolor de las decepciones siga viniendo en ráfagas, la mujer que es ahora no se quiebra.

No hay espacio para la derrota.

Porque el desengaño, al fin y al cabo, le ha enseñado que los que se quedan a su lado, no lo hacen por lo que puede ofrecer, sino por lo que ella es; sin pedirle nada a cambio.

Cuando el amor y la gratitud se vuelven exigencia, es cuando ella da un paso atrás y piensa «hasta acá llego, porque no entraré en un círculo vicioso ni repetiré patrones nunca más».

Entonces, mira con ironía cómo los que alguna vez la buscaban, ahora son solo ecos de un pasado que ella ya no necesita cargar.

Porque no todo es lucha.

También merece una tarde de calma, una risa sincera, un recuerdo bonito que, aunque le haya costado lágrimas, hoy le robe una dulce sonrisa.

Ella no es de las que caminan por la vida fingiendo dureza, porque es sinceridad andante, es tierna, carismática y aunque a veces la tormenta le habite por dentro, siempre lleva una palabra de aliento en los labios y una chispa de esperanza en la voz.

Esa es su forma de vivir ahora.

Sí, tiene días oscuros, ¡vaya que sí! Claro que tiene días pésimos. Días en los que siente que ya no tiene más que dar.

Días donde el cansancio pesa en los huesos, no por el trabajo físico, sino por el desgaste emocional que también llega, el de dar y dar, sin recibir al menos un gracias.

No es que da para recibir, pero también le gustaría que la sorprendieran para bien, porque es muy bonito recibir cosas buenas cuando no se espera nada.

Pero ni en esos momentos ella se da por vencida, porque entendió que las personas dan lo que tienen y no se les puede pedir más.

A veces se encierra en sí misma, pero luego se incorpora y sale a la vida como si nada, es su manera de renovarse.

Su dignidad la lleva intacta como un escudo y aunque la vida la haya golpeado tan fuerte, sus trozos los pega con valentía cada mañana.

La gente muchas veces cree que, porque la ven alegre, no tenga alguna pena de vez en cuando, solo que su agonía es de ella, no hace dramas ni busca escenarios para montar un *show*.

Porque su valor no depende de cómo la tratan, sino de cómo elige vivir y de cómo ella trata al resto, eso sí la define tanto a sí misma como a quienes la rodean, increíblemente cada uno se destruye solo.

Ahora sabe que ser buena persona no significa permitir que la usen.

Y porque, aunque duela, pone límites, cierra puertas, se marcha cuando algo le intenta alterar la paz.

Eso también es amor propio.

A veces se habla bajito, como quien se guarda travesuras.

No porque esconde nada malo, sino porque sabe algo que los demás no. Ella es mucho más de lo que aparenta.

Tiene el alma curtida y la piel entrenada para resistir, pero también una mirada que cuando quiere puede desarmar imperios.

Sí, ha amado muchísimo. Y ha sido amada.

En ocasiones mal, regular, a ratos y por siempre.

Pero eso no le resta mérito; al contrario, le da sabor a su historia.

Pues ahora, y esto lo escribe entre risas, mientras se arregla el cabello o se maquilla los labios sin ninguna prisa, «no necesita nada para sentirse completa ni mucho menos para sentirse viva; solo darse felicidad así sea a cuentagotas».

Si acaso, un buen café por la mañana, unas canciones viejas por la tarde, un abrazo honesto de vez en cuando, si se lo han ganado, el amor de sus hijos, sus nietos, su madre, sus hermanos y sobrinos quienes también la ven con admiración.

Si alguna vez alguien intenta descifrarla, solo les advierte con una mueca ladeada. «No te esfuerces tanto porque hay misterios que solo se revelan cuando una ha decidido quitarse los tacones y el miedo».

Después de todo, ella es y seguirá siendo su mejor secreto y no cualquiera merece la clave de acceso.

A esta mujer, no la caracteriza lo que ha perdido, sino lo que ha elegido conservar.

Su esencia, su integridad, su capacidad de seguir sonriendo con el alma arañada. Es ese tipo de mujer que no se doblega, aunque tiemble.

Que no ruega, aunque ame.

Que no se rebaja, aunque le duela.

Quien crea que puede engañarla se equivoca, porque puede que ella no lo diga, pero seguro que lo nota.

Muchas veces quisiera no tener la razón en sus intuiciones, es que para el colmo es criminalista con ese conocimiento de una abogada que detecta cuando le están mintiendo solo por el simple hecho de cómo mueven los ojos quien le está hablando.

Puede que no confronte, pero no olvida.

Ella observa, calla y decide si quedarse o dar vuelta atrás. Si se aleja, no es castigo para nadie; es protección.

No todos merecen disponibilidad a su espacio sagrado. Y para ella, su vida, con todo lo que conlleva, ahora lo es.

Todo lo que no dijo en voz alta, lo fue cosiendo en silencio como sus cicatrices y en cada puntada, aprendió a cerrar y dejar pasar, aunque no olvide; ya dejó de doler.

Aunque ahora ella tenga su esencia bajo control, aún quedan costuras muy recientes.

Algunas heridas ya no sangran.

Otras, apenas están cerradas, sin embargo, supuran recuerdos que se niegan a morir por el momento.

Porque ser fuerte no ha sido una opción, ha sido una respuesta a tanto dolor que no tuvo dónde colocarse.

Fue condenada a ser valiente.

Es cierto que ya no explota como antes, aunque mide sus palabras y elige sus batallas, todavía carga consigo ciertas marcas en su piel que a veces quieren abrirse con el frío de una nueva decepción.

Pero ya no se avergüenza de ellas.

Las lleva con orgullo, porque le recuerdan sus batallas libradas.

Porque son prueba de que ha sanado sin anestesia, sin atajos y sin testigos.

Porque ha aprendido a coser sus propias cicatrices con hilo de coraje y puntadas de dignidad.

Porque sabe que el verdadero «ya lo superé» no llega cuando deja de doler, sino cuando ya no le impide caminar mirando de frente.

Por eso esta historia no termina con un punto final, sino con una aguja en mano. Con hilo de vida llamado reconstrucción.

29

Cicatrices cosidas

Ahora, convertida en toda una mujer renovada y fortalecida; esta, su historia contada desde la verdad en cada día vivido, es el espejo de su evolución.

Desde el dolor hasta la plenitud, desde la rabia hasta la calma, desde la invisibilidad hasta convertirse en esta mujer que no se conforma, esa que provoca respeto, admiración, muchas veces odio a quienes no pueden con sus propias vidas y a veces hasta miedo, pero no del malvado, sino por la fuerza con la que se ha levantado después de cada caída.

Este es el broche de oro de unas vivencias donde el amor propio, la resiliencia y la autenticidad son los protagonistas.

Sin repetir dramas.

Sin reciclar penas.

Aquí ya no se llora por nada ni por nadie. Se celebra por el solo hecho de estar viva.

Se festeja por la mujer que es hoy, con sus huellas que no le avergüenzan, sino que le acreditan desafíos superados.

No todas esas cicatrices se ven.

Algunas se llevan como parte del vestido de batalla, bien puestas y con estilo.

Otras se esconden bajo la piel y el alma, como secretos necesarios para seguir caminando.

Ella lo sabe bien porque no hay una sola parte de su historia que no haya sido tocada por el dolor, pero tampoco hay una sola que no haya sido verdad y que haya remendado con coraje.

Hubo noches muy largas. Silencios llenos de amargura.

Preguntas sin respuesta que ahora dejaron de importarle; pero en ese entonces le quitaban hasta las ganas de respirar, aún más; porque, aunque merecía una explicación, no le daban el valor ni para dársela.

Hubo muchos momentos en los que creyó que no podría con tanto, pero lo hizo, sí pudo y aún puede, que es lo mejor de todo.

No porque fuera invencible, sino porque aprendió a curarse a su manera.

A cerrar con costuras invisibles, pero firmes lo que la vida le desgarró con rabia. A mirarse al espejo con ternura, incluso cuando no reconocía ni su propio reflejo.

Fue cosiendo sus cicatrices con ese hilo lleno de aprendizaje.

Con manos temblorosas al principio, pero más seguras con cada intento.

Cada costura fue una elección y era seguir adelante sin negar el dolor, pero sin permitir que este la marcara para siempre.

Ahora, cada marca es un recordatorio.

No de lo que perdió, sino de todo lo que sobrevivió antes de aprender a vivir. Porque hay una belleza cruda y honesta en la piel remendada.

Quien ha cosido sus propias heridas ya no teme deshilacharse.

Entender el valor de una cicatriz, es también entender el valor de una historia bien vivida a plenitud.

Ella no ha olvidado su dolor ni cada cosa que vivió, porque esa fue la principal causa de su cambio.

Nunca fingió que no le dolía.

Lo miró de frente, lo sostuvo entre sus manos y en lugar de permitir que la rompiera, lo usó como hermosa seda para tejerse de nuevo.

No se recompuso para ser la misma, sino para ser otra, pero transformada, más consciente, más libre, más suya.

Aprendió que no todas sus heridas necesitaban de un rescatador; algunas solo necesitaban un poco más de tiempo, silencio y el valor de sostenerse a sí misma desde sus cimientos.

Entendió que la soledad no es vacío, sino su espacio.

Espacio para escuchar su propia voz, para bailar sin coreografía, para caminar sin la necesidad de ser aceptada o aprobada.

Es feliz, no por la ausencia de dolor, sino por la presencia plena de sí misma.

Las cicatrices cosidas cuentan historias que el mundo no aplaude, porque tampoco las vio del todo, pero que su alma celebra.

Hablan de noches de llanto en silencio, de promesas rotas que ya no importan, de despedidas que hoy se agradecen.

Son prueba de que hay belleza en lo imperfecto y dignidad en quien ha caído y se ha cosido por dentro con hilos de coraje.

Porque esa mujer no necesitó ser salvada, ella ya se ha salvado sola.

No, no todo fue fácil.

Hubo días donde la cama era más un nido que un lugar para el descanso y las lágrimas no pedían permiso para brotar de sus ojos, que muchas veces amanecían hinchados al punto que se le agotaron las explicaciones.

Pero también hubo otros días, aquellos los más importantes, donde se levantó con el alma en carne viva y, aun así, se puso el lápiz labial.

No como acto de vanidad, sino como su bandera de resistencia.

Porque una mujer que ha tocado fondo y sigue sonriendo, se vuelve inmortal a los ojos del mundo.

La vida no le daba treguas, pero ella tampoco pidió concesiones.

Aprendió a bailar con los zapatos rotos, a escribir cuando el corazón le dolía, a reírse, aunque por dentro todo fuera un incendio.

Aprendió a ser fuego sin necesidad de arder para otros.

Durante muchos años creyó que tenía que esforzarse el triple para demostrar que valía como mujer.

Que su inteligencia, su forma de hablar, su picardía o su historia eran armas que incomodaban a muchos, pero hoy confirma que esa incomodidad solo le ocurre a quienes tenían mentes pequeñas.

Y siempre llega el gran día; ese día es hoy donde ya no le interesa educar a nadie sobre su grandeza.

Ni defenderse.

Mucho menos, justificarse.

Porque quien no pueda sostener su energía, que se limite a mirarla y se aparte. Quien no sepa amarla sin intentar domarla, que no se acerque.

A esta altura del camino, ella no busca consuelo, busca complacerse en todo cuanto le provoca.

No tiene que mendigar amor porque ahora reparte amor propio. No suplica espacios, porque ella los conquista.

Su libertad no está en hacer lo que quiere, está en saber quién es, aunque eso moleste a algunos.

En ese caso, el problema es de ellos.

No tiene miedo a quedarse sola, porque hace mucho entendió que la verdadera soledad es vivir rodeada de gente que no la escucha, que no la ve, que no la merece.

Hay mujeres que triunfan sin hacer ruido, aunque hayan querido impedirlo. No necesitan reflectores ni coronas para saberse valiosas.

Hay mujeres que han sido hechas y deshechas, pero que, aun así, caminan erguidas. Ella es una de este tipo.

Pero no siempre fue así.

Durante años se arrastró con la culpa ajena pegada al alma, tratando de entender por qué el amor dolía, por qué se suponía que debía sostener lo insostenible, callar lo injusto, sonreír mientras se le desgarraba por dentro.

Le enseñaron que lo mejor era aguantar antes que fracasar, que una mujer se mide por su capacidad de sacrificio.

Y lo creyó.

Hasta que dejó de creerlo, ni de aceptarlo.

Fue así como dijo esa noche «Amén», no como un rezo, sino como un acto de liberación.

Sus cicatrices no son poéticas.

No hay nada romántico en el maltrato, en el abandono, en el juicio ajeno.

Hubo dolor, hubo rabia, hubo llantos desmesurados sin merecerlo, ni la mínima piedad de quien provocaba sus lágrimas.

Sin embargo, en algún rincón de ella, también hubo siempre una llama que no se extinguió.

Esa llama que se aviva con el viento y cobra poder, la que aún con las manos temblando, toma aguja e hilo de esperanza y comenzó a coserse.

Sin manuales, sin aplausos, sin testigos, pero con muchos jurados y jueces; esos sí sobraban.

En su actualidad, ya no duelen, porque su dignidad, su coraje y un amor profundo por sí misma que aprendió a desarrollar cuando todo lo demás le era negado, confirmaron que no vino a ser la mitad de alguien, que no necesita ser completada. Que amar no es rendirse, ni olvidarse, mucho menos tolerar lo intolerable.

Hay amores que destruyen y otros que, aunque fugaces, devuelven una mirada limpia y la serenidad que sale a flor de piel.

Gracias a uno de esos amores, al que llamó «mi hermoso», supo que podía ser deseada sin ser usada, acompañada sin ser encadenada, amada sin tener que rogar un poco de afecto y bien follada con la mayor ternura que deja el éxtasis de un orgasmo dulce, de esos que dejan las piernas temblando y el corazón tranquilo, porque no hubo la promesa de un futuro; solo el romance de un deseo vestido de dulzura.

Aunque ese amor no tuvo final, ni falta que le hizo.

Porque de vez en cuando, lo recuerda como su ángel de luz, sin tener que ocultarse ni ser aprobada por alguien más que ella misma.

Ella se quedó con su risa, con sus silencios, con su pasado a cuestas, con sus hijos como faro, con sus cadáveres hablándole en los sueños y con una paz tan suya que no la cambia por promesas ni por esos dos anillos del mejor oro del mundo, donde la comprometían y unían con nadie.

Es madre sin red, emigrante sin mapas, trabajadora sin privilegios. Y, aun así, aquí está.

Con más títulos que excusas, con más dignidad que resentimientos.

No la caracteriza el dolor, la define la forma en que lo miró de frente y le dijo: «Contigo o sin ti, yo sigo».

Y siguió.

Hoy se reconoce cuando ve su reflejo en cada espejo que limpia, aunque no siempre le gusta lo que ve, pero siempre respetando a esa mujer que está ahí.

Sabe lo que ha vivido, lo que ha callado, lo que ha amado, lo que ha perdido, pero sobre todo lo que ha ganado.

Siempre sonríe, a veces cansada, a veces sin motivo, pero siempre con una verdad inquebrantable porque sabe que ella se pertenece y no se traiciona.

No espera que la comprendan y acepten la manera como vive ahora.

A estas alturas, ya no necesita ni busca la aprobación de nadie. Quien la ama, que la lea.

Quien la juzgue, que pase de largo.

Ella está demasiado ocupada escribiendo la mejor versión de su historia. No perfecta, pero sí auténtica.

Estas cicatrices cosidas que lleva son el idioma de su alma. No las esconde; son su escudo, su ruta, sus memorias.

Son la prueba de que esta mujer, a pesar de todo, nunca se conformó porque sabía que ella era más de lo que le habían hecho creer por años.

Se curó, se sostuvo, se reconstruyó y sigue haciéndolo desde su experiencia ahora más cualificada.

Hoy camina sola, sí…, pero completa.

Aunque ya no crea en los cuentos de hadas, cree en ella.

Y eso, créanlo, queridos lectores, es muchísimo más que suficiente. No le teme al silencio, porque aprendió a habitarlo.

No le teme a los finales, porque entendió que muchas veces son la puerta que lleva directo a ella misma.

Ahora camina sin disfrazarse de fortaleza, pero sigue siendo fuerte.

Se muestra sin miedo a lo que digan, sin necesidad de convencer a nadie. Porque quien no entienda su lenguaje, no merece su historia.

Ya no quiere que la vean como víctima, ni como heroína tampoco.

Quiere que la vean como una mujer real, que se cayó muchas veces, pero jamás se dejó de amar, aunque ella años atrás no lo sabía.

Si alguien quiere saber quién fue, que la busque en las páginas que escribió con los dedos manchados de vida, en los días que la hicieron vulnerable y en las noches que la reconstruyeron.

Hoy no necesita escenarios fingidos ni aplausos.

Solo la certeza de que cosió sus heridas con hilo de satisfacción y que no hay cicatriz que no le recuerde que sobrevivió a tantas batallas siendo solo ella.

Si alguien aún se atreve a llamarla exagerada, intensa, indomable o hasta rebelde, que se prepare para leer su nombre donde se escriben las historias que arden y quedan para siempre.

Porque ella no nació para ser discreta. Nació para ser eterna.

Jamás se vio como la princesa de un cuento.

Porque no nació para ser rescatada ni para esperar un final feliz que dependiera de otros.

Se convirtió, sin pedir un guion, en la autora de su propia épica.

Y no fue una historia escrita entre algodones ni con finales predecibles.

Fue tallada con uñas rotas, madrugadas en vela y silencios que dolían más que cualquier grito.

Muchos creyeron conocerla.

Pero ¿cómo se puede conocer a quien ha sido tantas mujeres en una sola? La niña que soñaba entre libros prestados.

Esa adolescente que callaba más de lo que decía.

Una mujer que aprendió a amar con el cuerpo lleno de miedo y, aun así, se entregó. La madre que nunca flaquea, aunque por dentro estuviera hecha trizas.

La trabajadora incansable que, mientras lavaba pisos o atendía clientes, construía castillos de ideas con las palabras que le brotaban desde el alma.

Ahora, después de tantos capítulos, de tantas cicatrices que ya no duelen, pero tampoco se olvidan, camina con la cabeza en alto.

No porque lo haya logrado todo, sino porque se ha logrado tallar cual escultura por ella misma.

Hay quienes aún se preguntan cómo hace para mantenerse en una sola pieza entre tanta injusticia, decepción o desgaste.

La verdad es simple: es que se hartó de esperar.

Se hartó de suplicar espacio, atención, amor, valor o reconocimiento. Aprendió a dárselo por sí sola.

Se hizo casa, abrigo y consuelo.

Y lo que otros ven como soledad, ella lo nombra libertad.

Se volvió selectiva con todo, con las personas, con los afectos, con su tiempo y con sus batallas.

Supo que no todas esas batallas merecen su atención según el contrincante que se le mida, que a veces el silencio es más poderoso que la razón y que la calma que ahora la habita es una conquista, no una renuncia.

Se construyó una paz que no está dispuesta a negociar ni por amor, ni por palabras vanas, mucho menos por nostalgias disfrazadas de oportunidades.

Sí, le costó mucho y por eso lo atesora.

Nadie la entrenó para ser tan fuerte y valiente.

Lo aprendió a golpes, a tragos amargos y a base de poner el pecho mientras los demás guardaban las manos en los bolsillos.

La decepcionaron personas que ella solo supo acompañar. Recibió puñaladas de bocas que solo conocieron su sonrisa.

Aun así, sigue creyendo en la luz, en la posibilidad, en el arte de recomenzar. Hoy no le interesa encajar ni gustar.

Que se incomoden quienes no saben cómo enfrentarse a una mujer que no pide nada porque lo tiene todo gracias a su entereza y disposición.

Que se aparten quienes no soportan a una mujer que hace lo que le da la gana, que se viste de poder sin perder la ternura, que puede hablar de sexo y también de filosofía, que puede hacer el amor con el alma o decidir que su piel no está disponible.

Se reconoce en sus luces y sombras, en su carácter fuerte que muchas veces fue juzgado y en su dulzura que otros confundieron con debilidad.

Ya no disfraza su tristeza ni oculta sus ganas.

Si un día no quiere más, no lo hace. Si algo le duele, lo dice.

Si le apetece algo, lo goza.

No pretende tenerlo todo resuelto, pero qué bien se siente saberse viva, deseada, respetada… suficiente para ella y el mundo que la rodea por su propia selectividad.

Porque el proceso más valiente no fue haberse marchado de donde no la valoraban, sino haberse quedado para ella cuando todos los demás se fueron.

Y si alguna vez vuelven a preguntarse quién fue ella, solo dirá: «Fui todas las que la vida quiso romper y no pudo.

Por eso, merezco que mi historia arda entre páginas, porque no todas sobreviven a la tempestad, pero yo aprendí a danzar en medio de ella».

Mientras termina de ir cociendo sus cicatrices del día a día, escucha el eco de su memoria aquella palabra que lo cambió todo…

Ese «Amén», que desató el presagio de un adiós que ya estaba escrito. Solo le faltaba el valor de decirlo en voz alta.

Porque al final del camino, entendió que no se rindió al irse, sino que fue un acto consciente de cerrar un ciclo que ya no la contenía.

Entre sus historias comparte vivencias y dedica emociones. A sus hijos, ustedes que la han visto en todas sus versiones.

La fuerte, la frágil, la que ha estado rota, la valiente, la que está cansada, pero sonriente y siempre de pie a pesar de la ansiedad que muchas veces quiso consumirla.

Ellos le enseñaron que el amor verdadero no exige sacrificios imposibles, solo presencia, respeto y verdad.

Si alguna vez dudan de quién es ella, miren solo cómo los ama.

En cada paso que ha dado hacia adelante, en cada trabajo, en cada noche en vela, siempre mantuvo la certeza de que valía la pena seguir.

Por ustedes, se cosió las cicatrices. Por ustedes, aprendió a no rendirse. Sean libres.

Sean justos.

Y nunca permitan que nadie les haga creer que merecen menos de lo que sueñan.

A las mujeres que la leerán, no importa cuán rotas se sientan hoy, no importa si están solas, cansadas o cuestionadas por un mundo que exige demasiado y abraza tan poco.

Si llegan a leer esto, aún están a tiempo de reconstruirse.

Tómense el tiempo que necesiten, lloren si hace falta, griten si les duele, pero no se suelten, no se abandonen jamás.

Sus cicatrices no son vergüenza. Son pruebas, son historias, son arte.

Porque ustedes son más fuertes de lo que creen.

Y recuerden siempre: «No necesitan que nadie las complete, porque ya son suficiente consigo mismas».

A cada uno de los lectores va su agradecimiento.

A ti, que has recorrido este viaje en estas líneas, que has caminado entre sus recuerdos, sus caídas y sus renacimientos.

A ti, que has desafiado las páginas que pensaste conocer de su vida, pero que en cada vuelta de hoja te sorprenden más y más.

Esta no es una historia de mártires ni de princesas rescatadas.

Es la historia de una mujer que decidió, a pesar de todo, seguir caminando hacia adelante sin miedo.

No por los demás, sino por sí misma.

Entendió que no se necesita una razón externa para ser fuerte y que las heridas no son para esconder, sino para mostrar el poder con el que se es capaz de renacer.

No espera que entiendan cada paso que dio, ni que aprueben cada decisión.

Pero si algo sabe con toda seguridad, es que no siempre hay respuestas fáciles, solo caminos que se cruzan con otras historias y que solo cada uno de ustedes puede decidir cómo seguir.

Si alguna vez dudan de su propio poder, recuerden que cada palabra escrita aquí fue un grito callado, una certeza nacida del coraje, del dolor y de la belleza de ser humana.

Y si alguna vez sienten que la vida las lanza al suelo, ella espera que encuentren en estas páginas la misma fuerza que la impulsó a seguir.

No todos los días son de gloria.

No todas las batallas tienen victorias claras.

Pero lo que importa, al final, es que sigan eligiendo levantarse, seguir amando, seguir siendo auténticas.

No vino a esta vida para ser una sombra, ni para que le marquen las caídas.

Vino para ser la luz que nace desde las grietas, para caminar con los pies deshechos de tanto andar sobre sus propios miedos y convertirlos en un camino firme.

No esperaba que entiendan su manera de luchar, porque sus batallas fueron silenciosas, profundas y solo ella conoce el verdadero peso que carga.

Aprendió que ser fuerte no significa no sentir, ni dejar de llorar, sino tener la valentía de mirar cada lágrima a los ojos y decir: «Aquí estoy, todavía en pie».

No necesita que la salven ni que la halaguen.

Basta con ser fiel a sus ideales, con reconocer su valor sin permiso de nadie. No siempre tuvo certezas, ni respuestas.

Pero descubrió que el poder más grande reside en la decisión de no rendirse, en la firmeza de decir «basta» cuando lo que duele es más grande que lo que puede sanar.

Se regaló el derecho a renacer una y otra vez, con las manos heridas, pero el alma intacta.

Sabe que no es perfecta, está muy alejada de serlo porque nadie lo es en la Tierra. Quiere ser real, imperfecta, fuerte, frágil, intensa.

Quiere que se escuche su voz sin límites, que se sienta su presencia sin disculpas. Porque la verdadera revolución está en aceptar cada parte de nosotras, en amarnos tal como somos, sin esperar que el mundo lo haga primero.

A quien hoy se sienta perdida, le dice que «no estás sola».

Cada paso que den, por pequeño que parezca, es un acto de coraje.

Cada vez que se levanten después de caer, estarán escribiendo una historia digna de ser contada.

No renuncien a sí misma, porque dentro de cada una hay una fuerza que ninguna imagina.

Gracias por acompañarla en este viaje, por abrir sus corazones a estas historias.

Que encuentren en ellas la inspiración para seguir adelante, para escribir sus propias secuencias, para ser, finalmente, dueñas absolutas de sus vidas.

Gracias por leerla.

Gracias por estar aquí, entre estas palabras, donde la vulnerabilidad se convierte en fuerza.

A todas y cada una que abrió su corazón, reitera desde la verdad más honesta y con la certeza de que todo lo que aquí se narra es real, porque cómo no saberlo si Mi misma… Soy yo.

Con amor y con verdad.

Wendys Ferrer Nava.

MI MISMA.

Una mujer con mil facetas… y un camino por recorrer.

Índice